湖北省炎黄文化研究会资助项目结项成果

荆江水文化

徐文武 主编

撰稿人（按姓氏笔画排序）
卢　川　向会斌　许宏雷　孙　继
员　姗　余劲东　彭文璟

武汉大学出版社

图书在版编目(CIP)数据

荆江水文化/徐文武主编.—武汉：武汉大学出版社,2021.1
ISBN 978-7-307-21602-0

Ⅰ.荆… Ⅱ.徐… Ⅲ.荆江—流域—文化史—研究 Ⅳ.K296

中国版本图书馆 CIP 数据核字(2020)第 107365 号

责任编辑:程牧原　　责任校对:汪欣怡　　版式设计:韩闻锦

出版发行：**武汉大学出版社**　（430072　武昌　珞珈山）
（电子邮箱：cbs22@whu.edu.cn　网址：www.wdp.com.cn）
印刷：荆州市今印印务有限公司
开本:720×1000　1/16　印张:19.5　字数:271千字　插页:1
版次:2021年1月第1版　　2021年1月第1次印刷
ISBN 978-7-307-21602-0　　　定价:78.00元

版权所有，不得翻印；凡购我社的图书，如有质量问题，请与当地图书销售部门联系调换。

目　录

绪论 …………………………………………………………… 1

第一章　荆江生态 …………………………………………… 11
第一节　荆江现状 ………………………………………… 12
第二节　汇流分流 ………………………………………… 17
第三节　河道演变 ………………………………………… 27
第四节　穴口水系 ………………………………………… 42
第五节　江湖关系 ………………………………………… 53
第六节　云梦大泽 ………………………………………… 60
第七节　江汉湖群 ………………………………………… 70
第八节　重要湖泊 ………………………………………… 79

第二章　人水共生 …………………………………………… 88
第一节　史前人类 ………………………………………… 88
第二节　楚人南迁 ………………………………………… 97
第三节　衣冠南渡 ………………………………………… 105
第四节　江汉移民 ………………………………………… 120

第三章　治水伟业 …………………………………………… 127
第一节　通航工程 ………………………………………… 127

第二节 调水工程 ································ 130
第三节 军事水工 ································ 140
第四节 防洪工程 ································ 146

第四章 大江情思 ································ 162
第一节 洪水神话 ································ 162
第二节 文思奥府 ································ 169
第三节 西曲民歌 ································ 174
第四节 独抒性灵 ································ 178
第五节 大江绝唱 ································ 182

第五章 水神信仰 ································ 197
第一节 水神崇拜 ································ 197
第二节 神庙祭祀 ································ 220
第三节 镇水习俗 ································ 233

第六章 水事丹青 ································ 247
第一节 皇堤圣旨 ································ 248
第二节 堤防方志 ································ 258
第三节 水利碑刻 ································ 267
第四节 治水方略 ································ 277

第七章 安澜功臣 ································ 285
第一节 宣导川谷 ································ 285
第二节 筑堤束水 ································ 291
第三节 抗洪救灾 ································ 302

后记 ································ 308

绪　　论

　　长江是中华民族的母亲河，长江流域是中华文明的重要发祥地之一。长江中游的荆江流域，孕育了历史悠久、辉煌灿烂的荆楚文化，堪称长江流域的"历史文化宝库"。荆江流域有着复杂的水系、丰富的水资源和多元的水文化，为我们留下了灿烂的文化遗产和宝贵的精神财富。

一

　　荆江是长江中游上部的一段，地处湖北省中南部、江汉平原腹地，因流经古荆州地区而得名。近代以来，因河流形态变化及水文统计等原因，将"荆江"正式确定为上起宜昌枝城、下迄湖南城陵矶的特定河道，全长共 347 千米。

　　"万里长江，险在荆江。"长江在枝城以上为山区性河道，为诸山所束，湍急奔腾。在穿越群山峻谷之后，大江以雷霆万钧之势倾泄而下，奔向一马平川、坦荡如砥的江汉平原，如同脱缰的野马。由于河道曲折险阻，河流变得缓慢壅滞，从而发育为冲积性平原河流。荆江流经湖北省宜都、松滋、荆州区、沙市、公安、石首、监利以及湖南省华容、君山等地。由于地质构造和河流演变的原因，上、下荆江在河型上差别较大。上荆江河道横向变化较小，属微弯分汊型河道；下荆江河道历史上横向摆幅较大，属典型蜿蜒型河道。

荆江两岸有众多汇流与分流河道。左岸有蜿蜒曲折的半山地河流沮漳河汇注，右岸在荆江之上有清江入汇，其下有松滋河、虎渡河、藕池河、调弦河分流荆江之水汇注洞庭湖，与洞庭湖水系的湘江、资水、沅江、澧水汇流后，在城陵矶返注长江，构成了错综复杂、相互影响的江湖关系。荆江河段众多支流的汇流、分流对荆江防洪形势产生了极其重要的影响。

荆江河道的形成与发育过程十分复杂，历经漫长地质时期和历史过程。早期荆江发育于长期持续下沉的云梦沉降区，经过荆江三角洲分汊河床阶段、分汊河床衰亡与荆江河曲形成发展阶段。由于长江、汉江干支流水系发育，从而影响江汉冲积、淤积平原的形成、变化，特别是云梦泽的产生和消亡，更使荆江历经沧桑变化。16世纪以来，荆江河道河型演变缓慢，上荆江基本上保持着微弯分汊的河道形态，河势变化不大，河曲发展缓慢，而下荆江河道变化较大。19世纪以来，上荆江河道发生较大变化的仅有百里洲、学堂洲、斗湖堤及郝穴等河段，下荆江部分河段发生剧烈变化，甚至呈现"三十年河东，四十年河西"的状态。20世纪50年代以来，受长江上游自然因素和人为控制的影响，荆江河道发生相应变化，但是随着持续河势控制工程的实施，荆江整体河势基本稳定。

由于荆江河道穿越古云梦泽地区，因此在河道塑造形成和云梦泽逐步解体的过程中，形成诸多穴口与水道，分布于荆江两岸。随着时间的推移，人类社会经济活动影响加剧，洪水期荆江分沙量不断增大，促使荆江三角洲向东扩展，地面高度也逐渐增高，而荆江两岸常年性分流的水道也相继消失，取而代之的是一些季节性的自然分洪穴口。这些穴口在调节荆江水位，消减荆江洪峰，沟通江、汉、湖方面起着重要作用。

荆江与洞庭湖的关系是湘鄂两省水利关系的一项重要内容，历史上称之为江湖关系或荆湖关系。江湖关系演变经历了一个漫长的历史时期和复杂过程，与两湖地区垸田兴筑、农业经济繁荣进程一致。江湖关系，实质是水沙分配关系，即如何处理荆江超额洪水和泥沙淤积问题。

水沙分配是江湖关系的制约因素，也是江湖关系矛盾的症结所在，调整水沙分配格局，则是处理江湖关系的出发点和归宿。

美丽富饶的江汉平原，至今仍流传着"云梦薮泽"的说法，并被诸多历史典籍所记载。在漫漫历史长河中，由于荆江、汉江分流所夹带泥沙的长期堆积，浩渺磅礴的古云梦大泽的形态不断演变，至唐宋时期完全解体，湖泊景观向平原景观演变，形成了江汉湖群的地貌形态。其中，长湖、洪湖是江汉湖群中最重要的两个湖泊，对荆江防汛抗洪及江汉平原地区生态环境变化都产生了重要的影响。

荆江堤防工程是荆江地区人民生命财产安全的重要防洪屏障。荆江两岸是富饶的江汉平原和洞庭湖平原，这里物产丰饶，植被丰富，城镇密布，人口聚集，区域范围内有人口2000余万，耕地140余万公顷，还分布着江汉油田、汉宜高铁、蒙华铁路、汉宜高速、二广高速等重要工矿企业和交通干线。国家投入巨资解决荆江的防洪问题，就是为了确保两湖平原人民的生命财产安全，促进荆江地区经济和社会的可持续发展。

二

数千年来，荆江人民在这块美丽的沃土上辛勤劳作、繁衍生息，创造了辉煌的历史和灿烂的文化，"荆江文化"之名也理应有其丰富内涵。荆江人民在几千年与洪水作斗争的过程中，激发了无穷的智慧，学会了与水和谐相处，创造了一系列水利工程，或用于防御洪水，或用于通航，或用于战争防御，或用于跨区域调水。荆江流域一带的城市建筑、堤防工程、文学艺术、文化精神等的形成与发展，都与荆江开发、荆江治理有着内在的关联。

荆江流域作为我国文明起源的重要区域之一，早在史前时期就已经形成相对独立的文化区域格局，孕育了辉煌的史前文化。新石器时期，荆江流域的楚地原始先民，先后创造了大溪文化、屈家岭文化和石家河文化。据考古资料显示，荆江流域一带的史前聚落相当丰富。大溪文化中富有地域特色的陶器，屈家岭文化中所呈现出来的区域农业、区域城市面貌，以及石家河文化中精美玉器所体现出来的文化精神等，都与荆江有着密切的联系，也都是在荆江之水的滋润下所产生并发展起来的。至夏商时期所流传的大量洪水神话，大略也形成于这个时期。

秦汉时期，荆江环境和人文之间的联系更加紧密。西周末期以后，楚人逐步南迁，在荆江流域创造了璀璨浪漫的楚文化。春秋战国之际，楚人定都纪南城，荆江流域得到全面开发，生产关系得到调整，生产工具得到改进，生产力也得到全面提高。楚人掌握了青铜和生铁冶铸技术，金属生产工具的使用，极大地促进了荆江地区的农业生产，也奠定了楚国政治和文化繁荣的基础。战国时期，爱国主义诗人屈原，其文学创作和艺术成就，就与荆江有着密切的关系。楚人所创造的文学艺术，神秘而浪漫，奇谲而绚丽，为后世文化注入了浓郁的楚文化色彩。后世荆江流域所产生的诗辞歌赋，也无不体现出楚文化的因子。

西晋永嘉战乱后，大量北人被迫南迁，同时将中原地区的社会习俗带入荆江地区。荆江历史和文化的发展，也开始显现出兼容并包、南北交融的文化特征。这种文化格局的形成，首要的还是与荆江一带的堤防工程建设有关。西晋时扬夏运河得以开凿，东晋时滨江堤防也得以兴筑。东晋时期，江汉平原人口日趋增加，荆江之滨的江陵成为该地区政治、经济和文化中心，并成为全国十分显要的军事重镇之一。因此，保护江陵城免受洪水的肆虐刻不容缓，于是便有了桓温创修金堤之举。东晋永和年间，桓温任荆州刺史，他重视农耕，大兴水利，命令陈遵在荆江北岸，以灵溪为起点修筑围绕江陵城的护城堤防，并取名"金堤"。堤防工程的建设，为此时期荆江文化的繁荣和发展，创造了必不可少的条件。经过永嘉战乱，荆江流域人口聚集，以兰陵萧氏为代表的门阀士族，也大多迁徙至此。荆江之滨的江陵，不仅城市经济活跃，而且粮食储备充足，也促成了江陵短暂的帝业，盛极一时。

隋唐五代时期，特别是安史之乱以后，大量北方士人至荆江一带避乱，使荆南地区的人口增长了近乎十倍，荆江文化因而更具有了时代文化的特征。大量人口的迁入给荆江流域带来了充足劳动力，进一步促进了荆江流域的开发。加之地方官员注重兴修水利设施，云梦泽解体之后淤出的高地得到开发。如李皋任职江陵时，修整旧河道，整治良田，使荆江流域更适合人们居住。由于经济发展，为了保护城池，人们还逐渐在兴起的沙市修筑江堤。至五代时期，荆南国的将领倪可福主持修筑寸金堤。唐代的李白、杜甫、张九龄、孟浩然、刘禹锡等著名诗人，都来过荆江一带，并在此留下了大量脍炙人口的诗句。无论是生于荆江的文人，还是流寓荆江的墨客，他们笔下都不自觉地去描绘荆江、歌颂荆江，荆江与他们的生命和艺术创造也有了内在的精神呼应和文化联系。

两宋时期，云梦泽完全解体，呈现出湖泊星罗棋布的地貌形态。在此基础上，北宋时沟通了荆襄运河，加强了水上交通和漕运。南宋时期，由于北方战乱，为满足抗金的兵食赋税供应，荆江地区土地被大量开垦，湖泽面积进一步缩小。统治者加强了对荆江堤防的培修，新修了沙市堤、黄潭堤、登南堤、文村堤、新开堤、熊良工堤、黄师堤等堤段，因此这一时期的堤防事业较前代有较大的发展。与此同时，荆江河道逐渐受到约束，逼水归槽，水灾开始显现出频发的迹象。水灾的频发与人水争地有着直接的关系，人水争地的根本原因，还是在于当时荆江流域城市的发展。宋代的苏轼、陆游、范成大等人，对荆江所承载的楚文化有着更为深厚的兴趣。荆江地域历史和文化，总能激发宋代士大夫的家国情怀。在此，他们内心的矛盾冲突，在荆江找到了一处宣泄的空间，更赋予荆江文化以新的时代因素。

明朝时期，荆江流域外来移民持续迁入，江汉平原人口较前代呈迅速增长趋势，城市经济发展更为稳定，区域文化具有更强大的生命力和创造力。大量广袤的低洼地被围垦拓殖，一方面促进了农业经济的繁荣，使得荆江地区的经济地位愈加重要，另一方面促进了水利事业的持续发展。为保障农田不受洪水侵扰，修建滨江堤防、内河垸堤和灌溉排涝设施成为农业发展的前提。明成化以后，荆江地区垸堤修筑进入高峰期，垸田增长迅速。嘉靖二十一年(1542年)，荆江北岸的重要穴口郝穴被堵塞，至此，荆北堤防从堆金台到拖茅埠全线连成为一个整体。明代荆江沿岸，市镇经济发达，星罗棋布的市镇，使荆江流域的经济更为发达。此时，受荆江文化影响的"公安三袁"，在明中后期的文坛独领风骚，一度影响到了明中后期的文学创作方向。

  清朝时期，清廷在荆江流域加强了军事防御，开始关注长江防务问题，加强了堤防的培修、加高，修复了因洪水而频繁溃决的堤段，对重点堤段进行了加高加厚。康熙二十四年(1685年)培修加固万城堤，这是荆江大堤历史上规模较大的一次修筑。乾隆五十三年(1788年)荆州大水致使大堤多处溃口，府城被淹，损失惨重。万城堤的溃决引起朝廷的高度重视，乾隆皇帝亲自下旨，对万城堤进行大规模的培修和加固。在修复堤防的同时，还修筑了杨林洲、黑窑厂、观音矶等石矶，用于减少洪水对大堤的冲刷与侵蚀。这也是长江堤防历史上获得皇帝高度关注，并且多次下诏敦促的一次培修工程。大水过后，乾隆还下旨于万城、御路口、观音矶等九处险要堤段安置铁牛用以镇水。人们在荆江洪水的影响下，不仅传承了自古以来的荆江民俗，而且使这一时期的民俗与荆江有了更为密切的联系。经过清代前、中期的培修加固，至光绪年间，荆江大堤长度较雍正时期有所增加，大堤已具有相当规模。

  民国时期，荆江堤防基本沿用清制，未见大的修建。1940年至1945年，日本占领荆州期间，荆江大堤遭受严重破坏，饱受炮火摧残。至抗战结束时，荆江大堤早已残破不堪。

三

  一部荆州的历史，就是荆江人民与洪涝灾害斗争的历史。与此同时，在不断的治水过程中，一大批治水名臣得以涌现，他们还形成了对人水关系、荆江治理的理性认识和看法。

荆江既顶承长江上游洪水，又受洞庭湖区洪水出流影响，江湖蓄泄变化较大，水文特征错综复杂，是长江中游受洪水威胁最为严重的地区。历史上荆江频繁遭遇流域型和区域型大洪水，两岸堤防多次溃决。1788年大水，是一次流域型大洪水，同时也是荆江历史上破坏最为严重的一次大水。当年，荆江大堤万城至御路口堤段20余溃处，大水经西门、水津门两路入城，洪水所至，一片混乱，满城汉城均遭到严重破坏。1860年的大水，长江上中游损失惨重，荆江万城堤、石首黄金堤溃决。大水自藕池口冲决成藕池河，巨大流量涌入洞庭湖，造成洞庭湖地区大范围水灾。1870年的大水，是长江历史上千年一遇的大洪水。荆江地区灾情极为惨重，松滋堤防溃决，大水冲成松滋河，超额洪水向洞庭湖区倾泻，所到之处，一片汪洋，庐舍荡然无存，人畜淹毙无数，史称"百年未有之奇灾"，导致洞庭湖生态环境发生了巨大变化。

历代统治者为了维护政权，也都十分重视治理荆江。目前所知最早专为荆江治水所发的清代圣旨，是雍正五年（1727年）所颁发的，虽仅短短几百字，但可看出雍正皇帝为荆江沿岸民众生计殚精竭虑的拳拳之心。特别值得一提的是，乾隆五十三年（1788年），荆江发生大水，荆州满汉全城遭受严重破坏，乾隆皇帝高度重视荆江的水灾及善后工作，连续下发了24道圣旨，救治水灾，抚恤灾民，修筑堤防和修缮城池，严惩治水不利的官吏。这是清朝统治者高度重视长江防汛的开始，荆江大堤从此成为备受重视的"皇堤"。

明清时期以来，荆江洪灾日益严重，荆江两岸乃至湖北、湖南间的矛盾也日渐增长，不少有识之士开始注意到荆江防洪问题的严重性，并清醒地认识到修筑堤防、扩大围垸不能解决根本问题，必须标本兼治，从源头上抵御洪水的侵害。因此，他们从不同立场、不同角度提出过一些治江意见，有的主张以蓄为主、有的主张塞口还江；有的主张废田还湖；有的主张裁弯取直，以畅江流。众说纷纭，因限于历史条件，均未能付诸实施，但这些见解主张和治水对策，不乏真知灼见，对现代治水也产生了积极的影响。

当然，在荆江治理的历史中，涌现出了一大批卓越治水能臣，他们的治水功绩也都载入史册。他们中有孙叔敖开凿云梦通渠、杜预开杨口运河、张咸筑北海、孟珙通三海、吴猎修八柜的宣导川谷之举，也有陈遵筑金堤、高季兴修寸金堤、赵贤首创"堤甲法"等筑堤保荆江的安澜之举。他们的功绩在荆楚大地上传颂不绝，也必将彪炳史册。

四

中华人民共和国成立以后，党和国家开始对荆江大堤进行大规模的整险加固，掀开了荆江治理的新篇章，同时也为荆江文化注入了新的活力。1951年，将堆金台至枣林岗段的原阴湘城堤划入荆江大堤。1954年大洪水后，又将江陵拖茅埠至监利城南堤段，划入荆江大堤。至此，荆江大堤形成现今的规模。

荆江堤防经过中华人民共和国成立后短短几年的整险培修，抗洪能力有了一定的改善，但没有改变原有堤防千疮百孔、隐患甚多的状况，并不具备抗御百年一遇特大洪水的能力。为彻底解决荆江水利问题，党和国家制定了"确保荆江大堤，江湖两利，蓄泄兼筹，以泄为主，上下荆江统筹考虑"的方针，毅然决定修建了中华人民共和国成立后的第一个大型水利工程——荆江分洪工程。30万军民发扬英勇顽强、不怕困难、不怕牺牲的精神，日夜奋战在建设工地，最终以75天时间完成了这一伟大工程的主体工程，创建了世界建筑史上的一个奇迹。

1954年的荆江防汛斗争，是党领导广大人民群众在极其困难的条件下，同洪水灾害进行的史无前例的斗争，谱写了荆江防洪史上光辉的一页，结束了千百年来人们在洪水面前无能为力的历史。1954年汛期，长江流域发生百年一遇特大洪水，洪涝灾害之严重，受灾范围之广，持续时间之长，堤防险情之多，均为历史所罕见。洪水侵袭长江中游地区,导致京广铁路不能通车,荆江两岸堤防遭受严重损坏,荆江大堤发生险情 5000 余处,给国民经济带来严重影响。党中央从容动用分洪区,减轻荆江大堤压力,有效降低沙市水位 0.96 米,防止了长江河道改道的危险,避免了荆江两岸堤防特别是荆江大堤溃决可能造成的人口大量死亡的悲剧发生。保护了江汉平原和大武汉的安全。

1998 年,长江流域又发生了全流域性大洪水。当年汛期,长江狂怒,桀骜不驯。荆江入汛之早、高水位持续时间之久均为历史罕见,防洪形势尤为险峻。荆江河段八次洪峰接踵而至,奔泻而下,两岸堤防水位全面创历史新高。荆江堤防险情迭出,险象环生,又经受了一次前所未有的严峻考验。面对洪涝灾害,荆江儿女与肆虐的洪魔展开了一场艰苦卓绝、旷日持久的殊死搏斗。在最为困难的时候,五万人民子弟兵日斗洪魔,夜卧长堤,身挡激流,舍生忘死,战功卓著;在最险要的地方,党员干部挺身而出,沿堤群众迎难而上。党员干部身先士卒,人民军队前仆后继,群众百姓万众一心。党员干部、人民军队、群众百姓,这三个伟大的英雄抗洪群体,用血肉之躯筑起了坚不可摧的水上长城。在并不完全具备战胜洪水的条件下,党领导人民科学决策、运筹帷幄,充分地发挥荆江人民的抗争力量,最终取得了抗洪斗争的又一次重大胜利,并且诞生了彪炳史册的"万众一心、众志成城,不怕困难、顽强拼搏,坚韧不拔、敢于胜利"的"九八抗洪"精神,在中华民族抗洪史上写下了浓墨重彩、力透纸背的辉煌华章。

党和政府高度重视荆江治理、荆江保护和长江生态保护工作,使新时代的荆江文化具有了新的文化内涵。1998 年大水后,党和国家高屋建瓴、未雨绸缪,作出灾后重建、整治江湖、兴修水利的重大决策,加大以长江防洪工程为重点的水利基础设施建设。鉴于荆江堤防存在诸多问题和隐患,国家共投入百余亿元资金提高了荆江堤防工程的整体抗洪能力。各级政府继续加大了对荆江大堤、松滋江堤、南线大堤的建设投入,并将荆南长江干堤、洪湖监利长江干堤、荆南四河堤防纳入国家基本建设项目实施综合整治,为控制河势,实施了后三峡河道整治工程。

为缓解长江中下游地区防洪压力，治理开发长江，国家审时度势地提出并兴建了三峡工程。这些工程的相继实施，使荆江堤防面貌发生了翻天覆地的变化，实现了长江治水的历史性跨越，荆江防洪形势得到极大改善。

2018年4月25日至26日，习近平总书记实地考察了长江中游的荆江两岸，亲自调研长江生态环境保护与修复工作。4月25日上午，习近平总书记驱车从宜昌前往荆州，在荆州港码头登上轮船，顺江而下，实地察看长江沿岸生态环境和发展建设情况。船抵石首港后，他又驱车深入到长江湖南岳阳段考察。习近平总书记在考察时指示：长江经济带建设要共抓大保护、不搞大开发，不是说不要大的发展，而是首先立个规矩，把长江生态修复放在首位，保护好中华民族的母亲河，不能搞破坏性开发。在坚持生态保护的前提下，发展适合的产业，实现科学发展、有序发展、高质量发展。

滚滚荆江东逝水，巍峨江堤筑丰碑。习近平总书记视察长江一年多来，荆江流域各级政府认真贯彻落实总书记的指示，坚持标本兼治，形成"共抓长江大保护、不搞大开发"的思想共识和行动自觉，以壮士断腕的勇气坚决开展长江大保护行动，共护母亲河。如今，经过多年的建设，千里荆江堤防固若金汤，两岸茂林挺拔如诗如画。春风又绿江南岸，一江碧水向东流。"万里长江，险在荆江"已然变为"万里长江，美在荆江"。荆江安澜，民生安乐，千年的祈盼，终于变成了现实。

第一章　荆江生态

长江，古时一般称之为"江"或者"大江"。因古代在江苏镇江附近有扬子县(今扬州)和扬子津，所以又有"扬子江"的称谓。长江干流全长6390余千米，多年平均年径流量约9600亿立方米，它是中国第一大河，同时也是世界著名河流。

长江出三峡后，流经荆江河段，发育为冲积性平原河流。"荆江"原指流经古荆州地区的河段，后因水文统计的需要，将长江枝城至城陵矶段确定为现代意义"荆江"的起止点。

荆江发育于第三纪以来长时间持续沉陷的云梦沉降区。因为江汉干支流水系的不断发育，江汉淤积、冲积平原的形成，历经沧桑嬗变。由于荆江穿越古云梦泽地区，因此在河道形成与云梦泽解体过程中，形成诸多水道穴口，分布于两岸，沟通江汉、江湖。清后期，形成松滋河、虎渡河、藕池河、调弦河分流长江之水入洞庭湖的格局。荆江径流和上游传输而来的泥沙经洞庭湖调蓄，汇合洞庭诸水之后于城陵矶复注长江，构成复杂的江湖关系。

荆江既顶承长江上游来水，又受洞庭湖出流影响，江湖蓄泄变化较大，水文特征复杂，是长江中游遭受洪水威胁最严重的地区。历史上，荆江频繁遭遇流域型和区域型大洪水，有名的1788年、1860年、1870年、1931年、1935年、1954年和1998年大水均给荆江两岸千百万人民群众带来严重灾害损失。

第一节 荆江现状

荆江水量十分丰沛，含沙量较小，千百年来长期受河流动力的影响，形成一条相对稳定，并且深大而宽广的河槽。但由于上游来水来沙在时间、空间上存在不均匀性，河流地质地貌边界条件沿程变化，以及荆江两岸众多支流入汇、分泄等因素的影响，荆江部分河段河势变化十分剧烈，主流左右摆动频繁，洲汊消长、河岸崩坍、河床冲淤无常，对防洪、航运和地区经济社会发展带来了不利影响。

一、河道形态

荆江上首起自湖北枝城，下游迄于湖南城陵矶，全长347.2千米[1]。荆江按河型分为上下两段，以藕池口为界，上段称上荆江，长171.7千米；下段称下荆江，长175.5千米。荆江流经湖北省宜都市、松滋市、枝江市、荆州区、沙市区、公安县、江陵县、石首市、监利县及湖南省华容县、君山区等地。荆江左岸沙市以上16.55千米处有沮漳河在荆州区临江寺入汇，[2] 其上游右岸枝城以上19千米处有清江入汇。汛期，清江、沮漳河洪水常对荆江防洪造成不同程度的影响。

荆江右岸有松滋河、虎渡河、藕池河、调弦河（1958年冬筑坝建闸）分流入洞庭湖，与洞庭湖水系湘江、资水、沅江、澧水汇流后，于

---

[1] 据荆江河床实验站1975年测图，按枯水几何中心线量算为337千米，以后河道有所延长。《长江志·水系》载，上荆江172千米，下荆江175千米，第196页。《二〇〇九年荆江河道演变监测及分析成果报告》载，荆江河段全长347.2千米，第14页。

[2] 水利部长江水利委员会：《2001年长江泥沙公报》，长江出版社2001年版，第10页。

城陵矶汇注长江,构成错综复杂的江湖关系。

上下荆江在河型上差别较大,上荆江河道横向变化较小,属微弯分汊型河道(图1-1);下荆江河道历史上横向摆幅较大,"九曲回肠",为典型蜿蜒型河道。

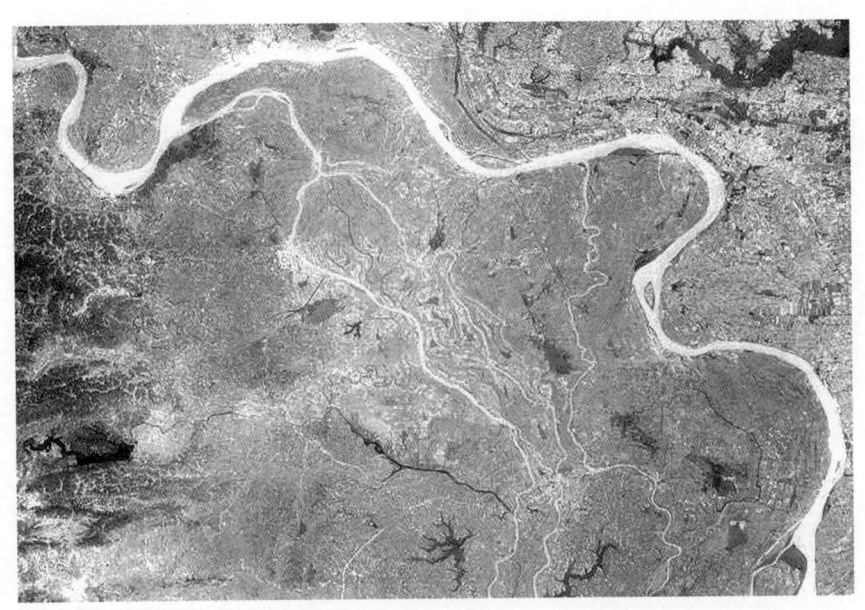

图1-1　上荆江河段(引自国家测绘地理信息局网站)

长江过枝城后由大体东南流向转变为东北流向;在松滋陈二口以下河段形成体量巨大的百里洲,右岸有松滋河分流入洞庭湖;荆江干流至涴市杨家垴又转为东南流向,左岸有沮漳河于荆州区临江寺附近入汇长江,右岸在公安太平口有虎渡河分流荆江之水入洞庭湖。此后,荆江又向南流经沙市、公安、江陵,至公安藕池口有藕池河分流入洞庭湖。上荆江自上而下由洋溪、涴市、公安三个南向河湾,江口、沙市、郝穴三个北向河湾,以及弯道之间顺直过渡段组成。上荆江的六大河湾处大多分布着江心洲,主要有关洲、董市洲、柳条洲、江洲、火箭洲、马羊洲、三八滩、金城、南兴洲等江心洲滩。上荆江河段弯道较平顺稳定,平滩水位时，河道最宽处3000米(突起洲河段)，最窄处740余米(郝穴河段)，最深处40~50米(斗湖堤)。据1965年测图量算，上荆江顺直河段，平均宽1320米，平均水深12.9米；弯曲河段，平滩河宽1700米，平滩水深11.3米。

上荆江河段沙市河湾、郝穴河湾大部分堤段堤外没有滩岸，有的堤段仅有少量极其窄小的滩岸，深泓逼岸，防洪形势十分险峻。中华人民共和国成立后，经多年整治，荆江两岸的主要险工险段特别是所有弯道凹岸的迎流顶冲段均建有护岸工程，至2018年年底，上荆江守护岸线总长121千米。

下荆江河道九曲回肠、蜿蜒曲折，在自然条件下，极易发生自然裁弯，河道摆动的幅度较大(图1-2)。20世纪60年代中后期至70年代初，下荆江河段相继历经了中洲子(1967年)、上车湾(1969年)人工裁弯以及沙滩子(1972年)自然裁弯。1994年，石首河段向家洲又发生自然撇弯。下荆江系统裁弯之前长约240千米，裁弯之后缩短河长大约78千米，后来河道又有所淤长，至2017年年底下荆江长约175.5千米。裁弯工程实施之后，因下荆江持续实施护岸工程、河势控制工程，河道的摆动幅度明显减小，岸线稳定性得到增强。经多年整治，下荆江成为限制性的弯曲河道，由石首河湾、沙滩子、调关、中洲子、监利河湾、上车湾、荆江门、熊家洲、七弓岭、观音洲等弯曲段组成。历史上，下荆江河道左右摆幅较大，19世纪初以来最大摆幅达30千米。下荆江除监利河段有乌龟洲，中洲子河段有南花洲将河道分为汊道段外，其余均为单一河道。据1965年测图量算，平滩水位时，下荆江河段顺直段平均宽度为1390米，平滩水深平均为9.86米；弯曲河段平均宽1300米，水深平均11.8米，河道最宽处3580米(八姓洲河段)，最窄处950米(窑圻垴河段)，最深处50~60米(调关矶头)。下荆江经章华港、塔市驿由东北流向，至监利县转向东南向流，抵达城陵矶后又有洞庭湖诸水系会聚汇，流量剧增。

图 1-2　下荆江河段(引自国家测绘地理信息局网站)

在自然条件下，下荆江的河道稳定性较差，弯道凹岸易崩坍，凸岸易出现淤积，这是下荆江河道演变的主要特征。当下荆江河道过度弯曲形成绳套状时，狭颈处易发生自然裁弯；其后河道又转向弯曲发展，形成周而复始的演变过程。为控制河势、抑制崩岸、提高下荆江防洪能力，从 1983 年开始，国家加大了对下荆江的护岸力度，特别是 1998 年大洪水后，下荆江先后实施了较大规模的河势控制工程，对稳定滩岸、控制河势发挥了重要作用。据统计，截至 2010 年年底，下荆江护岸线总长约 149 千米。

由于荆江两岸地势低洼，必须筑堤御水。左岸自枣林岗起修筑有荆江大堤，大堤沿沮漳河经万城至荆州、沙市城区，而后经盐卡、观音寺、郝穴、麻布拐向东至监利；以下堤线继续东延，经上车湾向东至洪湖新滩口。右岸沿江均筑有堤防，此外，沿着松滋河、虎渡河、藕池河以及调弦河的两岸也筑有堤防。荆江两岸之间的堤距，自枣林岗起一般为 6~7 千米，至沙市缩狭至 1~1.5 千米，以下随江流趋势宽窄相间，宽处约 5 千米，窄处约 1 千米；藕池口以下，堤距一般宽 10 余千米，最宽处 20 千米以上，仅监利窑垴一带为 1.3~1.6 千米，其下又复展宽。堤外滩岸，上荆江较为狭窄，平均宽不足 200 米，沙市、柴纪、祁家渊、郝穴等地段基本无滩，深泓直逼堤脚；下荆江较宽，两岸边滩平均宽达 6 千米，其中左岸边滩又较右岸宽。

二、地质地貌

荆江地区主要地质构造为江汉沉降区的江汉凹陷。新构造运动以来，江汉凹陷为沉降区，江汉盆地与洞庭湖盆地相连接，四围山地不断抬升，而中部持续下沉，因此荆江两岸地势低洼，河网密布，形成错综复杂的江湖吞吐关系。由于荆江地区西北地势高，东南地势低，荆江左岸为河湖相对松散的土类组成的平坦平原，平原内部受人工筑堤和泥沙沉积的影响，形成相对最大高差 10 余米的沿江高地和河湖间洼地间隔分布的地貌特点，荆江两岸堤防一般超过背河地面高程约 10 米。

江汉—洞庭湖平原多为冲湖积平原，城陵矶以下河段右岸多狭窄的冲洪积平原。枝城以上低山丘陵较多，石首、岳阳附近有少数低丘。河道两岸有反映其演变过程的多级阶地，其级数越向下游越少。荆江河段有两级阶地发育，从上游至下游，左岸部分地面由荆州区枣林岗至堆金台地面高程 50.00 至 44.00 米（冻结吴淞高程，下同）形成第三阶地的前沿；堆金台至万城闸地面高程 40.00 至 38.00 米形成第二阶地，地势较为平坦，并且开始向冲积平原进行过渡；荆江大堤万城闸以下为极其广阔的江汉平原，地势由高逐渐变低，从荆州区万城至监利县卡子口地面高程由 35.00 米降至 28.00 米。荆江河段右岸上游在松滋老城一带为长江一级阶地，地面高程 47.00 至 49.00 米，与冲积平原呈斜坡过渡；老城砖瓦厂至铁石溪一带为长江二级阶地，地面高程 50.00 至 68.00 米。老城至涴市一带为冲积平原，沿江而下地势由高变低，地面高程由 43.00 米渐降至 38.00 米。涴市以东至石首五马口沿江一线地面较为平坦，地面高程由 38.00 米渐降至 32.00 米。

荆江两岸平原广阔，河湖交织，现代改造的渠系纵横，分布着丘陵和孤丘。两岸地貌大致有剥蚀丘陵、冲积平原两种类型,洋溪以南石灰岩低山和碎屑丘陵,石首笔架山石英孤丘,华容墨山结晶岩低丘等均为剥蚀丘陵地貌。荆江两岸为冲积平原,荆北平原地面高程约 30.00 米,而荆南平原地面高程约 35.00 米。此外,两岸湖泊众多,有河间洼地湖(玉湖、洪湖等)、河流壅塞湖、河谷沉溺湖(公安淤泥湖、石首白莲湖等)、河道遗迹湖(碾子湾故道、尺八口老江河等)。在丘陵阶地的河谷之间发育有高河相漫滩和低河相漫滩。

第二节 汇流分流

荆江两岸有众多汇流与分流河道。左岸有沮漳河汇注;右岸在荆江起止点枝城以上的 19 千米处有清江入汇,其下有松滋河、虎渡河、藕池河、调弦河(1958 年冬筑坝建闸)分流荆江之水汇入洞庭湖,经调蓄后于城陵矶复注长江。众多支流的汇流、分流对荆江的防洪形势产生了极其重要的影响。

一、沮漳河

沮漳河由上游沮河、漳河两条河流在当阳市两河口(当阳市河溶镇下游 2 千米)汇合后而得名。《左传》曾载:"江汉沮漳,楚之望也。"沮漳河的流域面积为 7305 平方千米,河长 341 千米(人工改道前),属半山地河流。沮漳河流域地处荆山山脉及其延展部分,在地势上西北高,东南低,上游属于鄂西山地,中下游属山地向江汉平原缓慢过渡的低山丘陵地貌。

西支沮河,发源于神农架东麓,源头在襄阳市保康县欧家店,山区泉水汇合后由欧家店,经歇马河、马良坪、峡口、远安至当阳两河口与漳河汇合。保康县内河长 62 千米,水循山峡穿行,水流湍急,河道蜿蜒曲折,河道狭窄,一般宽 10~30 米,河中大石矗立。中游峡口至当阳慈化寺，河道蜿蜒，水流平缓，河宽50~100米，河中有沙洲，间有分岔。沮河全长243千米。

东支漳河，其源头有南北两支。南支紫龙寺河为主干，位于襄阳市保康县龙坪乡，河源为黄龙洞的洞穴水，长年不断，东流入南漳县板桥乡，为杨家河，长26.2千米。北支源出南漳县薛坪镇荆山南麓，有自生桥、老龙洞、蓬莱观三支泉流，合称三景庄。漳河上游河流在丛山间穿行，河道狭窄，水流湍急，河床皆为岩石及卵石。漳河自河源至当阳两河口长190千米。

沮漳河，据1937年出版的《荆江堤志》载："春秋时与江汉并称，楚望以其为南条水道之最著也。"五代时沮水尚在麦城（今朝阳山）以西半月山山脚。后漳水于倒湾（今两河口）汇合沮水成为沮漳河。历史上该河流至江陵（荆州区）柳港后分成两支。一支东北流，"经保障垸、清滩河（今荆州区菱角湖），绕刘家堤头，经万城镇北门外，屈曲入太湖港（荆州区太晖港），注城河达草市外关沮口，汇长湖水入汉（汉水）"。明崇祯年间（1628—1644年），截堵了刘家堤头，沮漳河至此断流。据史载，汉时沮漳河水与扬水相通即为此支。另一支南流，再分二支，"一支自江陵入江，一支自枝江入江"。枝江入江故道，位于今河道西侧沮漳河3000米，俗名干河，入江之口称鹬子口，亦称姚子口。明万历二十五年（1597年）沮水泛滥，于瓦甽河处甃坍堵塞，其后沮漳水遂径入荆州区至筲箕洼处入江。19世纪以来，学堂洲不断淤长变化，沮漳河入江口由筲箕洼下移至观音矶上腮处，其入江口不断逼近荆江大堤堤身，严重威胁着沙市城区的防洪安全。因此，1959年荆州地区实施人工改道，上移800米至新河口入江。为提高泄洪能力，减轻荆江大堤防洪压力，沮漳河口在1994年年底于万城以下再次进行人工改道，在荆州区与枝江交界的临江寺入江。沮漳河两河口以下主河道改道前长97.6千米，经过多次改道后，缩短老河道长达15.2千米。

沮漳河属狭长形河流。沮河在慈化镇以下，漳河在官垱以下至沮漳河入江口，两岸均筑有堤防，防止洪水漫溢成灾。沮河、漳河在当阳两河口汇流后，进入丘陵平原地带，河底为沙质，河道弯曲。

二、松滋河

松滋河为清代荆江溃口不塞而形成的一条分江水入洞庭湖的河流，分江口称为松滋口，位于松滋老城镇以上约 7000 米处（马峪河林场）。（图 1-3）

图 1-3　松滋河入口（引自国家测绘地理信息局网站）

清同治九年（1870 年），长江流域发生千年一遇特大洪水，宜昌站洪峰流量达 105000 立方米/秒（调查洪水），为长江历史上有史可证的最大流量。当上游巨大洪水抵达荆江时，江汉平原和洞庭湖区当时又普降暴雨，"洪水泛涨异常，江堤、垸堤漫溃殆尽"（据考证，当年荆江大堤未溃），清同治《公安县志》称其为"数百年未有之奇灾"。按枝城来量

110000立方米/秒(调查洪水)推算松滋老城水位约52.00米,高出堤顶约2米,松滋庞家湾、黄家铺堤溃口,"洪水泛滥,漂流屋宇人民田禾无算"①。灾后,黄家铺堤被堵复。同治十二年(1873年)再次大水,黄家铺堤"筑而复溃,自采穴以上夺溜南趋,愈刷愈宽"②,以后再未堵塞,洪水四溢,任其泛滥达四五十年之久。松滋溃口后,夺取虎渡河故道,迫使虎渡河东迁。自此,松滋河形成,荆江四口南流入洞庭湖的格局形成。

松滋河自松滋口经老城至大口(1870年溃口处)为上游,全长24.5千米。左岸有采穴河分流松滋河水,在今大口处又分为东西两支。

西支为松滋河主流,从大口经新江口至莲支河出口处进入公安县境,流经狮子口、汪家汊、郑公渡、杨家垱之后进入湖南省澧县境。松西河至青龙窖又分为两支,一支称为松滋西支(官垸河),另一支称为中支(自治局河)。松滋西支自青龙窖至彭家港入澧水洪道。松滋西支从松滋大口经青龙窖至彭家港,全长113.2千米,其中流经松滋境内27千米,公安境内49千米,澧县境内37.2千米。中支,又称为自治局河,自青龙窖经张九台、五里河至小望角与松滋东支汇合。从青龙窖至小望角,河长38千米。松滋河西支从松滋大口至青龙窖,经中支至小望角至蔡家滩,全长173.79千米,其中,从松滋大口经青龙窖、张九台至小望角河长134.79千米。西支河床宽320~850米,最宽1320米,其支流有洈水河、新河、庙河。

东支,自大口分流经新场(今大口村)、沙道观、米积台进入公安县境,河长26.55千米。经斑竹垱、港关、孟溪、甘厂至新渡口入湖南安乡县境,河长76千米。在安乡县境内又称大湖口河,自新渡口经马坡湖至小望角,河长41.35千米。河床宽一般168~500米,最宽760

---

① 《松滋县志》(1937年),松滋县志编纂委员会办公室1982年重印,第40页。

② 武同举等编:《再续行水金鉴·长江卷》卷二八,湖北人民出版社2004年版,第463页。

米,其北段有官支河。

东支从松滋大口至小望角全长117.35千米。松滋中支与东支在小望角汇合后向东南流,称为安乡河(或称松虎洪道),经安乡县城至小河口与虎渡河汇合。从小望角至小河口河长21千米。经武圣宫(南县境)、芦林铺至蔡家滩注入目平湖(西洞庭湖),河长18千米。

松滋河东西二支有多条河相通,自上而下有莲支河(河长6.26千米)、苏支河(旧名孙黄河,河长10.5千米,由西支分流入东支)、瓦窑河(河长8千米)、五里河(河长3.2千米,连接中支与西支)等互为相通。

三、虎渡河

虎渡河位于荆州区与公安县交界处,距沙市大约11千米,其分江流之口称为太平口,亦名虎渡口。虎渡河形成时间至今仍有争议,据清光绪《荆州府志》有关"郢中守猛兽为害"的记载推断,在后汉时期即已存在,至迟在北宋仁宗时(1023—1063年)就已成河通流。北宋时期,公安籍张景在朝廷上回答仁宗所问,吟出了"两岸绿杨遮虎渡,一湾芳草护龙洲"诗句①,即作佐证。宋仁宗时期以后,由于人口增多,开拓土地,穴口慢慢地湮塞或人为堵塞,而两岸也逐渐围挽成堤。南宋乾道四年(1168年)发生大水,荆江北岸"寸金堤决,江水啮城,(府)帅方滋使人决虎渡堤以杀水势",虎渡河重畅其流。乾道七年,"漕臣李焘复修筑之"。② 后不知于何时又成为穴口。明嘉靖时期的大量文献均记载,当时分泄荆江洪水的支流"南惟虎渡,北惟郝穴",这充分说明,当年虎渡河还具备相当的分洪能力。明万历初(约1574年),曾一度疏浚严重淤塞的虎渡河,但过了不到30年,虎渡河又"稍稍湮灭,仅为

---

① (宋)祝穆、(宋)祝洙:《宋本方舆胜览》卷二七《题咏》,上海古籍出版社1991年版。

② (清)嘉庆重修《大清一统志》卷三四四"虎渡河",四部丛刊(四)。

衣带细流",冬春之际经常干涸断流。明末,虎渡河"中多洲渚"①,人们一度担心会湮塞断流。此后,"两旁皆砌以石,口仅丈许,故江流入者细",几乎丧失分洪能力。清康熙十三年(1674年),叛乱的吴三桂军队从松滋撤退,将虎渡河口门的"石矶尽拆,另作它用"②,大水年份,洪水将虎渡口门冲宽至30丈以上。恢复畅流的虎渡河便成为清代以来荆江向洞庭湖分流的重要洪道。虎渡河分别于乾隆二十四年(1759年)、道光十二年至十四年(1832—1834年)又有过两次疏浚。其河道流路,同治十二年(1873年)以前,大致从黑狗垱南流至雷打埠汇澧水,经安乡至白蚌口入湖;其后松滋决口,故道为松滋河所夺而东移以致演变成现状。虎渡河原有八方楼、理兴垱、书院洲三条小的支河分流,但中华人民共和国成立后分别于1954年、1958年和1978年堵塞。

虎渡河形成初期,经弥陀寺、里甲口、黄金口、中河口汇古油水(洈水)后南流,经南平、杨家垱,自中合垸附近入洞庭湖。至1870年后,因松滋溃口,劫夺虎渡中河口以下的入湖洪道,迫使虎渡河自中河口以东改道,顺着虎西山岗和黄山头东麓南流入湖。以后因河口三角洲的纷繁演变,形成诸多分流水系与松滋河串通的形势,先是于张家渡附近入湖,后因受冲开的藕池河的影响,虎渡河下延12.5千米至小河口与松滋河汇流,再下延18.4千米于肖家湾入注目平湖。

虎渡河全长137.7千米,从太平口至黄山头南闸在荆州境内全长95千米,从南闸至小河口在湖南省境内全长42.7千米。河流总体流向稳定,河床宽200~350米,河漫滩不多。1952年在黄山头修建了荆江分洪工程节制闸(南闸),控制虎渡河下泄流量为3800立方米/秒(含松东河汇入800立方米/秒)。

---

① (清)顾炎武:《天下郡国利病书》卷七四《开穴口总考略》,上海科学技术出版社2000年版。
② (清)蒯正昌、(清)刘长谦:《江陵县志》卷三"虎渡口",清光绪二年刻本,苏州古籍出版社2001年影印版,第543页。

四、藕池河

藕池河的分江流之口称为藕池口，位于公安县与石首市交界的藕池镇。据北宋范致明《岳阳风土记》记载，藕池口即《水经·江水注》记述的"清水口"，南宋时堙塞，两岸逐渐围挽成堤。藕池堤为南岸堤防中的重要堤段，自明嘉靖三十九年（1560年）决堤之后，"每岁有司随筑随决，迄无成功"，是堤防基础比较薄弱的堤段。清道光十年（1830年），藕池堤被冲塌十余丈。清咸丰二年（1852年）五月，公安、石首等县连降暴雨，江湖迅涨，藕池堤工新修的马林堤堤脚先行崩塌，发生溃口，即为"马林工溃"，当时因民力拮据而未堵复。此后咸丰三年、四年、五年接连发生大水，连续多年的荆江洪流从溃口之处分流，南入石首、华容西境，劫夺华容河西支九都河以及虎渡东支厂窖河的故道，分流入洞庭湖，同时洪水带来的大量泥沙逐渐沿途淤积湖泊港汊。咸丰十年（1860年），长江流域发生特大洪水，宜昌最大流量达92500立方米/秒（调查洪水），又逢荆江两岸大雨，一时间江湖并涨，洪水自藕池口汹涌南流，"水势建瓴直下，漫（公安）城而入，水高出城墙丈余，阖邑被淹，江湖连成一片，民堤漫塌尤多"（《故宫军机处奏折》）。马林溃口越冲越宽，下游形成一条宽广的藕池河，"宽与江身等，浊流悍湍，澎湃而来"（清光绪《巴陵县志》卷四）。1860年大水导致湖区发生惨重水灾，"壮者散而四方，老弱转乎沟壑"（《南县乡土笔记》）。

藕池口自咸丰二年初次决口至十年大决的8年时间里，水情、灾情一直十分严重，但官府借口"民力拮据"未提出救治和抢修办法，更未动手堵筑。

藕池口溃口之前，洞庭湖区盲目围湖垦殖，致使湖区"向日受水之区十去七八"，同时荆江河道逐渐淤垫，荆江万城堤不断加高，形成与洪水位升高进行竞相争逐的局面，两岸人民筑堤负担沉重异常。因此，社会议论纷纷，要求停止围湖堵口、主张疏流的呼声日渐高涨，尤其是主张舍南保北的倾向十分明显。藕池溃口之后，增大分江入湖，极大缓解了荆江万城堤洪水压力。同时，咸丰年间政局风雨飘摇，内忧外患频加，因此，上自朝廷、下至地方官府均未积极地堵口复堤。

藕池河形成后，在荆南四口之中泄洪量和挟沙量均是最多的，对洞庭湖演变产生了重大影响。清光绪十八年（1892年），张之洞在奏称，荆江水流在石首溃决处由"王家大路新口东北流归大江正洪者日多，南入藕池溃口者日少。藕池口门当日正值顶湾者，今日已在新口之下，实测今日藕池溃口之水，较之昔年初溃时已减其半"，此时藕池口门仍然宽达五百余丈。1937年，实测藕池河最大分流量为18900立方米/秒，占当年宜昌最大流量的30.6%，至1954年藕池河分流量降至宜昌最大流量的22.1%。① 由历史记载以及藕池河分流量逐年减少的趋势，可以看出，藕池口溃口之初，确是"几引江而南"的。

藕池河水系变化十分复杂，根据清光绪年编纂的《华容县志·山水·水道变迁纪略》记载："自咸丰二年藕池口溃，汹涌澎湃，一泻千里，无垸不冲，无冲不成河，无河不分支。"藕池河是一条多支汊的河网，在各支汊之间又有一些互相连通、流向不定的横向支河。1949年以后，由于泥沙淤积和堵并部分支汊，形成一干三支、庞大复杂的河网。

藕池河干流进口处原在藕池口，后上移至公安县裕公垸，经北尖（石首）至藕池镇下倪家塔，分为东西两支。西支为安乡河，东支为主流，至石首市久合垸黄金咀又分两支：一支称中支，为团山河；另一支称东支，东支至殷家洲后又分为两支。

西支（安乡河）从藕池镇下500米处倪家塔进口（又称王蜂腰），经康家岗、茅草街、官垱、麻河口，抵下柴市与中支（团山湖）汇流，全长51.5千米，其中湖北省境内19千米。

中支（团山河，湖南称浪拔河），从石首久合垸黄金咀进口，经团

---

① 钟宇平：《荆江四口向洞庭湖分流洪道的演变》，《长江志通讯》1987年第1期。

山寺、虎山头、窖封咀、哑巴渡、荷花咀、下柴市与安乡河汇合，至茅草街上端注入澧水洪道(南咀)，出南洞庭湖，全长98千米，其中湖北境内15千米，与湖南共界5千米。

东支于石首殷家洲分为两支，一支称鲇鱼须河(东支)，另一支称梅田湖河。鲇鱼须河自殷家洲分流，经过鲇鱼须镇、宋家咀，抵九斤麻汇入干流，全长27千米，与湖南华容县共界1千米。梅田湖河(干流)，从殷家洲进口，经梅田湖镇、操军乡，在九斤麻与鲇鱼须河汇合。1935年以前，鲇鱼须河与梅田湖河并不相通。鲇鱼须河出东洞庭湖。梅田湖河经九都、中鱼口、八百弓，于茅草街入南洞庭湖，从九都至茅草街，河长39千米，又称之为沱江。梅田湖河、鲇鱼须河在此相距很近(不到1千米)，但互不相通。1934年由湖南省政府拨款挖通，称之为扁担河。由于经注滋口入东洞庭湖的流程仅相当于绕道茅草街经南洞庭湖再入东洞庭湖的1/4，故扁担河挖通后，梅田湖河大部分水流走注滋口入东洞庭湖，原来分流入南洞庭湖的沱江逐渐萎缩，2003年在沱江上下口建闸进行控制。

藕池河干流，从裕公垸入口，经藕池口、管家铺、老山咀、黄金咀(即石首久合垸北端)、江波渡、梅田湖、扇子拐、南县城、九斤麻、罗文窖北、文家铺、明山头、胡子口、注滋口、刘家铺，于新洲注入东洞庭湖，全长107千米，其中裕公垸至藕池镇12千米，藕池镇至殷家洲27千米，殷家洲至新洲入湖口68千米。

五、调弦河

调弦河，又名华容河，分江流之口称之为调弦口。据《大清一统志》载，调弦口即《水经·江水注》所说的"生江口"，为宋元时期荆江"九穴十三口"之一，位于今石首市东30千米调关镇。

调弦河形成的历史十分悠久，据考证，西晋太康元年(280年)，大将军杜预平定江南后，为漕运而开凿此河，历史上屡淤屡疏。当时从南至北只开至焦山，因当时焦山以北便是长江主泓和支汊洲滩，故名焦山河。至元大德七年(1303年)焦山铺以北洲滩淤长,长江主泓开始北移,故议开调弦河北段,但兴工未竣。

明嘉靖二十一年(1542年)堵塞北岸郝穴后,荆江洪水南入洞庭湖流量加大,石首、华容洪患严重。为此,据清光绪《华容县志·山水》载:"乃于调弦口筑建宁堤,一名陈公堤,石(石首)得稍纾江患,华(华容)亦与有利焉。"该堤无疑使江洪南流受到阻碍。此后,调弦口一度湮塞。隆庆中(1567—1572年)再次将调弦口开浚深广。

明末清初,长江主泓完全移至石首调关以北,至清咸丰五年(1855年),制宪纳开通调弦口至焦山铺河段,焦山河再次与长江贯通。直到清末,一直比较畅通,不再湮塞。调弦河曾于明万历三年(1575年)、清道光十四年(1834年)两次疏浚。但道光年间的疏浚,并未达到大量分流洪水入湖,减少荆江流量的目的。随着洞庭湖的淤积、河道淤浅及下荆江河道继续南移,至清后期,调弦河已成为一条"可以泄湖水之溢者,十居其七;可以杀江水之怒者,十居其三"的河流(清同治《石首县志·堤垸》),分流荆江超额洪水的作用并不明显。

清后期,虎渡河、调弦河逐渐淤塞碍流。道光末年,"虎渡、调弦二口之水,所以入洞庭湖也,春初湖水不涨,湖低于江,江水若涨则其分入湖也尚易;至春夏间湖水已涨,由岳阳北注于江,则此二口之水入湖甚微缓矣;若湖涨而江不甚涨之时,虎渡之水尚且泛漾而上至公安,安能分泄哉?"①。在荆江左岸万城堤日益加高加固,而右岸堤防普遍低矮破败、年久失修的情形下,超额的荆江洪水极易冲溃右岸薄弱堤防寻找出路。在此种情势下,先后形成藕池口、松滋口。调弦河流路,在咸丰十年(1860年)之前,自华容西南流经化子坟,经县河口由九斤麻入湖。藕池决口后,故道为藕池河所夺,被迫东流以致演变成现状。

调弦河分江入流口,经焦山铺至蒋家冲出石首市境(长约13千米)

---

① (清)蒯正昌、(清)刘长谦:《江陵县志》卷八,清光绪二年刻本,江苏古籍出版社2001年影印版,第590页。

进入华容县境,经万庚、石山矶至华容县城后又分为南北两支(两支间即华容县新华垸),至罐头尖两支汇流,经旗杆咀入东洞庭湖。1958年冬,经湘鄂两省协商后在调弦口筑坝建闸,并在入湖处的旗杆咀(六门闸)建闸控制。北支长27千米,西支长31千米,北支为主流,分流比占2/3。从调弦口至旗杆咀全长60.2千米,进入湖南境内后,流经华容县的护城垸、双德垸以及钱粮湖农场。

第三节 河道演变

荆江河道的形成与发育过程十分复杂,历经漫长的地质时期和历史过程。荆江横贯东亚新华夏系第二沉降江汉沉降区西南部,在第三纪早期,它作为黄陵背斜西侧横越宜昌单斜而汇入江汉盆地的多条河流中的一条,与其他汇入江汉盆地的河流共同携来大量细颗粒泥沙和盐类,在江汉盆地中形成巨厚的第三系河湖沉积。由于受气候、地质构造运动以及水流与泥沙运动等众多因素影响,经过长时期历史变迁,大约在距今4万年前形成所谓的"古荆江"。

一、荆江统一河床塑造过程

荆江河道历史变迁纷繁复杂。一是荆江河道形成的历史十分悠久,演变频繁。荆江发育于长期下沉的云梦沉降区,经过荆江三角洲分汊河床阶段、分汊河床衰亡与荆江河曲形成发展阶段;二是荆江变迁与洞庭湖演变息息相关,相互作用。

随着外围山地持续上升,江汉盆地渐渐下沉,古长江、汉江从山区带来的泥沙在盆地内大量沉积,形成低洼平原。长江始经陈二口附近向东直入江汉盆地,形成以枝江七星台为顶点的砾石质扇形三角洲。此后扇形三角洲顶点上移至今松滋口附近,扇顶部位往下游的长江干流位置经常改变。

距今5000年前，由于海面上升，长江发生溯流海浸，长江基面的抬升使得河床的纵降变小，造成长江上游带来的大量泥沙溯源堆积在河漕，荆江水位不断上升。长江中游荆江平原位于周缘丘陵山地所圈闭的两湖平原腹地，因地势低洼和新构造运动下沉等众多原因，渍水而发育湖泊，形成云梦泽。当荆江上游带来大量泥沙的淤积量小于湖盆下沉与水位上升量之和时，湖盆扩张，水深增大，荆江三角洲发生溯源退缩，除水道两侧带状自然堤和七星台、百里洲、刘巷、黄金口等地侵蚀后残存的阶地外，位于荆江三角洲顶点下游的滩地普遍被水所淹没，荆江两岸及洞庭湖区部分低洼地带沦为水域，荆江河道演变为漫流洪道。荆江过沙市进入范围极为广阔的云梦泽地区，荆江河道形态不甚显著，河槽通常被淹没于湖沼之中，大量的水体以漫流形式向东汇流。这一时期荆江流路上段从松滋口—杨家垱，经太湖农场（北）—荆州—沙市东分支。

此后，荆江水位进入相对稳定阶段。据长江委专家考证，距今5000年前的荆江高洪水位与1954年最高洪水位相比，相对高差达13.6米，推测当时高洪水面高程约为31.00米。这一时期荆江地区虽然仍在继续沉降，但有长江上游带来的大量泥沙落淤，同时有汉水来汇，产生充填式堆积。随着三角洲向东推进，云梦泽逐渐淤浅，来自长江上游的大量泥沙主要通过以沙市为顶点的放射状分流泓道向东部云梦泽的主体分流，各分流道又再分若干次级小的流路继续发展，荆江水系由漫流洪道开展向分流水道发展。在此时，以夏水、涌水、扬水为主的分流水系逐渐形成发育。自上游往下游自松滋老城—杨家垱，再由太湖农场—荆州—沙市（东），其分流水道大致有4条：第一条是自荆州城东沿阶地前缘至关沮口后折向东南，经岑河—资市—白马—秦市—汪桥（北）—周老嘴—龚场—白庙—沔阳（老城）流向东北的弧形分流道；第二条是经杨泗洲与雷家垱间，至幸福村的分流水道，较宽浅，后期形成故道湖；第三条是自荆州城东经北湖、洪家垸、太师渊，东至唐剅子后分支的分流水道，主干入江，北支经岑河—资市—白马—秦市—汪桥（南）—红城后沿洪湖东的阶地（北）流向东北；第四条自荆州城东南，穿南、北湖后分二支，一支绕徐家台南，经中山公园东北角至章华寺出，另一支经章华寺南与之汇合。

荆江统一河床塑造过程，根据《长江中游荆江变迁研究》一书中，复旦大学张修桂撰写的"各历史时期的荆江变迁"一章所阐述观点：长江出三峡之后，流经两个不同的地貌单元，即沙市以西丘陵、山前冲积扇和沙市以东云梦湖沼区。荆江在这两个性质迥异的地貌区域内的塑造过程也因此存在着极大差异。①

1. 沙市以西荆江河道塑造过程

沙市以西的荆江河道发育于丘陵和山前冲积扇之上，此段河道始终以分汊河床的形式出现。随着江心洲逐渐发育与南北摆动的不断加剧，荆江河道的演变以主、汊交替为其主要形式。北宋后，由于荆南地势变化，分汊河道逐渐塑造成为分汊—分流河道形态。

先秦汉晋时期，长江进入枝城—沙市河段的山前冲积扇地区后，由于河床在扇面上强烈下切的结果，未能形成普通模式的扇状分流水系，而发育成为嵌在冲积扇中的主干道形态。由于水量巨大，冲刷剧烈，河床非常开阔，江心洲大量出现。据史载，南朝之前，上荆江河道中有"九十九洲"纷繁棋布，河床形态发育以复式分汊为其主要特征。

其后，由于江心洲不断合并、消失或靠岸，复式分汊逐渐发育为普通的二分汊形态。在百里洲河段，因大量江心洲合并的结果，复式分汊演变成为"南江北沱"的分汊形态，其后又演变成为"北江南沱"的形态；江陵河段，江心洲消失或靠岸，河床逐渐缩窄，复式分汊最后演变成为普通的二分汊形态。

沙市以西荆江河床发育与演变，很大程度上取决于江心洲的变化，从而引起江与沱的主、汊变化。沙市以西荆江河道主、汊交替演变的同时，分汊河道在逐渐演变为分汊—分流河道形态。尤其是从东晋筑金堤

---

① 参见杨怀仁、唐日长主编：《长江中游荆江变迁研究》，中国水利水电出版社1999年版，第114页。

开始，至唐宋时期，荆南公安一带地势基本改观，加以荆江水位不断升高和人为因素影响加剧，南宋乾道初年（1165年后）开掘湮塞的虎渡口，荆江河段向虎渡河分流量增大，沙市以西荆江单一分汊河道形态得到改变。

清后期同治年间，由于荆江水位抬高并向上游方向发展，加之上百里洲南侧长江汊道壅塞，水流不畅，特别是1870年特大洪水最终导致黄家铺堤溃决，形成松滋河分流。至此，沙市以西荆江分汊—分流河势大致塑造完成。

2. 沙市以东荆江河道塑造过程

随着云梦泽不断分化、解体、消亡，沙市以东荆江河道塑造大致经历了以下三个阶段：

一是荆江漫流阶段。由于江汉地区现代构造运动中继续保持沉降，在全新世初期云梦泽的湖沼程度极高。此时，荆江出沙市后进入范围宽广的云梦泽地区，荆江河道形态不太显著，河槽常常淹没于云梦泽之中，巨量水体以漫流的形态向东行进。从沉积物的形态上看，主要是河流相沉积与湖沼相沉积互相交替、重叠。但由于科氏力长期作用的结果，同时因为荆江地区现代构造运动具有向南掀斜的特性，荆江在沙市以东的河道漫流形态有逐渐向南推移、汇集的趋势。

二是荆江三角洲分流阶段。由于长江泥沙长期在云梦泽淤积沉降，至先秦至秦汉时期，以沙市为顶点的荆江三角洲率先在云梦泽西部形成（图1-4）。在云梦泽西部陆上三角洲上，荆江分流水系呈扇状向东扩散。由于受到南向掀斜构造运动的影响，荆江主泓道偏居三角洲西南边缘。此时上荆江地区由于淤积，部分已成为洲滩高地，而下荆江地区大部尚处于高度湖沼状态，洪水季节荆江主泓全部汇注湖沼区，至城陵矶汇合洞庭湖诸水，向下游流去。荆江分流水道夏水、涌水在陆上三角洲的中部汇入云梦泽之中。这些荆江分流水系可能为以前的荆江主泓道，由于受南向掀斜运动的影响，主泓道南移，部分地区淤积而逐渐演变成一条条分流水道。荆江三角洲西北边缘的分流最早开始淤塞。春秋后期，楚国利用它东北流的形势，沟通汉水，使之成为运河，其后始有大夏水或扬水之名。

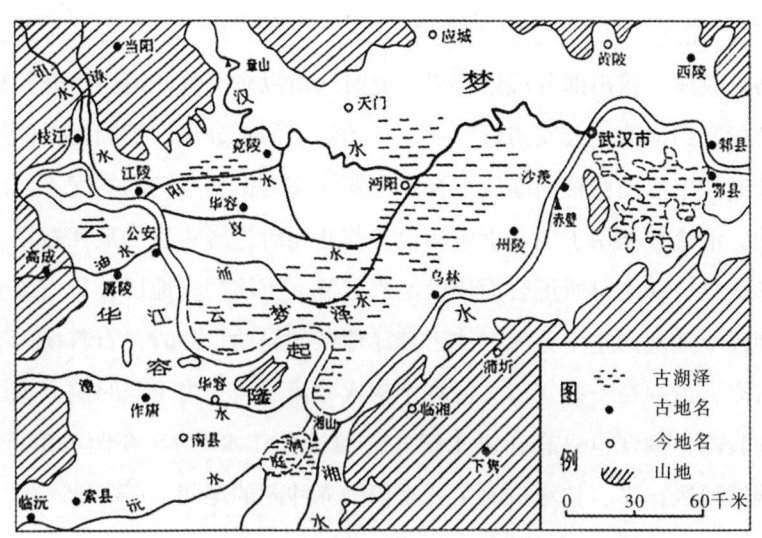

图1-4　先秦至秦汉时期江汉地区水系图（张修桂提供）

三是荆江统一河床与右岸分流形成阶段。魏晋时期，由于荆江鹤穴（今江陵郝穴）分流出现，同时由于科氏力作用的影响，荆江河道向南掀斜发展，荆江三角洲在向东发展的同时，又迅速向南扩展，迫使潜江西南的云梦泽主体向下游方向推移。现今石首境内下荆江河段，向南发展的过程中遇到华容隆起的阻碍，河道束流刷深，当时已经摆脱湖沼区的漫流状态，塑造自身河道，从而使石首以下荆江河道继续向东延伸发展。此时监利境内荆江河段，大部依旧通过云梦湖沼区，以漫流形式向东流，地面独立河道尚不明显，仅有东南方向的大体流路。至南北朝时期，荆江主泓仍然向南发展，但是河道南向发展速度减缓，主河床相对稳定。故《水经·江水注》中记载，石首境内下荆江河床形态已极为清晰，两岸有众多穴口向两岸分流，河道之中沙洲棋布。石首县（现为石首市）、建宁县设置于西晋时期，充分说明之前在地势淤高的自然堤上有人类定居,并形成村落聚集。而监利境内下荆江河段,几乎不见任何记载,连穴口分流和沙洲也未见记载。南北朝时期,监利境内下荆江河段横穿云梦泽边缘,尚处于漫流为主状态。云梦泽在监利、惠怀一线以东仍是"萦连江沔",江汉大水时,云梦泽中汪洋一片,枯水时期,湖面略见收缩,露出部分湿地边界。此时沙市以东上荆江河段,开始形成相对稳定的河曲于公安附近。荆江三角洲上涌水分流,则因泥沙的淤积以及荆江主泓的西移而断流。夏水分流在南向掀斜运动的支配下,向南摆动,汇流并利用了涌水下游河段。与此同时,屠陵下的荆江右岸,开始形成景口和沦口所汇合而成的沦水分流,流注洞庭地区,从而改变过去荆江单纯地向左岸分流汇注云梦泽地区的局面。此时,石首境内下荆江右岸,虽存在一些穴口,但均不构成分流局面,由于当时洞庭地区地势尚较高,荆江也只有在洪水期才能通过生江水(约在今调关附近)泄入洞庭地区,平、枯水位时生江水仍为赤沙湖的尾闾。(图1-5)

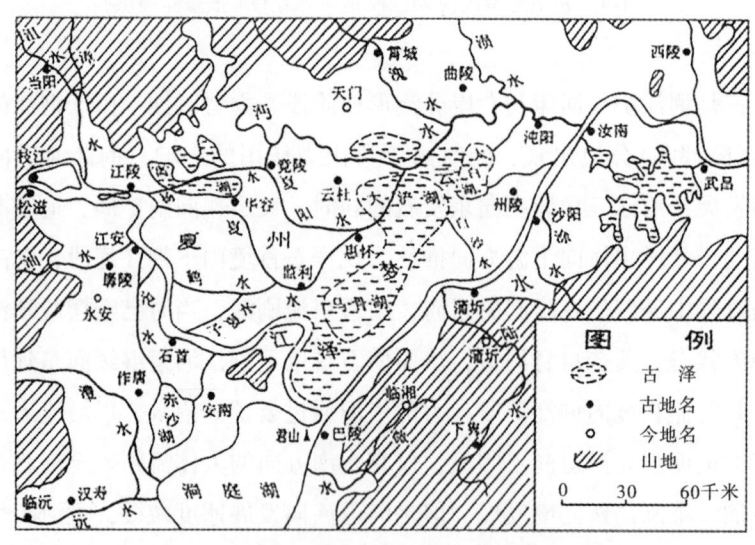

图1-5　南朝时期云梦泽示意图(张修桂提供)

唐宋时期,江汉平原的云梦泽已然完全解体,成为历史遗迹。由于江汉分流分沙的原因，江汉平原的地势普遍淤高，"萦连江沔"绵延数百里的云梦大泽为星罗棋布、互相分隔的江汉湖群所取代。位于监利境内云梦泽的最终消失，使得沙市以东的荆江统一河漕得以全线塑造完成，河道流路大体稳定。（图1-6）

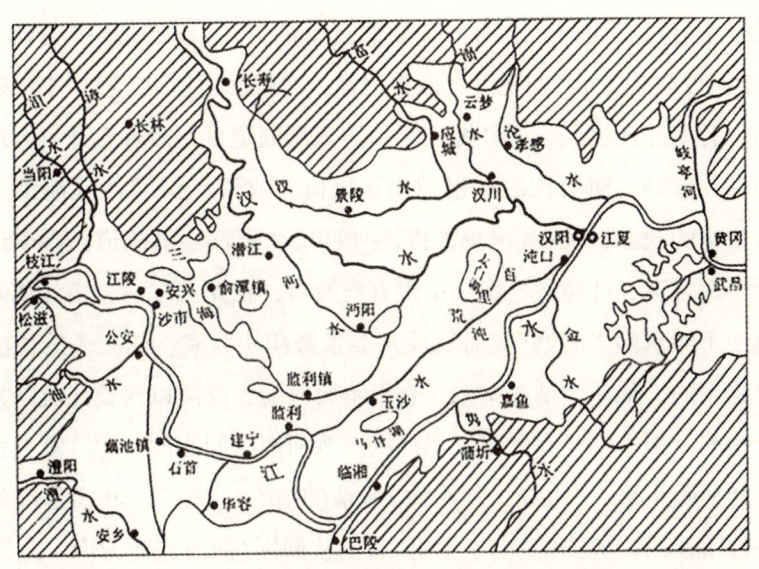

图1-6　唐宋时期江汉地区水系图（张修桂提供）

沙市以东荆江沿岸诸县县治设置的先后，亦充分显示出荆江河道这一塑造过程。公安县成立于三国时代，石首县设置于西晋时期。石首县东调关镇附近的建宁县设于北宋时期，而监利县城至南宋端平年间才从夏水、涌水分流的自然堤上迁至下荆江自然堤上重建新所。公安、石首、监利县治自上游向下游增设，与沙市以东荆江河道不断塑造并最终完成，在时间上是相一致的。

由于南宋初期上荆江虎渡河分流形成，并劫夺油水南下，自古沧水流路流注洞庭湖，公安附近的景口、沦口所形成的沦水即告消失，沙市以东南荆江右岸分流遂下移至调弦口。清咸丰十年（1860年），藕池河分流形成，沙市以东荆江右岸分流始成定局。

荆江自形成明显河道以来，历经沧桑巨变，但荆江的基本流向与大致流路却较稳定，均是向着城陵矶以东方向流动的。据《禹贡》"岷山导江，东别为沱，又东至于澧，过九江至于东陵"的记载，曾有部分人认为5世纪以前荆江主泓，是经虎渡河故道汇流澧水并向南注入洞庭湖的，再汇合其他洞庭诸水于城陵矶复汇入江，而现今的荆江在那时只不过是一条分汊支流而已。明末文学家袁中道曾在《澧游记》中明确表述了"南流虎渡为主流"的观点。该游记称："郦道元注《水经》，于江陵枚回洲下有南北江之名，南江即江水由澧入洞庭道也。陵谷变迁，今之大江独专其澎湃，而南江之迹稍稍湮灭，仅为衣带细流。"清代胡渭亦赞同袁中道的观点，他在《禹贡锥指》中指出，"南江会澧故道，参以近志有所得而言者，江陵县西南二十里有虎渡口，在龙洲之南，南江从此东南流注于澧水同入洞庭"。而复旦大学张修桂认为袁、胡二人的说法是完全错误的，他认为从先秦两汉直至隋唐时期，江陵以西长江流路大体与今略同，根本不存在长江主泓道由虎渡河南注洞庭的问题。复旦大学张修桂明确指出，《水经·江水注》所谓的"南、北江"，其实是因为长江在沙市以西，被江中"七十余里"长的枚回洲"两分，而为南、北江"，即枚回洲将长江支分为东西走向的南、北两条汊道。北江为主泓道，江中又有数个沙洲沿流分布。南江仅属支汊道。位于枚回洲尾部的燕尾洲终止于今荆州城南江中偏西位置，因此《水经·江水注》明确地说明在江陵城南处"江水断洲通会"，意思就是南、北江在荆州城南的江中又复合汇流。《水经注》成书时代，不存在"南江由澧入洞庭"的情况，而南宋乾道四年(1168年)，因寸金堤复决，江水啮城，为确保荆州城的安全，人为地开挖南岸虎渡堤以杀水势，事后并未堵复，此后荆江形成虎渡河南下会澧入洞庭的分流状况。① 据此，并结合《水经·江水注》记载，南朝时代根本不存在虎渡河，所谓的南江沿虎渡河南下洞庭的说法

---

① 张修桂：《云梦泽的演变和下荆江河曲的形成》，《复旦学报(社科版)》，1980年第2期。

是错误的。至于《禹贡》中记载的"又东至于澧",指的是先秦时期长江主流大体沿今荆江河道,至城陵矶附近汇合洞庭湖的湘、资、沅、澧四水,由于澧水在四水之中首先与长江交汇,故《禹贡》以澧水为四水代表而立言,它与南宋时形成的虎渡河无任何关系。(图1-7)

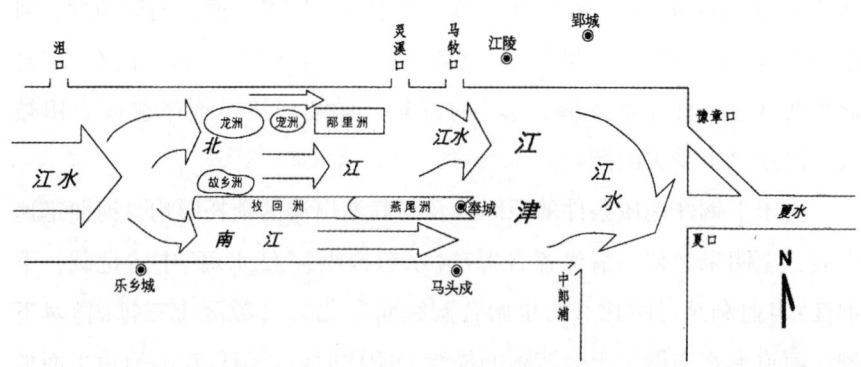

图1-7 《水经·江水注》长江江陵河段分汊河床形态示意图(张修桂绘)

二、下荆江蜿蜒河型发育过程

下荆江河道演变历经沧桑,开始是分流分汊河型,后来演变为单一顺直河型,最后发展为蜿蜒型河道。魏晋南北朝时期,下荆江河段江心沙洲较多,一个接着一个,并且两岸分流穴口众多,属典型分流分汊河型;南宋以后,由于人口南迁,经济社会、兵食供应的需要,荆江分流穴口大多淤塞,江心沙洲也逐渐消失或靠岸形成边滩,下荆江从而演变成单一顺直河型。至元明时期,两岸分流逐渐减少,河道泥沙淤积,水位抬升,下荆江河道横向摆动加剧,有时摆动达到30千米,奠定了下荆江河道始逐渐向蜿蜒河型演变。早期下荆江蜿蜒河型在监利以下河段首先发育形成,然后自下游往上游溯源推移至石首河段,不断促使河道变得曲折,在多年实测图上,这一年际变化趋势十分明显,最后由于藕池口分流出现,下荆江河道流量急剧减少,蜿蜒河型得到全线发展。

1. 蜿蜒河型发生阶段

元明之际，下荆江蜿蜒河型开始在监利东南出现，由于河道曲折，通流不畅，逐渐向上游发育河曲。明代中叶，监利河道典型河曲多处弯道发育形成，东港湖弯道和老河弯道即发育于此时期。东港湖弯道为明末自然裁弯的牛轭湖遗迹，因过度弯曲，导致水流裁弯取直。当时在老河弯道与东港湖弯道之间的瓦子湾，由于曲流发展迅速，崩岸频发，河岸遭受极为严重侵蚀，明代诗人孙存曾写有《瓦子湾》一诗，内有"三月此湾两度过，江岸渐见倾颓多"的诗句，详细记述了崩岸造成农田被毁、民众严重受灾的情景。

由于下荆江地质条件的原因以及洞庭湖出流的顶托影响，河曲迅速发展，至明末清初，清代齐召南在《水道提纲》"江水篇"中曾记载，下荆江"自监利至巴陵凡八曲折始合洞庭而东北"。《乾隆十三排图》对下荆江河道形态亦做了十分清晰的描绘。明代时石首河段流路河道平面形态、位置与今天的大不相同，当时下荆江石首河段典型河曲尚未形成，河道形态仅由顺直型演变成微弯单一河型。下荆江石首河段流路在调关至槎港山一线以南，即自石首市北沿梓楠堤北侧至列货山，然后以东南微弯方向通过调关镇南的胜湖、三陵湖、北湖至塔市驿入监利县境。

调关至塔市间下荆江流路，据陆游《入蜀记》记载，南宋乾道六年（1170年），诗人自塔子矶溯江西南行，途经水道深广、群山绵延、古时军队潜伏伺敌的潜军港，并泊船于三江口（石首调关三岔口附近），次日由三江口过石首县停泊藕池。根据陆游上行航向及潜军港地理形势推断，当时下荆江在今调关—槎港山一线以南，紧靠孤立山丘墨山的北麓胜湖、三陵湖、北湖一线通过。至明后期，下荆江河道主泓仍经此流过。《读史方舆纪要·荆州府·石首县》载："调弦口镇，县东六十里江北岸，江水溢则由此泄入监利县境，汇于潜沔，隆庆中复开浚深广以防水害。"这清楚地说明，在明隆庆年间（1567—1572年）下荆江仍从调关以南通过，今天留存的诸多湖泽即当年河道遗迹，调关以北为江水泄洪通道。下荆江调关附近的这条故道大约在明代隆庆之后废弃，下荆江主泓此后改道于调关—槎港山之北通流。据清初乾隆年间的奏议及《水道提纲》记载分析，至明隆庆以后，由于三江口附近泥沙长期沉积，洲滩棋布，壅阻缓流，江流不畅，原调关北侧的分洪道逐渐扩展为下荆江主泓流。自此，下荆江主泓改经槎港山北侧至湖南塔市入监利境。河流故道逐渐分割成为诸多湖群，并且因为泥沙淤积以及人为作用而偏离大江南岸，至清初，石首境内河曲开始自下游往上游发展。

由于监利以下蜿蜒河段的上溯，石首河段弯道曲流首先在塔市至调关间形成。据齐召南《水道提纲》载，江水经石首"县北，又东过调弦口，又东北折而东南至监利县西境"。并且随着监利河曲不断向上游发展，石首至监利河段河道出现横向摆动，并且摆动幅度较大。《水经·江水注》称为"赭要洲"的江心洲，在明代不断靠陆成为边滩，当地人因此将其改名为"沿江踞"，并且在新发育的边滩进行垦殖，一时间围垦农田竟达 2000 公顷。但至清初，由于河道的横向左右摆动，则又被"碧波荒草"所代替。清代由于人口增长，土地供应的需要，人民不断地束水归流，大规模地修筑围垸，多处江心洲并岸后被挽成围垸，河床地形改变，人为的作用进一步促进了石首境内河曲发展。

2. 蜿蜒河型上溯发展阶段

清道光以前，下荆江蜿蜒河型上溯发展至石首县境，最明显的一个河曲弯道形成于调关以北。清嘉庆重修《大清一统志》载，1820 年前，石首至塔市间下荆江十分弯曲，随着时间推移，下荆江蜿蜒河型在石首县境内全面形成。但此时，因下荆江弯道发展至最后阶段的自然裁弯等因素影响，监利境内下荆江曲折率却有所降低。

3. 蜿蜒河型全线形成阶段

清后期，自 1860 年藕池决口分流以来，下荆江蜿蜒河型得到全线发展，河道横向摆动加剧。19 世纪初以来，据实测图表明，下荆江西部摆幅即达 20 千米，东部则在 30 千米以上。其主要原因为藕池决口后，下荆江年际间流量减少，洪枯期河道流量变幅也减小。当流量减少时，河流宽度和弯曲半径也相应缩小，牛轭型河曲随之形成，逐渐演化发生。在正常发展的弯道中，水流顶冲位置具有随着洪枯水位流量变化而上下移动的特性。高水位期间，河道变宽，顶冲位置一般在弯顶以下，低水位时，河道落漕收窄，顶冲位置一般在弯顶附近或稍上。而流量减少，洪枯水位流量变幅较小时，水流顶冲位置趋于固定，这样易出现弯曲半径较小的弯道，河道也就愈加蜿蜒曲折。

下荆江河曲在发育过程中，由于过度弯曲，在水沙作用下多次发生自然裁弯。据史料记载，明末东港湖、老河发生自然裁弯；1821 年至 1850 年间，监利西湖河段自然裁弯；1886 年，月亮湖、街河自然裁弯；1887 年，石首大公湖、古丈堤自然裁弯；1909 年，监利尺八口河段牛轭过度弯曲，是由于自然裁弯；1949 年 7 月，江水冲穿石首荷芜淡，碾子湾自然裁直，河道发生改变；1972 年 7 月，沙滩子自然裁弯；1994 年 6 月，向家洲狭颈崩穿，发生自然撇弯。1967 年至 1969 年两次实施人工裁弯。

20 世纪 80 年代以前，下荆江汛期比较平缓而稳定等诸多因素，使得下荆江向蜿蜒型河道演变，人类利用凸岸边滩筑堤较多而较少实施护岸工程则进一步促使蜿蜒型河道发展。以后由于人为干预，在重点险段实施了防护工作，河道发展受到极大限制。

三、重点河段变迁

受长江上游来水来沙条件变化、江湖关系调整等自然因素，实施下荆江系统裁弯工程、护岸工程，以及修建葛洲坝工程、三峡工程等人类控制活动的影响，荆江河道发生相应变化，有些河段的河势变化还较大。

16 世纪以来，荆江河道河型演变缓慢，上荆江基本上保持着微弯分汊的河道形态，河势变化不大，河曲发展缓慢。19 世纪以来，上荆江河道发生较大变化的仅有百里洲、学堂洲、斗湖堤及郝穴等河段，其余河道变化不大。

1. 洋溪河段

上起枝城，下至陈二口，长约 15 千米，为弯曲分汊河型。清咸丰十年（1860 年）前，即为弯曲分汊河道，江中有俐洲、潮洲和关洲三个江心洲，右汊为主泓。此后，洋溪弯道河势维持基本不变。

2. 百里洲河段

据民国《松滋县志》载，"洋溪官洲下十里有大洲，至沱市而止，曰百里洲，突起江中，自晋、隋已然"。明代以前棋布江中的数十个沙洲，以百里洲为核心逐渐合并，巨型百里洲随之形成，纷杂的分汊河道因之归并为江、沱两股巨大水流。江在百里洲南，沱在百里洲北，属"南江北沱"河势。民国《松滋县志》载："古时大江正流在百里洲以南，历考前代过客，如杜子美之下峡，刘禹锡之泊灌口，陆放翁之舣沱滩，王渔洋、张船山之过松滋，皆依南岸而行。江道在南者数千余年。"明代以后，随着北沱流量的激增，以及出水口的阻溜，导致荆州城西北万城一带江堤多次溃决。明朝嘉靖以前，荆江流路大致方向为松滋县老城镇—枝江马口镇—大布街，流经的是百里洲南汊方向。至嘉靖年间，沱江终于在枝江江口镇的东南冲断了百里洲，将绵延数十公里的巨型百里洲分断为上、下两个百里洲。位于下百里洲以北的沱江，清初即告淤废，后此洲靠向北岸成为万城西南的长江边滩。沱江改流于上、下百里洲之间。与此同时，百里洲之南长江干道中，自西向东沿流分布有苦草洲、芦洲、泮洲和澌洋洲，实际上将百里洲南的长江干道又一分为二，因此《读史方舆纪要》说，大江至此分为三派。至清道光年间（1821—1850 年）洲南大江干道沙洲继续增长，苦草、澌洋等洲靠向南岸成为边滩，江面日益缩窄。道光十年（1830 年）大水后，长江主泓道北移至百里洲北，河床形态因之演变成"北江南沱"，清光绪《荆州府志》称之为"数千年江流一大变局也"。在大江主泓北移，而南汊沦为支流后，整个百里洲河段的整体外形并未发生显著变化，但沱市杨家埫以下河道发生了相应变化。根据 1861 年所绘的测图显示，荆江主流出江口河湾后，流经杨家埫附近偏靠右岸，此后又折向左岸，再转向沱市河湾。1934

年测图则显示，江口河湾主泓通过杨家塌附近过渡段与浣市河湾平顺衔接。1953年测图中浣市河湾为双分汊弯道，马羊洲右汊为主汊。

3. 沙市河段

明万历二十五年(1597年)前，沮漳河由鹳子口和筲箕洼两处入江，后鹳子口淤塞，仅由筲箕洼入江。清乾隆五十三年(1788年)以前，观音矶上游的河道外形仍是一个大弯道，江中存有窖金洲，江流紧贴荆州城南而达沙市，1788年大水后，在筲箕洼下游修筑杨林矶和黑窑厂矶。后由于学堂洲逐年淤长变宽，岸线向江心不断推进，河道外形弯曲度因而逐渐缩小，光绪二十六年(1900年)以后，学堂洲形成且逐渐并岸；沙市以下岸线，则向内崩进数百米，致使沮漳河口逐渐下移至观音矶上腮。至20世纪50年代，学堂洲发生严重崩坍，致使该处河宽加大约600米。1959年，通过人工改道将沮漳河口上移800米入江(今新河口)。沙市河湾洲滩格局一直维持到20世纪50年代，其间河湾上段新窖金洲呈靠右岸的边滩形式，但靠岸处存在倒套；或呈江心洲形式，北汊和南汊并存，北汊为主泓。沙市河湾下段金城洲呈靠右岸边滩形式。1994年年底，万城以下沮漳河口再次经人工改道于荆州区与枝江交界的临江寺入江，沮漳河道缩短15.2千米。

4. 公安河湾

清乾隆二十一年(1756年)时，尚属微弯形态，今已成为一大弯道。1953年公安斗湖堤岸边出土的一块明嘉靖元年(1522年)尚书古墓碑标明，此墓离大江八里(4千米)。据考证，嘉靖年间(1522—1566年)该河湾主泓尚在今荆江左岸青安二圣洲处，而今斗湖堤却紧临江边，较当时河道右移约4千米。乾隆二十一年时，观音寺至冲和观一线尚为一微弯河道，不及现在河道弯曲程度。1830年大水后，公安河湾上段出现江心洲，名突起洲，突起洲分汊河道取代原二圣洲汊道。在1861年测图上已标有突起洲，洲右河道为主泓，左汊即今江陵文村夹。20世纪50年代后，公安河段上弯道仍在不断发展，斗湖堤岸线持续向南崩退约400米，但发展的速度较以前变缓，河段洲滩格局基本未变。

5. 郝穴河湾

据清嘉庆九年(1804年)《湖北通志》载,当时郝穴河湾为弯曲分汊河道,大江之中有彩石洲(又称石洲)、新淤洲、白沙洲、新泥洲和白脚洲等五个沙洲,左汊为主汊,右汊为支汊。此后五个沙洲逐渐合并为现今南五洲,左汊仍为主汊,右汊则逐渐萎缩。1852年在郝穴河湾凹岸修建了龙二渊矶、铁牛上下矶、渡船矶以及郝穴矶,1913—1915年又修建了冲和观矶、祁家渊矶、谢家榨矶以及黄灵垱矶等护岸工程,凹岸崩坍得到初步控制,郝穴河湾平面形态长期以来基本维持不变。

在自然状态下,荆江河道弯道凹岸易冲刷崩退,凸岸出现淤长,弯顶逐渐下移。荆江主泓变化遵循大水趋直、顶冲点下挫,小水傍岸、顶冲点上提的自然规律。当弯道发展到一定程度时,在相应水流、上下游河势及河床边界条件下,易发生撇弯取直,甚至自然裁弯。荆江汊道段河势变化主要表现为江心洲冲淤变化及左右支汊的兴衰变化;过渡段随着上游来水来沙条件及临近河段河势变化,主泓发生左右摆动,主流顶冲点相应地会发生上提下移的变化。20世纪50年代以后,荆江两岸逐步开展以控制河势、遏制剧烈摆动以及保护堤防与城镇安全为主要目标的护岸工程,上下荆江河段的整体河势以及河床演变规律没有发生大的改变,未发生长河段的深泓线大幅度摆动,但下荆江裁弯工程的实施、葛洲坝及三峡工程的修建运行,加之上游来水来沙条件变化、江湖关系调整以及岸线开发利用,局部河段河势仍有一定调整,沙市、石首、监利等部分河段调整比较剧烈。

下荆江是长江中下游河道演变最剧烈河段。20世纪40年代以来,发生了1949年碾子湾裁弯、1972年沙滩子裁弯和1994年向家洲裁弯等三次自然裁弯,经过了1967年中洲子和1969年上车湾两次人工裁弯,并且监利乌龟洲汊道1972年和1995年主支汊发生了两次易位,引起了下荆江河道剧烈的河势调整。1983年开始实施大规模、有规划的下荆江河势控制工程,先后实施了八姓洲弯道七弓岭和石首河湾北门口等多处护岸工程,下荆江总体河势得到基本控制,经受住了1998年和

1999 年大洪水的严峻考验。此后，在三峡工程的建成运用之后，又继续实施了规模巨大的三峡后续工作河道整治工程，下荆江河道进一步受到严格束缚，除局部河段偶有调整外，下荆江总体河势仍基本稳定，未发生重大河势变化。

第四节　穴口水系

随着长江、汉江干支流水系发育，江汉冲积、淤积平原的形成、变化，荆江历经沧桑巨变。由于荆江河道穿越古云梦泽地区，因此在河道形成和云梦泽解体过程中，形成众多穴口和水道，分布于两岸。

随着时间推移，人类社会经济活动影响加剧，洪水期荆江分沙量不断增大，促使荆江三角洲在向东扩展的同时，其地面高程也逐渐增高，从而使荆江两岸一些常年性分流水道相继消失，取而代之的是一些季节性自然分洪穴口。这些穴口在调节荆江水位，削减荆江洪峰，沟通江、汉、湖方面起着重要作用。

一、古穴口

荆江两岸历史上河流密布，河道纵横交错，两岸留有穴口甚多。《水经·江水注》详细记载了东晋南朝时期，荆江沿岸穴口情况和大致位置，自上而下的穴口大致有沮口、曾口、马牧口、江津口、豫章口、中夏口（《水经·夏水注》）、油口、涌口、沦口、景口、故市口、高口、侯台水口、子夏口、俞口、龙穴水口、土坞口、清阳口、饭筐上口、清水口、生江口、饭筐下口、湘江口、西江口。由于记载简略、河道变迁，有些穴口的位置、大小和演变情况，已无从考证。

宋元以后，开始流传"九穴十三口"的说法。此说最早见于元代林元所撰写的《重开古穴碑记》之中："按郡国志，古有九穴十三口。"但是，文中所说的穴口名称和位置，却没有任何的记载。明清时期，对于

"九穴十三口"的解释，众说纷纭。一种说法见于明代雷思霈所著的《荆州方舆书》："穴凡有九，水口凡十有三。在江陵者二，曰郝穴，曰獐捕穴；在松滋则采穴；监利则赤剥；石首则杨林、调弦、小岳、宋穴；潜江则里社穴。九穴之口合虎渡、油河、柳子、罗堰为十三口。"清人俞昌烈所著的《楚北水利堤防纪要》一书中，专门写了一篇《九穴十三口记》，亦赞同雷氏观点。另一说法见于晚清倪文蔚所编纂的《荆州万城堤志》："俗传九穴十三口实有其地，北岸则江陵有便河口、獐卜穴、潭子湖口、郝穴、拖茆口、蓝穴、石牌穴；监利则有新河口、黄穴、赤剥口、庞公渡，而无潜江之里社穴，北岸凡五穴六口。南岸则松滋有新穴、西溶，而无采穴；江陵则有虎渡口、东溶口；公安则有油河口、三穴、东壁口、芭芒口；石首则有杨林穴、宋穴、调弦口而无小岳穴、柳子口，南岸凡四穴七口。合之适符其数。"但倪文蔚本人也不认同，认为"此说近于凿矣"，十分牵强。倪文蔚认为应该是"九穴四口合为十三，非九穴之外别有十三口"。还有一说则见于清人侯世霖的《江坟议》："禹迹有九穴十三口，江之北有便河口、章步穴、罈子湖口、石牌穴口、新沉河口、黄穴口、赤剥穴口、庞公渡口、朱家河口、苹一口，江之南有采穴口、溶口、油江口、东壁桥口、芭芒口、杨林市口、宋穴口、海船口、调弦口。"实际上他列出的穴口数并未合"九穴十三口"之数。（图1-8）

随着河道不断演变和人为作用的影响，荆江穴口有塞有开，有增有减，不同历史时期穴口及其数目不尽一致，所谓"九穴十三口"，系泛指其多，并非确数。古籍记载的黄穴、里社穴及罗堰等穴口，均不在荆江沿岸，而在离荆江较远的内河。荆江两岸至今仍存有历经淤塞、疏通、冲决的穴口或古穴口遗迹，它们曾经分流或汇流长江，对两岸防洪产生了一定影响。

1. 江津口

在荆州城南偏西长江中。南朝时期，荆州城西南的长江，因江中枚回洲而分为南北江两条汊道，江津口即属分汊河道主泓道北江的下口。

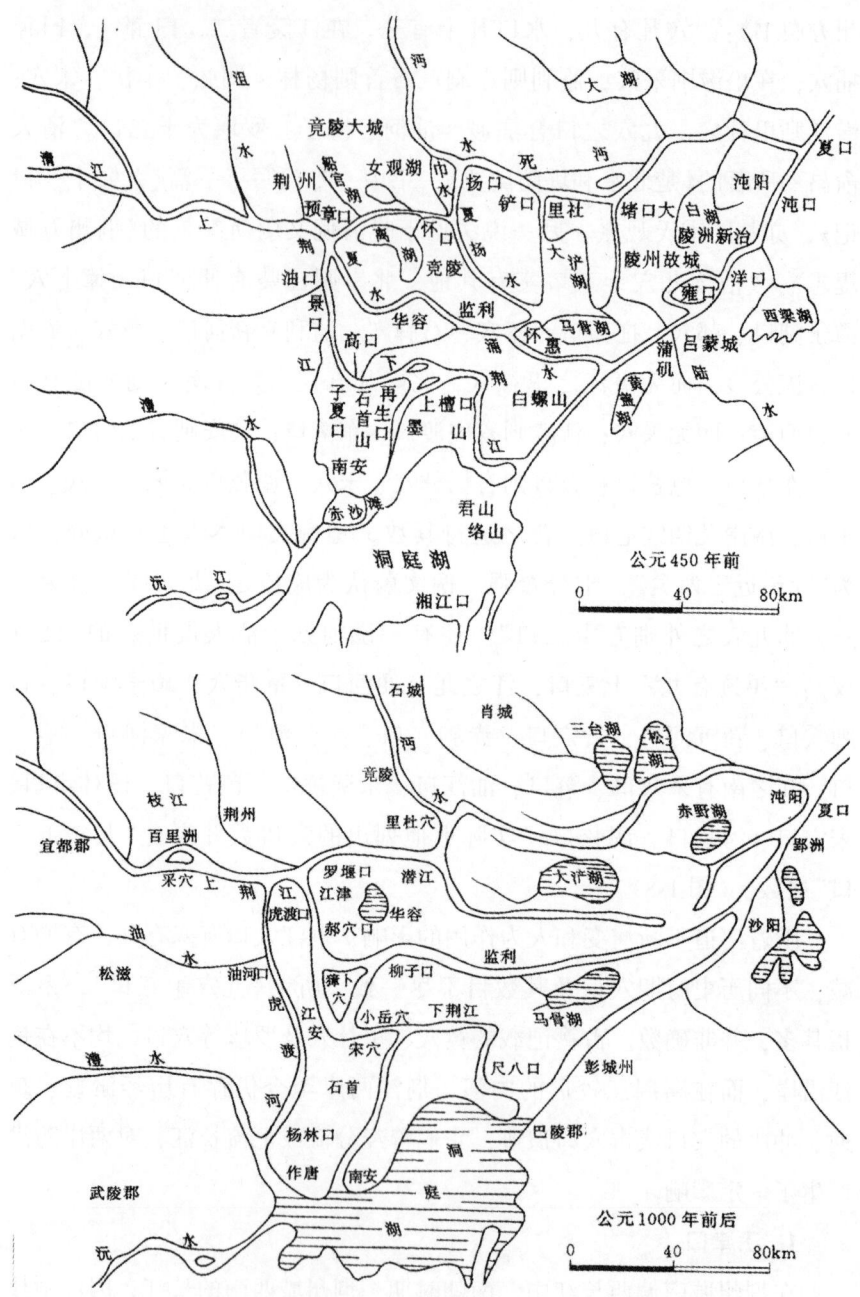

图 1-8　江汉水系历史分布示意图（引自《长江河道演变与治理》）

南北江在枚回洲尾部的燕尾洲"断洲通会"后，因江中沙洲不复存在，江陵城南以东至沙市的河段，江面随之扩大，是为江津河段。①《水经·江水注》："此洲（枚回洲尾部燕尾洲）始自枚回，下迄于此（荆州城南稍西），长七十余里。洲上有奉城，亦曰江津戍也。戍南对码头岸，北对大江，谓之江津口，故洲亦取名焉。江大自此始也。《家语》曰：江水至江津，非方舟避风，不可涉也。故郭景纯云：济江津以起涨。言其深广也。"

2. 豫章口

位于荆州城东，约今章华台附近。据《晋书·刘毅传》："王宏等率军至豫章口于江津蟠舟而进。"《水经·江水注》亦云："豫章口，夏水所通也。西北有豫章冈。盖因冈而得名矣，或言因楚王豫章台得名。"

3. 中夏口

即夏水分流荆江的分流水口，位于沙市窑湾附近。《水经·夏水注》云："江津豫章口东有中夏口，是夏水之首，江之氾也。"《水经·江水注》亦云："江水又东迳郢城南，江水又东得豫章口，夏水所通江也。江水左迤为中夏水。"中夏口分流与豫章口分流会合后的河流，即为著名的夏水，亦称中夏水。

4. 獐卜穴

又称獐捕穴、獐步穴，今江陵县观音寺闸址所在地。獐卜穴为宋时"九穴十三口"之一。元大德七年（1303年）前堙，后复开，明初再塞，隆庆初曾议开浚，但未果。

5. 郝穴口

晋代始称鹤穴或鹤渚，位于江陵县郝穴镇。晋末时，郝穴与北岸相连，至南北朝时成为穴口，是荆江左岸重要的分流穴口，至明嘉靖二十一年（1542年）堵塞。清光绪《荆州府志》载："大江经此分流东北，入

---

① 张修桂：《〈水经·江水注〉枝江—武汉河段校注与复原》，《历史地理》第二十三辑，2008年。

红马湖。按郝穴与虎渡为大江南北岸分泄要口。元大德间,重开六穴口:江陵则鹤穴,监利则赤穴,石首则宋穴、杨林、调弦、小岳,而獐浦不与焉。松滋有采穴,潜江有里社穴,合诸而九。明嘉靖二十一年筑塞郝穴,大江遂溢。隆庆中复浚之。"

6. 上洪口、柳港口

据《读史方舆纪要》中"监利县"卷记载:"县东三十五里,其相近者曰上洪口,又有蓼湖口,在县东八十里,皆滨荆江与柳家港相通。"柳港口,位于今监利长江干堤蒋家垴段,据清同治《监利县志》载:"县东三十里,与柳家港相通。"又载:"洪口与柳港口相近,皆滨大江,与柳港口相通。"据考,柳家港为现东港湖,历史上或称"通江港""东江湖"。

7. 尺八流水口

据《读史方舆纪要》中"监利县"卷记载,"在(监利)县东南九十里,上通大江,下通夏水",又名赤剥口。南宋年间(约1200年)赤剥口第一次堵筑。元大德年间,曾廷议开决此口以分泄江流,未实施。明洪武三年(1370年)堵塞。隆庆四年(1570年)复议开浚,言者以为非便而止。

8. 曾狮口、壶瓶套口

位于荆江大堤监利段流水口附近,据《监利县志》载:"二口在县西二十里,均与新冲口相通。曾狮口'水道犹通',壶瓶套口'四时不调'。"故二口或为一口二名,或为下荆江入新冲口同一河道的毗邻之口。现流水口紧靠荆江大堤,并有一千米长渊,渊后有一渠道名曾狮港,相传此地过去地势低洼,连年水灾,后曾姓人户在此处开排水港以通太马河,并在港首竖立一座镇水石狮,自此称为曾狮港。

9. 新冲口

又称新河口、新冲河口,为古子夏口之一,位于荆江大堤孟兰渊堤段处,据清康熙年间《监利县志》载:"新冲口,县西五十三里,原属新冲江所入之处,明嘉靖十八年(1539年)堵筑。"万历二年(1574年),湖广抚按曾提议重新开挖新冲口,当时该地"见在成河,虽嘉靖年间筑塞水口，乃口内阔十余丈，深二三丈，且内亦多重湖，直抵沌口而出"。继后，又有荆州知府会勘兴工，因需经费颇多，未予重开。

10. 江口

位于荆江大堤王港处，系古子夏口之一，现距荆江大堤外一千米，为蛟子河与船湾河汇流之处。蛟子河又名焦子渊、肖子渊，或称消滞渊，原名菱茨港（河），亦名车湖港。原为消泄渍水之古沟，清同治年间（1862—1874年）溃口，上下连贯形成江流。《长江图说》载："郝穴又二十五里经蛟子渊，有正沟者，首受江水，东流至堤头港入之。夏月江行，可捷百里。"现为人民大垸农场内垸排水河道。

11. 采穴口

位于松滋涴市镇采穴村，为荆江上游右岸分流重要穴口。《天下郡国利病书》载："（松滋）县东五里有古堤……长亘八十余里，且旧有采穴一口可分杀水势。宋元时故道湮塞。洪武二十八年（1395年）决后，时或间决。"现已湮塞。采穴口之上，在松滋老城另有瀼口、灌子口。瀼口位于松滋老城镇东三里处，因古时有一溪河自南向北经此处流入大江，故称瀼口；老城镇西一里另有灌子口。瀼口、灌子口今俱堙。

12. 虎渡口

为今虎渡河入口。据光绪年间《荆州府志》载："大江经此分流，南至公安县界东西港口，会孙黄河便河之水，东过焦圻一箭河，至港口入洞庭。《名胜志》云：'后汉时郡中猛兽为害，太守法雄悉令毁去陷阱，虎遂渡去。'"

13. 调弦口

即《水经·江水注》中的生江口，在石首调关镇。相传西晋太康元年（280年），杜预为漕运所开。

14. 龙穴口

今石首市东长江南岸。《水经·江水注》云："大江右得龙穴口，江浦右迤，北对虎洲。又洲北有龙巢，昔禹南济江，黄龙夹舟故名。"《荆州舆图书》载："江水过于夏口而得龙山，名龙穴。"

15. 杨林口、柳子口

据顾祖禹《读史方舆纪要》卷七八"石首县"记载:"杨林口,县西南三十里,多杨树;县西十五里又有小岳套口,皆在江北岸,江水旁泄入潜沔处也。元大德中,县境堤岸屡决,开杨林、宋穴、调弦、小岳四穴以杀水势。今县西六十里有柳子口,旧与杨林、小岳相灌注,其调弦口则在县东六十里,宋家穴则在县西南三十五里,皆通塞不时。"明朝隆庆年间曾议论堵复诸穴,但是疏浚调弦口,其他穴仍旧湮塞。

荆江历史上的众多穴口以及穴口的诸多说法,之所以众说纷纭,互有差异,大致是因为荆江河道在长期形成演变中,主支汊、左右岸屡有变迁,水道形成之后又常有水系变化,加之人为堵筑、自然湮塞及洪水溃决等因素,所以穴口经常开塞、湮废、变迁无常。元明以后,史书所载的荆江两岸穴口,已大多不是《水经注》所称的以前那些穴口。但是,部分穴口曾长时间存在,沟通荆江、洞庭湖、汉江以及内垸河湖、水系,分泄或汇注江流。

据清同治《监利县志》载,"宋以前,诸穴开通,故江患甚少"。宋代以后,随着荆江地区的开发治理和水道的自然变迁,穴口开始湮塞。

南宋开始逐步湮塞荆江分流穴口之后,阻碍了荆江洪水的宣泄,给两岸经济发展带来了一定的影响,元大德七年(1303年)发生的荆江洪水大决溢,成为荆江地区水灾日益频发、灾害损失日益严重的一个序幕。据《天下郡国利病书》卷七四记载,荆江堤防"自元大德间,决公安竹林港,又决石首陈瓮港。守土官每议筑堤,竟无成绩,始为开穴口之计。按:江陵旧有九穴十三口,其所可开者惟郝穴、赤剥、杨林、宋穴、调弦、小岳六处,余皆湮塞"。元大德年间(1297—1307年)重开的六穴,到明代以后,除调弦一口尚存外,其余渐复湮塞。

明嘉靖二十一年间(1542年),荆江左岸重要的穴口——江陵郝穴被堵筑,加之荆江河床抬升加剧,此后水患显著增多,引发穴口开塞的频繁争议。隆庆中(1567—1572年)为减轻荆江水患,分泄超额洪水,朝廷"复议开浚诸口",但由于其他穴口湮塞既久,难以开通,所以只决定开通郝穴、虎渡二口,而实际施工时仅仅疏浚调弦口,其他穴口仍然闭塞。至万历间(1573—1620年),疏浚了严重淤塞的虎渡口。万历二年(1574年),鉴于荆江水患频仍,湖广巡抚赵贤向朝廷奏请开通采穴、新冲等口(《万历实录》),未得实施。

穴口开决、堵塞,对荆江河势变化以及两岸垸田围垦、湖泊演变带来很大影响。穴口的湮塞会导致分泄荆江洪水不力而溃堤成灾,古人对此早有认识。因此明清时期穴口的开塞成为利益争夺的风向标,争议纷繁、错综复杂。顾炎武在《天下郡国利病书》中即指出,江陵郝穴堵塞后,"诸湖渚又多淤浅,(嘉靖)三十九年(1560年)一遭巨浸,各堤防荡洗殆尽"。

明末至清中期很长一段时间,荆江虎渡、调弦二口分泄荆江洪水。至清咸丰十年(1860年)洪水冲成藕池河,同治九年(1870年)冲成松滋河后,荆江便形成松滋河、虎渡河、藕池河、调弦河南流入洞庭湖的格局。

二、古水系

历史上,荆江分流、汇注的水系极其众多,见于史书记载的,荆江左岸有夏水、扬水、郝水、鲁洑江等,右岸有油水、沧水等。这些水系通过沿江留存的穴口,"南通洞庭,北达汉沔",分泄江流以消杀水势。后因穴口逐渐湮塞,遂与江隔绝,有的成为内河,有的则淤废为陆。

1. 油水

《汉书·地理志》称繇水,据《水经注》载,东汉时称油水,今称渑水。有南北两源,北支为主源,发源于湖北五峰土家族自治县清水湾玉占花,南支名泗淌河,发源于湖南石门县五里坪。北支经曲尺河至河口与南源汇合,南北两支合流后蜿蜒东南流,两岸多河漫滩。1985年复旦大学历史地理研究所编辑的《中国历史地名辞典》载:"油水,上游即今湖北松滋及其以西界溪河,下游原东至今公安县北入长江,今已堙塞。"历史上,油水下游河道游荡不定,东汉至南宋乾道四年(1168年)

以前，油水自青羊山北折，至今松滋与公安交界处再向东折，在黄金口处注入大江，出口处称油江口。南宋乾道四年以后，虎渡河分流形成，油水被劫夺随之南溜洞庭，残留的下游河段，成为虎渡河的分泄水道，原来的油江口外滩涂因此不断淤涨，油水口也不断外移。清康熙年间油江一直在斗湖堤上游一千米处注入长江，出口处仍称油江口。1870年大水溃口形成的松滋河将油水中下游冲成三段，油水被迫从今碑口改道南下，经王家大湖东南，于汪家汊附近汇入松西河。松滋河西支与东支之间的原油水被苏支河取代，港关以下入黄金口的油水河道，一部分被中河口所取代，从黄金口至斗湖堤以北的油水河道开始萎缩，残留河道于1967年被填平。

2. 沧水

1982年版《中华人民共和国地名词典·湖南省》载："三国，晋南北朝时期，由于湖区下沉，长江分流的沧水越华容隆起南下，进入洞庭湖。"据复旦大学张修桂在《云梦泽的演变与下荆江河曲的形成》中所绘制的秦汉时期云梦泽示意图显示，沧水之首在今公安斗湖堤至黄金口分泄江流，入赤沙湖。《水经·江水注》云："油水东有景口，景口东有沧口。沧水与景水合，又南通澧水及诸陂湖。"荆江右岸的景、沧两口南流的沧水，在华容县西横断澧水的故道，于南山至明山一线以西，即今湖南南县附近的低洼沼泽区潴汇成湖泊，称为赤沙湖。①

3. 沮水

即沮河以及漳河汇流后的沮漳河。《水经·沮水》：沮水"又东南过枝江县东，南入于江"，"沮水又东南迳当阳县故城北，又东南迳麦城西，沮水又南与漳水合。沮水又东南迳长城东，又东南流注于江，谓之沮口"。《水经》时代，沮水入江口在枝江，后改经江陵入江。清《嘉庆一统志》载："沮水旧分二支，一支自江陵入江，一支自枝江入江。枝

---

① 参见杨怀仁、唐日长主编：《长江中游荆江变迁研究》，中国水利水电出版社1999年版，第110页。

江之流，明万历二十五年（1597年）因沮水泛溢，甃堨塞之。沮水遂迳从江陵入江。其塞处谓之瓦玦河。"沮水与漳河合流处今谓之两河口，其下段河流为沮漳河。沮水河道相对固定，与中华人民共和国成立后改道之前的沮漳河故道大致相近。

4. 夏水

先秦时期即已存在的荆江分流河道。其后由于分流口不断淤高而发育成为季节性的分流。夏水源头在《楚辞·涉江赋》有"过夏首而西浮，顾龙门而不见"的叙述。先秦两汉时期，夏水及其南部的涌水，是以沙市为顶点的荆江陆上三角洲上最重要的两条荆江分流。其后，涌水上游淤断，下游为夏水所夺。南朝时期，夏水分流起自今沙市，东经潜江市龙湾镇之南，又东南经监利县北周老嘴之南，而后东北至仙桃市注入沔水（汉江）。自此以下，沔水兼有夏水之流，所以三国时沔口（汉口）又被称为夏口。《水经·夏水》云："夏水出江津于江陵县东南，又东过华容县南，又东至江夏云杜县，入于沔。"《水经·夏水注》云："江津豫章口东有中夏口，是夏水之首，江之汜也。夏水又东迳监利县南。又东北迳江夏惠怀县北而东北注。应劭《十三州记》曰：'江别入沔为夏水。原大夏之为名，始于分江，冬竭夏流，故纳厥称。既有中夏之目，亦苞大夏之名矣。当其决入之所，谓之堵口焉。自堵口下，沔水通兼夏目，而会于江，谓之夏汭也。'故《春秋左传》称，吴伐楚，沈尹射奔命夏汭也。杜预曰：汉水曲入江，即夏口矣。"宋元之时，夏水分流水口湮塞，自此不再分泄长江洪流。其后夏水故道或淤废，或为其他河道所利用。今内荆河或为夏水故道。

5. 涌水

先秦时期即已存在的荆江的一条分流河道，《春秋》中所说的"阎敖游涌而逸"，讲的就是这条河道。《水经·江水》：江水"又东南当华容县南，涌水出焉"。据盛弘之《荆州记》载，（夏首南）"二十余里有涌口，所谓阎敖游涌而逸者也。二水之间，谓之夏洲，首尾七百里，华容、监利二县在其中矣"。分流之口位于中夏口南部二十里，约今江陵观音寺附近。涌水自此东流经华容至监利县北汇夏水。魏晋之后涌水源流淤断,下游则被南迁的夏水劫夺,原先的涌水因之消亡。而郦道元仍以当时从夏水分出南注于江的水道充当涌水,所以在《水经·江水注》中写道:"江水之东,涌水注之,水自夏水南通于江,谓之涌口。"郦道元所说的涌水,仅仅局限于今沙市境内的长江东岸,与先秦汉晋时期存在的涌水,是完全不同的。

6. 扬水

亦称阳水、杨水。《汉书·地理志》中《南郡·临沮县》载:"《禹贡》南条荆山在东北,漳水所出,东至江陵入阳水,阳水入沔,行六百里。"漳水流经今荆州区枣林附近注入阳水,即汉魏时期由江陵长江河段分出,沿江陵东侧的路白湖、中湖和昏官湖东北流,至今潜江市西北部注入汉江的扬水。它是先秦汉晋时期,沟通江汉之间的重要河道。东晋江陵城南金堤创建,扬水分江水口受阻,除"春夏水盛,则南通大江,否则南迄江堤"。同时漳水从分流口东流至江陵入扬水的河段,也已基本湮没,因此《水经·沔水注》记载扬水时称"陂水又迳鄀城南,东北流谓之扬水",即以鄀城东流的故道为扬水起点。当时,扬水在鄀城以上的源流,以今荆州区西北的赤湖和纪山南流的河道为主。

7. 郝水

位于江陵县郝穴镇,"大江经此分流,东北入红马湖,注潜水合于汉水",其通江穴口,古称鹤穴,后改为郝穴。东汉以后形成鹤穴分流,历史上为荆江左岸一条主要分流水系,后淤塞,元大德七年(1303年)重开。明嘉靖二十一年(1542年)再次湮塞,自此不开。

8. 鲁洑江

又名太马长川,是荆江左岸重要的分流水道之一。因与古夏水相通,又名长夏河。古时分江之口,称为"庞公渡口",大约在监利县西二里,即今之监利西门渊处。相传三国时期,赤壁之战时,东吴鲁肃曾屯兵于此地,因而得名。明代初期,长江之水入鲁洑江后,经监利城北火把堤、刘家铺至沔阳州直埠入沔。明万历八年(1580年)九月十八日堵筑庞公渡口，天启二年（1622年）重开，清顺治七年（1650年）再次堵塞。康熙九年（1670年）御史上疏请求再次开决，遭到湖广总督的坚决反对，遂以"难以实施"而作罢。康熙十九年（1680年），兴筑庞公渡堤，上下连为一体，自此遂与荆江隔绝。

第五节 江 湖 关 系

江湖关系，是荆江与洞庭湖关系的简称，历史上亦称"荆湖关系"，它是湖北、湖南两省水利关系历史上的一项重要内容。江湖关系演变经历了一个漫长的历史时期和复杂的过程，这一过程是与两湖地区垸田兴筑、农业经济繁荣进程相一致的，也是荆江与洞庭湖之间水沙运动的结果。

江湖关系，实质是水沙分配关系，即如何处理荆江超额洪水和泥沙淤积问题。水沙分配是江湖关系的制约因素，也是江湖关系矛盾症结所在，调整水沙分配格局，则是处理江湖关系的出发点和归宿。从防洪意义上讲，有荆江四口分流及城陵矶出流，才形成江湖关系。

洞庭湖是长江中游荆江最重要的洪水调蓄场所，荆南四河分流量虽然呈逐渐减少的趋势，但在荆江高洪水位时仍然可以分流长江枝城站约1/4的流量，对荆江防洪有决定性意义。1951年至1988年，荆江三口（调弦口于1958年建闸控制）、洞庭四水组合年最大入湖洪峰（不计区间）均值达37200立方米/秒以上，削峰率为27%。即使是1998年8月16日至19日，沙市站出现当年最高洪峰期间，虽然江湖满盈，洞庭湖削峰系数仍达22.8%。保持洞庭湖的显著调蓄能力对于保证荆江防洪安全至关重要，但由于长期受泥沙淤积、盲目围垦等因素影响，洞庭湖区的调蓄能力日渐减弱。

江湖关系的变化始终与自然演变以及人类开发活动紧密相关，两者相互作用，互相影响。自然条件下，挟带大量泥沙的洪水的分流、入汇是江湖自然演变的主要因素。秦汉以前，江湖关系以自然演变为主，秦汉之后，人类的开发活动逐渐上升为影响江湖关系调整变化的主要原因。在漫长的江湖历史演进过程中，出现过几个重要的历史转折期，促使江湖关系发展变化。

秦汉以前，浩渺的云梦泽北通汉水、南连长江，方圆九百里，面积约2万平方千米。长江从世界屋脊青藏高原奔流而下，涌入三峡，激荡之势为群山所束缚，当江流汹涌出峡之后，涌入平坦如砥的江汉平原，地势陡然降低，落差急剧减小，巨量的江水在广阔的云梦泽恣意漫流。枯水季节，荆江或许还有明显河道可寻，一旦涨水，荆江河道便湮灭在云梦泽之中。由于有云梦泽调蓄，当时荆江两岸洪水过程不明显，江患甚少。那时的洞庭湖，还仅是君山附近一小块水渚，方二百六十里，名曰巴丘湖，其余皆为被湘、资、沅、澧四水河网分割而成的沼泽平原。故史书有"洞庭为小渚，云梦为大泽"的记载。当时除湘、资、沅水由城陵矶入江，澧水自荆江门入江之外，洞庭平原无别的通道沟通荆江，以及云梦泽。长江和汉水大量的洪水注入云梦泽的同时，大量泥沙亦被带到泽中，渐渐淤出洲滩，江汉平原逐渐抬升。其时，湖水高于江水，荆江洪水并不具备向洞庭湖分流的条件，虎渡河尚未形成，江湖互不影响，并不存在江湖关系问题。由于泥沙长期淤积作用，至两晋南北朝时期，云梦泽东移，并逐渐解体，由过去的方圆九百里演变为三四百里，超额洪水无处消泄，逼使荆江河段水位抬升。江水开始倒灌入湖，使洞庭湖与南面的青草湖连成一体，由过去的方圆二百六十里扩大至方圆五百里。荆江河段水位进一步抬升，使洞庭湖南连青草、西吞赤沙，横亘七八百里。当荆北淤积出大面积洲滩后，民众便在洲滩上生产生活，至东晋永和年间（345年后）江陵始筑金堤御城，长江堤防开始肇基。唐以前，并不存在向洞庭湖分泄洪水，以减轻荆江洪水压力这一问题，江湖关系完全处于一种自然状态，荆江两岸及洞庭湖区水患较少。

唐宋时期，统一的云梦泽已完全不存在了，取而代之的是星罗棋布、互相分隔的小湖群。在云梦泽演变成大面积的洲滩和星罗棋布的小湖群的同时，也逐渐塑造形成现代荆江河槽的雏形。在古云梦泽逐步解体和荆江河道逐步塑造形成的漫长历史过程中，荆江两岸留存了众多江湖相通的"九穴十三口"。这些穴口开塞虽多有变迁，但一直连通着荆江与两岸众多湖泽，对分泄荆江洪水起到了一定的作用，但这一阶段，江湖关系仍处于自然状态。南宋时期，江湖关系开始发生变化。因支撑战争和安置大量南迁人口的需要，江汉平原大量围垦。由于盲目围垦，与水争地的情况日益严重。限于当时生产力水平，围垸溃决频繁，屡溃屡围，屡围屡溃，这是江湖关系发展的一个重要转折期。

元明时期，随着经济社会发展，政局稳定，江汉平原人口进一步增加，荆江沿岸原有的穴口或自然湮塞，或被人为堵筑，荆江两岸垸田挽筑开始兴盛。明嘉靖二十一年（1542年），荆江左岸的重要穴口——郝穴被堵塞，堆金台至郝穴堤段首先连成一体，形成统一的防洪大堤，统一上荆江河槽开展塑造完成。从此，荆江之水被束缚在单一河槽之中，只能通过右岸虎渡、调弦二口向南消泄，促使荆江水位大幅度抬升，洞庭湖湖面进一步扩大至全盛时期，方圆八九百里，至19世纪30年代最高洪水位时湖面达6000余平方千米。这是江湖关系演变过程中一个重要转折。从此，洞庭湖成为荆江超额洪水的调蓄区，江湖关系趋于密切。明后期以来，由于分流穴口的不断堵筑湮塞，荆江两岸堤垸规模的不断扩大，原天然水系的日趋复杂紊乱，社会经济发展创造财富的日益增多以及人口的急剧增长等诸多因素的影响，荆江和洞庭湖区的水灾呈现日益频繁与严重的态势。同时由于"洲涨江高"，荆江防洪形势日益严峻，江汉平原受洪水威胁也日甚一日。

根据统计，西汉至宋代1400年间，荆江河道洪水位上升约2.3米，宋以后为急剧上升阶段，从宋至民国时期，历时约800年，上升幅度11.1米，[①] 年均上升1.39厘米。南宋至清朝初年，江湖关系尚处于一

---

① 周凤琴：《荆江近5000年来洪水位变迁的初步探讨》，《历史地理》第四辑，1986年。

种相对稳定状态，荆江两岸堤防防御洪水能力的"均势"未被打破，历代统治者对两岸堤防修筑和管理均一视同仁，也未采取任何工程措施来改变这种"均势"；荆江大堤和荆江河道处于一种相对稳定的状态，荆江河势变化较小，上下荆江的泄量差别不大。但因洪水位的不断抬高，昔日"湖高江低"变为"江高湖低"。明代，荆江洪水从华容县洪山头以下至今湖南君山农场一带漫滩进入洞庭湖，湘、资、沅、澧来水受阻，洞庭湖开始扩大。尽管明中后期荆江水位不断抬高，溃决频繁，荆江地区洪灾损失严重，但洪水并不直接威胁洞庭湖的安全。

清咸丰十年（1860年）大水冲出藕池河、同治九年（1870年）大水冲出松滋河后，最终形成江湖关系中"四口南流"的格局。四口分流后，自南宋以来持续时间达600余年的江湖平衡关系被破坏，这是江湖关系演变过程中一个重要转折点。从此江湖关系发生质的变化，进入前所未有的历史巨变时期。江湖关系急剧变化，超额洪水与大量泥沙涌入洞庭湖区，客观上讲缓解了荆江大堤的洪水压力，但却加重了洞庭湖区的水灾，同时促使洞庭湖逐渐化湖为陆，并日渐萎缩，导致清中晚期洞庭湖区围湖造田、挽筑垸堤高潮的到来；洞庭湖区迅速由荆江洪水的滞蓄场所转化成湖南省北部重要的农业经济区。

荆江右岸堤防频繁溃决与四口南流局面最终形成，使荆江大堤险况得以显著改善，洪水压力得以极大缓解。清光绪十六年（1890年），湖广总督张之洞奏称，"自咸丰以来，石首之藕池口、公安之斗湖堤、江陵之毛杨二尖、松滋之黄家埠等处，相继溃口，荆江分流入湖，盛涨之时，虎渡、调弦二口仍系南趋，得以分泄江水。北岸滨江各险，江水冲激之力稍减，是以历年得免溃决之患"。[①]

从1788年至1870年，藕池、松滋分流前的82年间，荆江大堤有29年溃口，约2.8年一次，水灾连年，溃决频繁；而藕池、松滋分流

---

① 武同举等编：《再续行水金鉴·长江卷》，湖北人民出版社2004年版，第664页。

后的 1870 年至 1949 年共 79 年间，荆江大堤仅有 10 年溃决，平均 7.9 年一次，溃决频次降低，这充分反映出藕池、松滋二口分流荆江洪水，保障荆江大堤的巨大作用。据实测资料，1931 年大水时，四口分流量分别为松滋口 7650 立方米/秒，太平口 2390 立方米/秒，藕池口 16100 立方米/秒，调弦口 1285 立方米/秒，其总和占当年枝城最大流量 65500 立方米/秒的 42%。其中松滋、藕池二口分流量之和占枝城最大流量的 1/3，可见松滋、藕池二口分流作用之巨大。直到 1947 年，"在高水时期，长江调弦口以下之泄量仅为枝城的 40%，而四口向洞庭湖的分泄量则达 60%"①。20 世纪 50 年代开始，由于四口口门泥沙淤积，加上调弦口建闸、下荆江裁弯等原因，四口分流虽逐渐减少，但仍占枝城站总流量的 2~3 成。

四口分流虽缓解了荆江洪水压力，但加剧了荆江河道形态的演变。藕池、松滋溃口初期，可分流荆江大半洪水，下荆江河段由于流量骤然减小、水流变缓而迅速淤塞，萎缩弯曲，形成蜿蜒曲折、"九曲回肠"的形态，这是上下荆江安全泄量不平衡而形成的严重后果。四口南流一方面直接削减了通过下荆江河道的水沙量，使下荆江河道的水沙年内变幅比四口形成以前急剧减小；另一方面使超额洪水涌入洞庭湖中，在加剧了洞庭湖区水患的同时还带入大量泥沙，加速了湖泊的萎缩。四口南流又影响湘、资、沅、澧四水在洞庭湖的汇流和出流进程，致使下荆江河段洪水受到洞庭湖城陵矶出流的顶托，造成下荆江水面汛期比降小于枯水期比降，江水位不断抬高，洪水漫滩时间持续延长，水流作用部位相对固定、时间增加，加之下荆江河床边界具有易冲性，致使河曲加速发展，自然裁弯频繁发生，下荆江很快由顺直微弯型河道演变成蜿蜒型河道，河道萎缩，行洪能力降低。

据洞庭湖 100 余年资料记载，1825 年湖泊面积约 6000 平方千米，

---

① 长江水利工程总局：《整治洞庭湖工程计划》，《长江水利季刊》1948 年第 4 期。

1860年和1870年大水形成四口分流格局后,由于入湖沙量增大,年均淤积量约1.38亿吨(20世纪70年代后有所减少),围湖垦殖迅速扩大,湖容不断萎缩。至1949年湖泊面积为4350平方千米,1978年洪水期湖泊面积仅2691平方千米。1995年按城陵矶水位33.50米计,湖面积仅存2623平方千米,容积167亿立方米。据1977年2月12日卫星照片测算,洞庭湖枯水时水面仅645平方千米,已然是一个冬天成陆、夏季蓄水的季节性湖泊。据中华人民共和国成立后实测资料,洞庭湖年均沉积泥沙约1亿立方米,湖洲以每年4000公顷的速度扩大。

洞庭湖的急剧萎缩使湖泊自然调蓄洪水的功能大为减弱,在相同来水量条件下水位抬高;另外,荆南四河分流洪道不断淤积,四河分流入湖的流量减少,导致荆江干流流量、水位相应增高。荆南四河洪水主要来自长江上游,在下游还受洞庭湖顶托影响。长江流域型及区域型洪水均对其防洪安全构成很大威胁。荆南四河洪水特性与荆江干流极其类似,均具有洪峰流量大、高水位出现频次较大、高水位持续时间长等特点。湖区及出口水位抬高,影响荆江洪水宣泄,荆江水位抬高又影响湖水宣泄,这种影响相互制约,构成极为复杂的江湖关系。但洞庭湖对荆江一般洪水仍可发挥一定滞蓄功能,只是随水情不同而有较大差别。1981年7月19日,上荆江枝城站最大流量为71600立方米/秒,荆江三口分流入湖的最大流量为22427立方米/秒,而此时洞庭诸水未涨水,湖水位较低,17—22日六天中,城陵矶(七里山)水位由29.54米上涨至31.71米,滞蓄洪量达72.9亿立方米。而1983年7月17日,上荆江枝城水来量53800立方米/秒,三口分流入湖最大流量为16600立方米/秒,但因前期湖泊满盈,城陵矶(七里山)站水位已达34.21米,所以湖区最大五天滞蓄量很小,基本未削减洪峰。

为减轻上荆江的防洪压力,20世纪60—70年代实施了两次人工裁弯,并发生一次自然裁弯,共缩短河道里程78千米。下荆江系统裁弯是江湖关系历史演变上的又一重要转折点。系统裁弯后,扩大下荆江泄量约10000立方米/秒,上荆江河段洪水受下荆江顶托的影响减小;由于上荆江河段泄流能力增加，同流量条件下水位降低，但是造成荆南四河分流入湖流量急剧减少。荆南四河在荆江水流含沙量保持常态的情况下，分流的径流量减少，造成荆南四档口持续地淤积。进入洞庭湖的水沙与系统裁弯之前相比减少，但由于下荆江泄流通畅，河道保持冲刷，中高水位时对洞庭湖城陵矶出流的顶托、壅阻影响增大，在长江来水来沙减少的情况下，洞庭湖继续呈现淤积状态。因下荆江河床冲刷明显，悬移质输沙量增加，在城陵矶至汉口河段年间来水变化不大的情况下，该河段呈现淤积状态。城陵矶至汉口河段的淤积造成城陵矶附近河段中低洪水条件下水位抬高，顶托监利河段水位，进而导致下荆江河段冲刷受到抑制。

　　三峡工程 2009 年正式运行后，长江中游的来水来沙条件得到改变，主要原因是输沙量急剧减少，清水下泄，江湖关系发生长时期调整。因三峡工程拦蓄大量泥沙，同时上游干支水库修建，水土保持工程实施，特别是实施长江大保护后，进入库区的泥沙减少。三峡工程下游近坝段干流，主要是荆江干流在径流量年际变化不大的情况下，悬移质输沙量急剧减少，荆江河道出现冲刷，泄流能力增大，同流量水位下降。由于荆江三口口门水位降低，三口河道沿程落淤，河流尾闾段"上翘"，分流分沙减少，进入湖区泥沙也随之减少，洞庭湖区淤积程度得以减缓。与此同时，荆南三口河道水面纵降减缓，水流挟带悬移质的能力减小；因长江清水下泄，水流含沙量减少，随着径流量、输沙量在量变上的程度不同，荆南三口河道有冲有淤，时冲时淤。由于荆南三口分流量的减少，下荆江河段径流量明显增加，洞庭湖出流对的下荆江顶托、壅阻影响减小；而上荆江水流泥沙含量减少，同时三口分流的泥沙量亦减少，进入洞庭湖的水沙因之减少。三者共同影响，加之下荆江河床的中沙层较厚，河道冲刷严重。三峡工程运行后，城陵矶至汉口河段年际间的径流量变化不大，其悬移质输沙量受三峡水库清水下泄和水流经下荆江河段冲刷而增加的泥沙两方面因素的影响。因此，在下荆江冲刷不太严重，进入城汉河段悬移质输沙量的增量尚不足以抵消因三峡拦蓄减少的悬移质输沙量时，城陵矶河段河床变化表现为冲刷状态。

江湖关系演变经历了几次重要转折：从距今 2000 余年之前的云梦泽调洪，演变至云梦泽消亡，存"九穴十三口"分流，为第一个转折期（约两宋时期）；此后演变为尽堵"九穴十三口"形成荆江大堤，为第二个转折期（1542 年）；再演变至藕池、松滋溃口形成四口分流，是第三个转折期（1860—1870 年）；20 世纪 60—70 年代下荆江系统裁弯，为江湖关系变化第四个转折期；2003 年，三峡工程建成初步运行之后，清水下泄，水沙关系相应变化，江湖关系进入新的转折期。

第六节 云梦大泽

美丽富饶的江汉平原，流传着"云梦薮泽"说法。浩渺磅礴的古云梦大泽，在漫漫历史长河中，由于荆江左岸分流、汉水分流所夹带泥沙的长期堆积，河道形态的不断演变，湖泊三角洲的不断扩展合并等因素影响，泽体渐被淤积、迁移、分割和解体，湖泊景观向平原景观演变，从而形成目前的地貌形态。

一、云梦与云梦泽

云梦泽目前见到最早的记载有：《尚书·禹贡》中讲道，荆州"云梦土作乂"；《周礼·职方》中有荆州"其泽薮曰云梦"。据《左传》《国语》以及司马相如《子虚赋》所记，先秦时期楚国有一块被称为"云梦"的楚王游猎区。但是长期以来，由于记载、注释的错误，常常将云梦和云梦泽混为一谈，令人难以分辨。

云梦与云梦泽，是两个相互联系，但在地理范围上又并非完全相同的地区。"云梦"一般泛指春秋战国时期楚王游猎区，包括了多种多样的地理形态，"云梦泽"专指楚王游猎区之内的湖沼地貌部分。云梦泽的名称、地理位置及具体范围在学术界一直存在着较大争议，但是江汉平原，或者更为具体而言现今的四湖流域即古云梦泽所在或大部分所在的说法，应是准确无误的。

"云梦"一词最早见于战国早期文献，渊源可上溯到春秋时期，其中记载较详的见于《尚书》《国语》和《左传》。

《尚书·禹贡》云："云梦土。"据考证，"梦"为楚地方言，本义泽薮，引申义指泽薮四周可供狩猎的大片山林原野。"云"，据武汉大学石泉考证为地名，指郧国、云中等，所以在先秦文献中，"云梦"往往与田猎活动联系在一起。

《国语·楚语》载，楚国大夫王孙圉在介绍楚地之宝时称："又有薮曰云连徒洲，金木竹箭之所生也。龟、珠、齿、角、皮、革、羽、毛，所以备赋用以戒不虞者也，所以供币帛，以宾享于诸侯者也。"①这个"云连徒洲"之区，即《左传》《国语》等书中多次提到的"云梦"。王孙圉所列举的"云连徒洲"的十二种产品中，只有龟、珠是生于泽薮中的，其他十种都是原始森林之中所出产的产品，可见这个"云连徒洲"虽然被称为"薮"，实际上是以山林原野为主，泽薮只占其一小部分的区域。②

《左传》三次提到"云"或"梦"，均是云梦的简称。《左传·昭公三年》载，楚王与郑伯一起"田江南之梦"，相约在江南云梦之中游猎。《左传·宣公四年》载，邳子之女生下子文，初生时其母"使弃诸梦中，虎乳之"。这两条都充分说明云梦是当时的游猎之所。《左传·定公四年》载："吴师入郢。楚王自郢出走，涉睢（沮漳河）、济江，入于云中。"此处"云中"即松滋、公安一带的湖泽。《墨子·公输第五十六》："荆有云梦，犀、兕、麋、鹿满之。"《吕氏春秋·直谏》："（楚文王）畋

---

① 谭其骧：《云梦与云梦泽》，转引韦昭注："梦有云梦，薮泽也。连，属也。水中之可居曰洲；徒，其名也。""薮"下读断，解作薮名为"云"，有洲曰徒洲与相连属。但清孙诒让《周礼正义》、近人徐元诰《国语集解》等薮下皆不断，径以"云连徒洲"为薮名，谓即《禹贡》之"云土"，较韦说为胜。

② 谭其骧：《长水集》（下册），人民出版社2011年版，第113页。

于云梦,三月不返","荆庄哀王猎于云梦,射随兕,中之"。"云梦"又可指泽薮,这在战国文献中多有记载。

先秦时期,在楚国都城郢都的东南,是由荆江河道及其分流水系夏水、涌水冲积而成的条块分割荆江左岸的陆上三角洲。据《左传》《战国策·楚策》记载,在今洪湖新滩口附近存在州国故城,为城陵矶至武汉长江左岸泛滥平原。在这东西两大平原之间,有着"方九百里"的云梦泽。大泽北以汉水为界,部分跨越汉江,位于汉江左岸;云梦泽的南则"缘以大江",约当今潜江、仙桃南、监利、石首北境,大致是今四湖流域。《水经·沔水注》:"又东南过江夏云杜县东……《禹贡》所谓云梦土作乂,故县取名焉。"古云杜县为今京山县,管理的范围包含今应城、天门二县。由此可见,在先秦时期云梦泽的北部曾远达汉水中下游的北部。战国中期以后,由于汉水日益增多的泥沙的淤积,应城、天门一带的云梦泽最终湮没。此后,云梦泽的范围逐渐缩小。

到了战国时代,凡是有关云梦的记载,都离不开楚国统治者的游猎活动。《战国策·宋策》说,在楚国都城以东,楚王游猎的云梦中,到处都是"犀、兕、麋、鹿"等狩猎之物。《战国策·楚策》云:"于是楚王游于云梦,结驷千乘,旌旗蔽天。野火之起也若云蜺蹄兕虎之嗥声若雷霆。有狂兕牂车依轮而至,王亲引弓而射,一发而殪。王抽旃旄而抑兕首,仰天而笑曰:乐矣,今日之游也。"这里记载的是楚宣王组织的一次大规模的狩猎活动。当时楚王游猎一方面是为了游乐,另一方面也可以顺便训练军队。

据谭其骧考证,在目前可见的古代文献中,以司马相如的《子虚赋》描述云梦的生态环境状况最为详尽。《子虚赋》云:"云梦者,方九百里。"其中有山,山势盘亘,曲折隐幽,群山交错纷列,直上青云,日月均被壅蔽。山坡倾斜而下,连接江河。有朱砂、石青等各种色彩的土和石,蕴藏着众多金属和稀世的美玉。云梦之东的山坡和水边有着香草丛生的花圃,生长着多种香草。云梦之南有平原大泽,地势起伏不定,倾斜连绵,范围大致"缘以大江,限以巫山"。地势较高的干燥区和地势低洼的湿地生长着数不胜数的奇花异草。云梦之西有奔涌的泉水和清澈的水池,其中有"神龟、蛟鼍、瑇瑁、鳖鼋"等。北部有着森林大树,生产着各种各样的林木。林上有各种猿类以及孔雀、鸾鸟等;林下有白虎、黑豹、大象等猛兽。楚王驾着车马,在云梦之中,尽情驰骋,或射杀禽兽,或观赏勇士们与大型禽兽格斗的精彩表现,或泛舟湖泽,享受湖滨渔乐。楚王安逸自得,累了困了就到"云阳之台"等台观中去休息进食。①

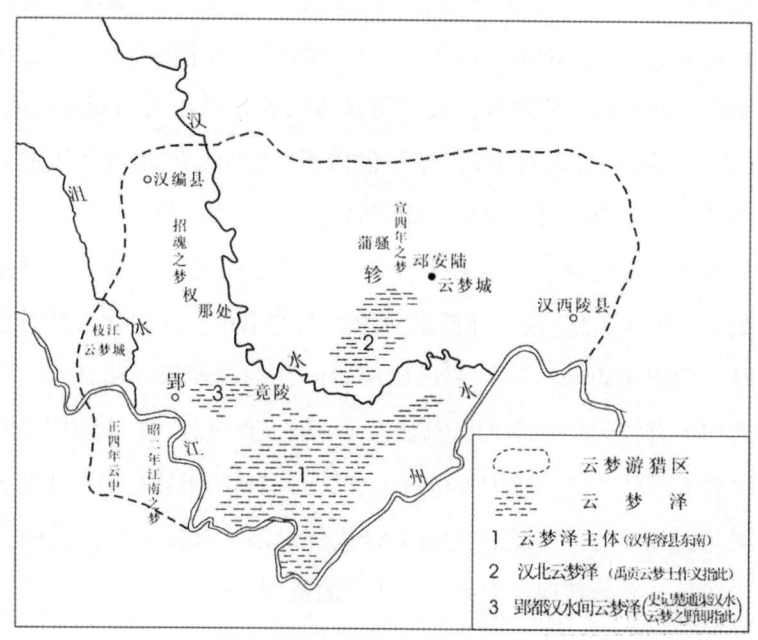

图 1-9　古云梦泽位置示意图(引自谭其骧《云梦与云梦泽》)

《子虚赋》虽然极尽夸张之辞,但是它所描述的云梦之中的景观,

---

① (梁)萧统:《文选》。注引孟康曰:"云梦中高唐之台,宋玉所赋者,言其高出云之阳。"按:《高唐赋》作"云梦之台,高唐之观"。又《左传》昭公七年"楚子成章华之台",杜注"今在华容城内",于先秦亦当在云梦中。

有山丘、平原和湖泽，是毫无疑问的。至于司马相如在篇首所说，楚国有七泽，云梦为其中之一，与王孙圉所说云梦为薮一样，我们不能认为全是湖沼池泽。在赋中以泽薮为代表，包括多种地貌特征，这应是先秦时期云梦的原意。

据谭其骧考证，云梦的地域范围极其宽广，东部在罗田、蕲春一线的大别山西麓和幕阜山脉北麓以至长江江岸一带，西部抵宜昌及以南的宜都一线东，包括江南的松滋、公安县大部，北部约随州、钟祥、京山一带，南面以大江为界。云梦的地理地貌主要有丘陵山地、山川湖泊以及平原湿地，并有一名为"云梦泽"的湖泊。云梦泽是其腹心偏南的一处面积较大的湖泽，南部缘以长江，北部跨越汉水下游左右岸，主体部分就是今天的江汉平原地区，或者更具体的就是指今天四湖流域地区。但《子虚赋》说的"方九百里"，显然包括不了整个云梦地区，指的只能是云梦泽，这与今江汉平原核心部分的范围是基本一致的。①

先秦著作往往以著名的云梦泽来代表所要表述的云梦。而过去在《尚书》《周礼》《尔雅》这三部被崇尚为经典的书中，在记载云梦时也都突出其中湖沼地貌的"泽薮"。所以汉晋时代的说经家、注释家，凡在先秦著作中有"云梦"二字的，都要在下面注上"泽名"或"泽中也"的字眼。汉晋人既然如此，唐宋人也就沿袭其说。其结果就是错误地把云梦狩猎区与云梦泽混为一谈，把先秦时代仅局限在江汉平原之内的云梦泽，说成是几乎包括现今大半个湖北省的范围。

二、云梦泽与洞庭湖的关系

早在西晋杜预注释《左传》之时，云梦就被认为是"跨江南北"的，即包括江南的巴丘湖（相当于今东洞庭湖）。此后，东晋郭璞注《尔雅》、

---

① 参见杨怀仁、唐日长主编：《长江中游荆江变迁研究》第七章"各历史时期的荆江变迁"，中国水利水电出版社1999年版，第101页。

南朝时的《荆州记》、唐代的《元和郡县志》以及清代的《禹贡锥指》等著作，均沿用这种说法，并逐渐扩大为包括今天的整个洞庭湖地区。

杜预注释《春秋释例·土地名》"昭公三年……江南之云梦"这一条时写道："南郡华容县东南有巴丘湖，江南之云梦也。"但《左传》昭公三年说的是郑伯到楚国，子产为之准备田猎的车马，楚王和郑伯一起"田江南之梦"。可见此处的江南之梦应是可以驱驰车马的山野猎区，而不是泥泞难行的巴丘湖泽。江南之梦的位置应在楚国都城郢都（今荆州区北）江南，今松滋、公安一带，他们肯定不会远涉数百里，跑到湖泽之地的东洞庭地区。定公四年，吴国侵入楚国都城郢都，楚昭王仓皇西逃，"涉睢（今沮漳水），济江入于云中，王寝，盗攻之，以戈击王"。此处的"云"同样指的是今松滋、公安一带的丘陵平原猎区，而不是云梦泽，更不是巴丘洞庭湖。到了战国，在《战国策》《楚辞》等文中，云梦、洞庭多次共同出现，绝无包含附属关系。洞庭在江南是很明显的，但是江南之梦，绝不是指的洞庭。再者，杜预将位于华容县（今潜江市西南龙湾区）东南方的巴丘湖作为云梦泽，表面上似乎符合《汉书·地理志》云梦泽在华容县南，以及《水经》云梦泽位于华容县东的说法，但其实是注释错误的。《汉书·地理志》《水经》所称的某县的某方位，位置均在这个县境之内，不可能超出。而东汉三国时期所设立的华容县境在长江之北，江南的洞庭湖区当时属长沙郡益阳、下隽两县管辖。由此可见，《汉书》《水经》中所说的云梦泽，位于今四湖流域之中，绝不可能跑到江南，成为巴丘洞庭湖。

云梦位于湖北省的中南腹心之地，范围极其宽广，几乎包括大半个湖北省，它包括山川、丘陵岗地、平原和湿地，是多种地貌形态的综合体。而云梦泽仅是云梦之中的一个重要组成部分，以湖沼形态著称。它位于今江汉平原之内，更具体而言是今天四湖流域地区，南部缘以大江，北部缘以汉水，界限分明，与位于江南的洞庭湖区没有关系。

三、云梦泽的历史演变

云梦泽发育于江汉平原第四纪强烈下沉的陆凹地。但由于长江、汉江长时间挟带泥沙淤积的结果，至先秦战国时期，云梦泽逐渐演变成平原——湖沼形态的地理地貌。

根据有关聚落城邑的历史记载和考古发掘的综合考证分析，先秦时代江汉地区（主要是今四湖流域地区）的平原有两大块，分别位于云梦泽的东西两端。西部平原即以沙市为顶点的荆江陆上三角洲，多为荆江分流水系输送泥沙淤积所产生；东部平原为城陵矶至武汉的长江左岸的泛滥平原，主要为汉江中下游分流水道输送泥沙所致，小部分为洞庭湖区所输送。在这两块平原上，据考古发现，先秦时代已有城邑、聚落和墓葬。《左传·昭公七年》中记载的章华台，故址即在荆江三角洲沙市以东百里的汉晋华容城内。《左传·桓公十一年》和《战国策·楚策》中曾记载有楚国的附属小国州国的故城，大致位置就在长江泛滥平原今洪湖市新滩口附近。此外，据考古发掘，洪湖湖滨底下5米处还出土过西周时代的墓葬，大致位置在今瞿家湾附近。这充分说明2000多年前，当时洪湖地区并不存在烟波浩渺的巨大湖泊，而这一带，主要是可供人类定居的泛滥平原。

先秦时代著名的云梦泽的主体，局限在荆江陆上三角洲、城陵矶至武汉的长江左岸的泛滥平原这两大平原之间，南缘长江，北连汉江，西部接纳荆江三角洲上的荆江分流水系夏水、扬水和涌水，浩渺无边、水体巨大，范围约九百里。

据章华台所在位置及其附近的周、春秋战国遗址判断，先秦时代荆江三角洲的前缘距三角洲顶点沙市已有百里之遥。其形态呈扇形展开，北翼、南翼尤其是前缘，均属云梦泽的受水地域。它是荆江左岸分流夏水和涌水，以及长江干流长期分流分沙堆积的产物。当时的夏水约自今沙市分流，向东至今潜江龙湾东注入云梦泽，涌水则自沙市稍南一带分流，向东南约至今沙岗一带汇入云梦泽。

距今 5000 年前，云梦泽为荆江漫流区内的一个吞吐型浅水湖泊，至先秦时代，荆江三角洲已出水成陆并不断继续向东扩展，同时汉水三角洲也以潜江为顶点不断向南延伸。因此，江汉平原地区浅层沉积物，通常以河流碎屑相为其主要特征。吞吐型的云梦泽沉积物，则往往被河流相所代替或切割，湖沼相的沉积物表现极不清楚，呈零星破碎状态。

秦汉时代，荆江在沙市以东，继续通过左岸分流水系夏水和涌水不断向云梦泽中分流分沙，导致洲滩的淤积，荆江陆上三角洲得以不断向东发展，并和来自沔水下游因泥沙淤积而向东南发展的汉江三角洲合并，形成江汉陆上三角洲，不断挤压云梦泽向沙市以东、潜江以南转移。因此，这些淤积出来的平原高地为一些县治的设置创造了条件，汉代在荆江三角洲夏水自然堤北侧的原章华台地区新置华容县（故城在今潜江县西南），在汉江三角洲顶部设立竟陵县（故城在今潜江西北）。这几处县治的设立，是江汉陆上三角洲扩展、人口增长、地区开发、经济发展的必然结果。扬水两岸的云梦泽区逐渐被泥沙淤填，并条块分割成东赤、路白、女观、船官等湖，云梦泽的主体已南移至监利县以北、古华容县附近。这时江汉地区的云梦泽，大体被江汉陆上三角洲分割成西北和东南两部分。

据《汉书·地理志》记载，随着江汉三角洲的进一步发展，秦汉时代云梦泽的主体又继续向南、向东推移。由于荆江向南发展过程中，受到华容隆起的影响，河道刷深，北岸形成一定高度的自然堤。云梦泽向南发展的过程中为这些北岸自然堤所阻，而向东略无阻拦，到东汉时，已移至古华容东南。而其东北一带，虽属云梦泽范围，但随着江汉输沙的堆积，日益缩小淤浅，均以沼泽为其主要形态。东汉末期，曹操赤壁之战遭受大败后从乌林撤退，已能"引军从华容道步归"，但散乱部队行至云梦大泽中，遇到大雾，加之道路泥泞，几乎迷失方向。说明这里的云梦大泽，并不是浩渺的湖泊，而是呈现沼泽状态。在华容西北，江汉陆上三角洲西北的今长湖地区，由于荆江三角洲和汉水三角洲的发展合围，上游荆门汇注的地表径流以及江汉泛水在此潴汇，逐渐演变为低洼的湖沼形态，先秦时代的遗址被淹没，从而构成了秦汉时代云梦泽的西北组成部分。两汉时代，这里有荆江扬水分流与汉江沟通。

由于长期自然力量和人为活动的作用，荆江分流分沙量呈现逐渐南移、汇集的趋势。约自东汉以后，荆江分流进入涌水的水沙量逐渐增大，形成与其北侧并驾齐驱的两主要分流水系，而且在其南部地区，此后，荆江左岸增加鹤穴分流。由于荆江多条支流水系的分流，泥沙迅速淤积，促使荆江三角洲向东延伸，同时由于南向掀斜作用的影响，又迅速向南扩展，从而迫使原来位于华容县南的云梦泽主体，向下游方向的东部转移。至《水经》时代，云梦泽的主体已在华容县的东境，原来的华容县南的云梦泽，则为新扩展的荆江三角洲所代替。随着人口的增多，荆江三角洲得到开发利用，西晋时分华容县东南境，于涌水自然堤上始设监利县（今县北周老嘴）。①

魏晋南北朝时期，由于荆江分流口不断下移，荆江三角洲逐步扩展，高程也随之不断增高。刘宋盛弘之在《荆州记》中说："夏、涌二水之间，谓之夏州，首尾七百里，华容、监利二县在其中矣。"此处"夏州"即夏涌两支流分水分沙后淤积而成，即荆江陆上三角洲。当时，受到挤迫的云梦泽主体渐次向东移至监利、惠怀、云杜一线以东，逐渐伸展到长江之畔的沌阳县境（今蔡甸南），位于江岸的州陵县（今洪湖新滩口附近）也因被水体所淹而撤销了。云梦泽被条块分割为太白湖（今蔡甸南）、马骨湖（今洪湖）、大浐湖（今仙桃市西）三大湖体以及若干大小不一的小湖泽。

据《水经·沔水注》记载分析，南北朝时期云梦泽的主体位置，在云杜、惠怀、监利一线以东，由马骨、大浐诸湖组成。湖泽"周三四百里，及其夏水来汇，渺若沧海，洪潭巨浪，萦连江沔"。此外，在大浐湖东北，汉江通过沌水口分流，在今杜家台分洪区潴汇成为太白湖；在

---

① 参见杨怀仁、唐日长主编：《长江中游荆江变迁研究》第七章"各历史时期的荆江变迁"，中国水利水电出版社1999年版，第103页。

大浐湖北的汉江北岸堤外洼地,则汇流形成新出现的巨亮湖。据史书记载分析,马骨湖位置大约在今洪湖及其附近地区。可见在南朝时期,随着泥沙不断淤积,江汉陆上三角洲不断东向扩展,云梦泽主体不断被迫东移,城陵矶至武汉的长江左岸泛滥平原,大部沦为湖泽。当时的云梦泽的面积已大为减少,范围不及先秦的一半。

南朝时期,荆江三角洲西北侧的云梦湖沼区,自东晋时期江陵金堤的兴筑,沮漳河的水流在荆州城北一带汇聚,湖沼水域不断扩大而成一连贯的湖群,为以后长湖的形成奠定了基础。据《水经注》记载,就有东赤湖、西赤湖、三湖、昏官湖、船官湖、女观湖和离湖等。荆江扬水分流出自今沙市,流窜于各湖之间,向东至今潜江附近为夏杨水。这一湖群区的南界,约在今沙市至龙湾一带,即夏水北岸自然堤之北。

唐、宋时,随着江汉分流泥沙的不断淤积,江汉陆上三角洲进一步扩展,日渐浅平的云梦泽主体,已大多分割解体,逐渐消失并填淤成陆,当时志书再未见大浐湖的记载。据《元和郡县志》记载,马骨湖"夏秋汛涨",虽然"淼漫若海",但是"春冬水涸,即为平田。周回一十五里"。可以说明此时马骨湖已缩小成为周围不过十五里的小湖沼,根本无法与先秦湖泽全盛时期的"方九百里"相比,也远远比不上南朝时代尚有三四百里范围的云梦泽。太白湖周围也高度沼泽化,陆游、范成大乘船行经此地时,这块地区已是一片"葭苇弥望",强盗出没无人管理的"百里荒"了。北宋初期,由于有大块新生成的三角洲平原,并且有大量人口聚集,因此玉沙县得以设置(在今监利县东北30千米),管理和开垦新生成的这块土地。正因如此,唐宋时代,洪湖湖区再次退湖为田,近来考古工作者还在洪湖中发现不少宋代遗址和墓葬。

唐宋之后,存在数千年的云梦泽至此完全解体,浩渺无边的湖泊水体被星罗棋布的湖泊沼泽所代替。这些大小湖沼,生长发育在广袤的江汉平原上,又称"江汉湖群"。

第七节 江汉湖群

长江中游及其重要支流汉江中下游地区，在由冲积、淤积所形成的江汉平原之上，产生了与邻近地区湖泊河流相比既有相对独立性，又有相似地理特征的，同时又与江汉相连的湖河水系，一般称之为江汉湖群。它的范围西起松滋县(现为松滋市)老城，东迄黄梅县段窑，江南上段与湖南洞庭湖交界，下段沿鄂南山区止于鄂州，北面上起荆州(区)，连接京山、孝感、黄陂经鄂东的黄冈、武穴，止于黄梅的平原地带。区域总面积约3.89万平方公里，湖区面积约1.10万平方公里。① 本书因研究范围所限，叙述的重点仅限于荆北、荆南地区的湖泊。

江汉湖群具有密集成片、带状分布的特点，大多数湖泊分布在长江、汉江沿岸，且多集中在河道摆动频繁、水系紊乱之地(如荆江河段)，或堤防溃口扇处。这些湖泊历史上曾与江河相通，现一般通过人工闸站实现江湖连通，沿江湖泊大多具有防洪排涝任务，如在洪湖、江陵、公安等地沿江密集分布的洪湖、芫子口湖、天星湖、文村渊、玉湖等。这些湖泊主要受流域内的降水影响，有些湖泊同时也受外江水位涨落的影响。在高水位时，这些相邻的湖泊连成一片，大湖套着小湖，母湖连着子湖；到了枯水季节，这些湖泊又各自分离。

因受到千百年来江汉洪水泛滥、泥沙淤积以及人工围湖造田、蓄洪垦殖等多重影响，江汉湖群的面积、数量极不稳定，总体趋势是湖面日益萎缩，数量逐渐减少。华中师范大学地理系湖泊水文室在赴实地考察的基础上，通过对多个历史时期的地形图、地球资源卫星图像、湖北省农业区划调查成果以及地名志、水利志等有关资料的综合考证，对江汉

---

① 长江水利委员会：《长江志·湖区开发治理》，中国大百科全书出版社2003年版，第80页。

湖群的面积和湖泊数量得出了相对科学的数据：在 20 世纪 30 年代，全省约有湖泊 859 个，面积约 6084 平方公里，均自由通江；至 50 年代末，湖泊数量因许多大湖被分解而增为 1129 个，面积约 5389 平方公里，自由通江的湖泊大为减少；此后由于大规模围湖造田，至 80 年代中期，湖泊减少到 753 个，面积仅剩约 2848 平方公里，且基本上都是江湖分隔，此后湖泊数量和面积更进一步急剧减少。

一、湖群形态特征

江汉湖群有着共同的自然地理环境，在发育上主要受到长江、汉江等河流作用和江汉盆地构造凹陷的影响，主要类型有河成湖、构造湖。其大体类似的形态特征，主要表现为三个方面：

一是湖泊深度不大，多属浅水型湖泊。为数众多的小型湖泊中水位时水深通常不足 1 米，即使较大的湖泊，如洪湖，中水位时平均水深也仅 2 米多。根据华中师范大学地理系湖泊水文室对江汉平原的 215 个主要湖泊的水深调查统计，中水位条件下，约 70% 的湖泊的水深不到 3 米，仅有 10 余个湖泊水深达到 5 米以上。极少数位于长江、汉江江堤附近的湖泊，由于历史上洪水泛滥、堤防溃决冲刷而成，其深度超出 10 米，一般称为潭、渊、垱等，如荆江大堤沿线的闵家潭、木沉渊等。这些深潭面积一般不大，在长期泥沙淤积作用下多数淤浅缩小。

二是岸滩发育，湖底平坦。江汉平原上的绝大多数湖泊从湖岸到湖中心，水深的差别较小，湖底十分平坦，湖坡平缓。湖泊水位稍有消长，湖水面积随之明显地扩大或缩小，湖岸界线不甚明确，经常变化。常常会发现有些湖泊在高水位时浩渺无边、汪洋一片，但在枯水季节湖滨又会有大面积的滩地裸露。高水位与枯水位季节的湖面积相差几倍，有时甚至几十倍。洪湖水位由 22.6 米升至 23 米时，湖泊面积相应从 12.56 平方公里扩大到 194.8 平方公里，湖水位仅上涨了 0.4 米，湖泊面积却扩大了近 15 倍。[①] 这种湖泊形态特征有利于人为控制，对于水

---

① 湖北省湖泊志编纂委员会：《湖北省湖泊志》，湖北科学技术出版社 2014 年版，第 249 页。

产养殖而言较为有利。但由于这些湖泊过于平浅，湖泊的调蓄容量十分有限，农业灌溉与水产养殖常会出现矛盾。

三是岸线特征不同。长江、汉江沿岸分布的湖泊水体深度相对较深，湖岸一般偏陡；江河相间的平原洼地分布的湖泊一般湖体浑圆，岸线一般平直单调；而平原四周高程在50米左右地区分布的湖泊一般岬湾湖港较多，岸线曲折。中华人民共和国成立以来，江汉湖群湖汊多被围垦开发，直接导致了湖泊平面形态逐渐向浑圆型演变，使得湖泊发育受到一定限制。

二、江汉湖群的成因与演变

发育于江汉凹陷盆地的江汉湖群，随着江汉干支水系的不断发育，江汉冲积、淤积平原的逐渐形成，经历了沧桑巨变。现存湖泊主要受外部影响控制，主要是干支河流影响的结果，但也同时受到人类活动的影响，按成因主要有以下类型：

一是河流遗迹湖。一种是汊道废弃湖，是分汊河道演变过程中，支汊萎缩衰亡的产物。如从松滋大口至杨家垱间的荆江南汊故道中，沿河床底洼地曾发育一串小湖泊，在四口分流河道的支汊演变中也存有这种湖泊，其特点是面积小，形状细长，水深很浅，演变速度快。另一种是裁弯遗弃湖，因形态如牛轭，通称牛轭湖。由于河湾裁弯取直，被废弃的那一段弯曲故道，其进出口被泥沙淤塞，积水成湖泊。这种湖泊在下荆江河曲广泛发育，如碾子湾、月亮湖、沙滩子、中洲子、上车湾、尺八口老江河、大公湖、西湖、东港湖等。

二是河间洼地湖。江汉平原地壳长期下沉，荆江和汉江长期向两岸泛滥淤积，泥沙淤积不均，沿江地带淤积形成自然堤，地势较高，离分流口较远的江汉交界地带，接受泛滥淤积的泥沙少，地势相对低洼，常积水成湖泊沼泽。其特点是面积大、水深小，岸线平滑，首尾有河沟连通，呈串珠状排列，如洪湖及位于松滋河与虎渡河之间的玉湖、虎渡河与藕池河之间的重湖，均属于这种类型。①

三是河谷壅塞湖。由于主河两岸平原淤高较快，从丘陵或阶地流出的支流，其出口或下段被主河泥沙淤塞，壅水成湖。它的分布常在平原边缘或丘陵阶地的交界处，所以又称岗边尖，如牛浪湖、淤泥湖。其特点是上游有河流汇入，湖泊平面形态常呈向上游开汊的掌状，下游岸线平直，其余岸段岸线曲折不一，水深较大。

四是河堤决口湖。因为洪水漫溢江堤，凶猛的洪水冲击而下在堤边形成深潭，如荆江大堤沿堤的闵家潭、范家渊、木沉渊、祁家渊、龙二渊等，均为历年溃口所致。其特点是面积不大，水深大，一般深10米以上，形状较圆浑，与决口相反的一侧，有时呈指状形态，是决口扇水系衰亡后的源头残留部分。

自全新世以来，江汉平原的地理环境发生了急剧变化，对广大湖泊的形成和演变起着决定性作用。随着气候变化进入温暖期，海平面大幅度上升，江河水量增大，水位升高。距今7000至5200年，荆江、汉水在江汉之间的低洼地带呈漫流（混流交织）状态，使湖泊面积大增，除了下荆江左岸江汉洼地原有的湖泊扩大外，上荆江两岸平原的很多地方已湖泊水网化，汉水的部分河谷地带也已湖沼化。

距今6000年前，海平面基本稳定在近代的水平上，而江河来水的积累却与日俱增，水位抬高。随着长江、汉水冲积扇从西、西北方向向平原推进，荆江由漫流状态转变成分汊河流，江汉湖群的水域面积开始缩小，许多湖泊沼泽化甚至消失，或者转变为河网景观。同时，在冲积扇的挤压下，湖群向东南方向迁移，并导致平原东部湖泊的形成。

根据江汉湖区新石器时期以来古文化遗存的分布及发展演变，可以从另一个侧面分析其地理环境的变迁历史。

距今6500至5300年的大溪文化早、中期遗址，主要分布在江汉平

---

① 参见杨怀仁、唐日长主编：《长江中游荆江变迁研究》，中国水利水电出版社1999年版，第70页。

原的西部、西南部，约荆州区、松滋市、枝江市一带。遗址中发现的大量器物证明，当时居民过着丰盛的定居农业生活，兼有渔猎。平原湖区低洼之地，河湖众多，芦苇丛生，平原高处竹林密布。湿润的环境条件，使得江汉平原湖泊沼泽群大大发展。距今 5100 至 4700 年的屈家岭文化分布在江汉平原的东北边缘，大约在同样的环境条件下产生。自大溪文化晚期开始，气候逐渐变得相对干凉。干凉气候条件和泥沙不断淤积，导致湖泊沼泽面积缩小，湖泊与沼泽之间的高地演变成陆地。当时湖泊和沼泽面积虽稍有缩小，但平原湖区中心地带的仙桃、潜江、洪湖等地，湖泊仍较多。由于湖泊和沼泽洼地不适宜人类的居住和生产，以致屈家岭文化在晚期能够迅速扩展到平原西南，取代大溪文化，却不能向平原腹地推进。

进入新石器时代以后，江汉湖群演变发生处于新的发展阶段。由于长江、汉江干流以及分流河道的变迁，湖区湖泊存亡无定，湖泊位置处在游荡变化之中。

随着江汉干支流河道变迁，人口增长，社会经济发展，人类对自然界和生态环境的干预愈来愈大，自然力和人类活动的双重作用，加速了江汉湖群的演变。在四湖地区，荆江和汉江两大堤防系统将四湖地区圈团，形成了四周较高而中部较低，类似盆地的地形。由于大气降水，加之内河的来水宣泄不畅，以及沿江地下水的渗透补给，形成四湖地区三湖、白露湖、洪湖以及沿江堤内侧及湖滨周的低洼地区。支流沮漳河也因受荆江水位上升、基面抬高的影响，河口地段湖沼化。江河堤防修筑后，为湖区大规模围湖造田创造了条件。经历代不断地围湖垦殖，诸多湖泊逐渐地分割、解体，同时又形成了许许多多的垸内小湖。围湖造田致使得泥沙淤积的分布很不平衡，已经围垦的圩垸泥沙难以进入，未围垦的水域加速淤积，湖床抬升。圩垸地区淤积较少，地势相对低下，一旦圩堤漫溃，地势低下的老圩垸又重新潴水成湖。这种水陆交替的现象，遍布湖区各地。目前江汉平原湖区留有的湖泊，形成的历史不长，多数是宋代至明清时期演变形成的。

在洪湖沿岸一个叫湖滨的地方底下的 5 米深处，即有新石器时代的村落遗址发现；东汉末年，赤壁之战后，曹操败走华容道，正是经过洪湖乌林向北方退却的，这说明在当时仍然存在部分陆地。东晋南朝时期，云梦泽东移，在四湖流域存在水势浩大的大浐湖、马骨湖等诸湖。但到了唐代，大浐湖已不见记载，马骨湖则只现于汛期，到宋代马骨湖也消失了。现今的洪湖是明正德年间因江堤溃口，洪水潴积而成的。当时湖面仅为现今的 1/5。清光绪年间洪湖面积逐渐扩大，从 20 世纪 30 年代到 50 年代末，洪湖水面由 381 平方公里扩大至 660 平方公里。到 80 年代初，由于通江口门的控制和围垦，湖面又缩小为 350 余平方公里。①

三、湖区开发治理

江汉平原湖区治理的历史十分悠久，早期的开发可以追溯至 5000 年前的部落社会。先民们陆续走出山洞，来到湖周滩地生息，由于洪涝灾害的威胁，当时的垦拓只限于湖区的边缘地带或岛状的高地。在江汉湖区这片肥沃的土地上，先后产生了大溪、屈家岭以及石家河文化，为楚国奠定了政治经济基础。

春秋时期，楚人大规模开拓土地，发展生产，兴修水利。江汉平原湖区的农田水利的逐渐开发利用，使荆州成为楚国的军事、政治、经济、文化中心。楚庄王时期（前 613—前 591 年），楚令尹孙叔敖治理水患，有"堤防湖浦，收九泽之利"②之举，当为垸堤兴筑之肇端。公元前 548 年，楚国曾有一套土地开发的规章制度，据史书记载："书土田，度山林，鸠薮泽，辨京陵，表淳卤，数疆潦，规偃猪，町原防，牧隰皋，井衍沃。"③楚先民在开发利用的过程中标出瘠薄的土地，以利减轻

---

① 长江水利委员会：《长江志·湖区开发治理》，中国大百科全书出版社 2003 年版，第 158 页。
② （汉）司马迁：《史记·河渠书》。
③ （春秋）左丘明：《左传·襄公二十五年》。

赋税；计算疆界内有洪涝灾害的地区面积，也相应修改税收数量；对陂堰进行规划，确定容量；对广平的高地进行丈量，划分田块；划分低下潮湿的地方；将肥沃的土地划分为整齐的井田块。当时把这一套制度法律化，叫作"礼"，成为普遍实行的制度。当时楚国境内江汉平原湖区已兴修了大量堤防、沟洫等防治洪涝的工程，将低洼之地用堤防保护起来，同时作为调蓄洪涝的处所，说明在春秋时期湖区堤垸已经兴起了。

秦汉时期，江汉湖区已成为重要的农业地区，推广牛耕，普遍使用铁制农具，兴修水利，改进耕作技术，利用江河湖泊的优越条件发展水运事业，使社会生产力得到进一步发展。秦设立南郡，郡治于江陵，所辖区域直向南抵湖南边境。汉武帝时期，荆州治所仍在江陵，为当时荆州的政治、经济、文化中心，统领着江汉平原地区的大部。江陵城（即今荆州城），为当时南方的重要城市，是汉代文明张显的一个重要窗口。西汉王朝建立后的70年间，实行休养生息的政策，政通人和，社会经济逐渐恢复发展，始有"文景之治"。江陵凤凰山西汉文景时期的墓中出土的实物和简牍，生动地反映了当时江汉湖区一带农业生产发展的情况。当时，荆楚地区主要粮食作物有粟、稻、豆、麦等，还出产竹木果品、甘蔗等，为荆楚盛产。荆楚地区水路交通一直很发达，《史记》描述为："于楚，西方则通渠汉水、云梦之野，东方则通鸿沟、江淮之间。"汉代，随着生产的发展，交流沟通的需要，江陵也逐步发展成为长江流域重要的造船基地。

魏晋南北朝的400年间，中国历史上出现了较长时期南北对峙、此长彼消的混乱局面。北方少数民族逐渐入主中原，黄河流域人民被迫大批南迁，基本经济区由黄河流域向长江流域转移，极大地刺激了长江中游平原地区包括江汉湖区的早期开发。江汉湖区继续培修堤防，滨湖地区出现大量垸田，稻作农业得到推广发展，陂塘、渠道灌溉系统大量出现。江汉湖区的开发活动逐渐向中心地带深入。湖区开发主要表现为土地的垦种、水利的兴修、粮食生产的发展以及渔牧业的发展。土地垦殖大体分为留屯、军府及州郡公田等官府屯垦，地主庄园垦殖，自耕农小面积垦荒等私家垦殖，以及寺院等社会集团垦殖等经营方式。其中地主庄园垦殖主要是对河洲湖渚的开发。土地垦殖活动往往与水利事业的兴修相联系，所有农水工程，或承袭前代旧迹，续有修复发展；或有创新。东晋时期开始修筑江堤，保护已垦农田，荆江大堤正是永和年间(345—356年)肇始。

唐宋时期，江汉地区农业生产方式得到改进，已普遍推广复合式的农业种植方式，促进了农业经济的纵深发展，军垦也相继进入了湖区，为社会经济的繁荣进步奠定了一定的基础。南宋以后，由于南方人口迅速地增长而激发了江汉平原地区人们开垦土地的热潮，筑圩、围湖造田、修堤堵穴以及水车等先进技术的运用，使江汉平原逐渐变成了千里沃野与粮仓，养育了千万子民。两宋时，为抗击北方入侵，江汉平原湖区出现初步规模的农田开发，明代垸田开发规模渐大。

明清时期，江汉湖区的治理开发进入了兴盛时期，是江汉湖区水利开发史上的一个重要阶段。湖区开发治理主要是新修圩堤和堵口塞支、联圩并垸，既减轻洪涝威胁，又为后期更大规模地围湖垦殖创造条件。自明代后期开始，江汉堤防逐步系统化。历经千年发展的荆江大堤上起堆金台，下至郝穴，原有各堤段逐渐连成一线。监利江堤、嘉鱼江堤、汉阳堤防，以及汉口重要堤防都在这一时期进行了大规模培修加固。有关堤垸修防管理的规章制度也相继提出，较著名者为堤甲制和垸甲制。明万历年间(1573—1620年)清查土地，监利县共有田地9850顷，比正德七年(1512年)的4000顷增加了5850顷。清代在康熙、雍正时期(1662—1735年)的围垸建设得到了长足发展，清中时垸田遍布，新增田亩主要来自圩垸。由于过量围垦，减少了用于蓄纳洪水的低洼淤地，加剧了洪涝灾害。为了抗御洪水，保护和增加农业收成，又出现了规模空前的筑堤挽垸高潮。但由于湖区地势低洼，堤防失修，长江干堤之间仍有穴口，每逢汛期，长江大水常高出湖区地面5~10米，不仅渍涝之水无法排出，而且江湖连通，江水倒漾，江湖同涨。"沙湖沔阳州，十年九不收""水涨万顷浪，水退满湖荒"等当地民谚，正是当时平原湖区洪涝灾害的真实写照，同时血吸虫病流行，民不聊生，苦不堪言。

民国时期，为缓解湖区的洪涝之患，地方政府一方面严禁盲目围垦，另一方面培修堤防，但收效甚少。平原湖区的围垸活动分歧凌乱，堤垸与水争地，导致"水面日窄，蓄泄两穷"，政府也发出围湖禁令，但是迫于人口压力和税赋增收的利诱，治理成效甚微。"公用地灾难"形成，以致不可收拾。1935年，扬子江水利委员会成立之后，制定了"利用沿江湖泊以消纳洪涨，及整理江湖间之洼地，以增加生产"的长江治理原则，即在正常高水位之下，阻绝江水倒灌以保持湖泊容量，限制泥沙输入湖泊，防止淤垫。在特大洪水年份，则分洪入湖，增加垦种耕地，发展生产，谓之"蓄洪垦殖"。但是长时间掠夺式地、盲目无序地围湖垦殖对江汉平原湖泊造成了重大的影响，江陵大军湖、台湖、永丰湖、打不动湖、玉藻湖以及松滋的雷家湖、谢家湖、张伯湖、杜家湖、天鹅湖等湖泊因围垦而逐渐消失。而一些废垸形成的湖泊又被重新开垦，调蓄洪区被分割成众多的农田。

中华人民共和国成立后，湖区开发治理呈现崭新局面，党和政府采取了一系列内治涝渍、外治洪水的措施，诸如修筑堤防、河湖分家、设闸控制、防止江水倒灌、连堤并垸等活动，进一步推动了围垦的发展。1949年长江发生大水，江汉湖区堤防大量溃决。为了迅速恢复生产，党和政府汛后迅速组织当地群众堵住溃口、修复堤防，全面加高整治堤防，江汉湖区的防治洪灾能力得到提高。随后，1952年建成荆江分洪工程。1954年大水后，以巩固堤防为重点，对沿江主要堤防逐年加高培厚、整险加固，堤身高度基本达到或超过1954年实际洪水位1.5米，普遍提高了抗洪能力，大大减轻了一般洪水的灾害，为湖区内部治理提供了安全保障，并有计划地兴建了一批蓄洪垦殖工程。但由于这时期围垦强度有限，没有直接威胁到多数湖泊的生存。1949年、1950年、1954年、1956年、1958年发生的长江、汉江大洪水致使江汉平原大量农田被淹没，诸多垸田遭毁，湖区的湖泊面积有所扩大。

20世纪50年代中后期，从流域整体考虑，依据"统一规划，全面治理""留湖蓄涝,排蓄结合""高低分排,先排田后排湖""自排为主,自排、提排、蓄水相结合"等原则,积极开展流域规划和区域规划,在防洪排涝建设中,以兴建大量涵闸和排水渠系为重点,并逐步明确了湖区综合治理开发的方向和步骤。

20世纪50年代末至70年代末,社会趋向稳定,平原湖区人口大量增加,为了适应经济社会发展和人口的急剧增长,江汉湖群开展了高强度、大规模的围湖造田、围湖养殖活动。在特定历史时期,全湖区掀起了"向荒湖进军""插秧到湖中心"的运动,导致诸如大同湖、三湖、沉湖、白鹭湖、连通湖、大沙湖等历史湖泊逐渐消失,王家大湖、蠡田湖等湖泊大幅萎缩,鼓湖、崇湖等湖泊被分割。

江汉湖区由于盲目垦殖,过度围湖造田,导致湖泊锐减,湖泊蓄涝能力下降。20世纪80年代以后,江汉平原大面积地围湖造田、垦殖的情况得到有效控制,各地开始有计划地退田还湖,已退还湖泊面积约180万亩,蓄涝效益十分显著。据典型调查,退田还湖1亩,可保10亩农田不受涝灾。20世纪80年代至21世纪初期,湖区开展又出现了新的特点:一是大规模地改造湖泊、开挖精养鱼池,高速发展渔业,部分湖泊渐渐失去了湖泊湖盆的原有形态,湖泊调蓄功能降低,内源、外源污染导致湖区水体水质持续恶化;二是城市扩张和房地产开发,填湖造地导致城中湖和近郊湖泊水面面积缩减甚至消失。

21世纪以来,由于生态环境越来越得到重视,湖区治理得到了较大发展,湖区大规模地拆除围障,大力开展污染治理,水质得到了改善,但是因长期各方面因素的影响,大规模的湖区治理仍任重道远。

第八节　重　要　湖　泊

长湖、洪湖是江汉湖群中的重要湖泊,其发展演变极具代表性。洪湖虽界于研究范围之外,但是由于其重要性,并与荆江有着重要关联,因此一并研究。

一、长湖

长湖居于荆北地区四湖流域上首，位于荆州、荆门、潜江市之间，处于丘陵向平原过渡地带。长湖是四湖流域硕果仅存的两个面积最大湖泊(洪湖、长湖)之中的一个，为著名的调蓄型湖泊。① 长湖西起荆州市荆州区龙会桥，北至沙洋县后港镇，东至沙洋县毛李镇蝴蝶嘴，南抵荆州市沙市区观音垱，上游有拾桥河、观桥河、龙会桥河、高桥河四条溪流注入。

长湖南北最大宽度18千米，东西长29千米，岸线全长180千米，集水面积2265平方千米，实测最低水位28.39米，最高洪水位33.38米(1950年)。据史载，长湖曾于1900—1901年、1928—1929年出现干涸。20世纪50年代，湖底海拔27.2~28米，正常蓄水位30.5米，相应湖面积143平方千米，正常容积2.67亿立方米。到80年代，正常蓄水位30.5米，湖容减少至2.46亿立方米，湖泊面积减少至129.1平方千米。2012年，据省水文局调查，长湖的水面面积约为131平方千米，对应容积3.80亿立方米。②

长湖超额入湖水量经调蓄后，一部分由刘家岭闸经田关河汇入东荆河，另一部分经习家口闸排入四湖总干渠。长湖地区多年平均径流总量6.02亿立方米，实测最小年径流量为0.95亿立方米，最大年径流量为12.28亿立方米。

在湖泊形态上，长湖明显不同于洪湖，长湖南部湖岸受堤防约束，平直单一；而北部水域则湖岸曲折，深入岗丘，湖汊极多，当地有"长湖九十九道湾"之谓。

历史上，长湖原属自然吞吐湖泊，自从刘家岭闸和习家口闸建成

---

① 四湖流域因境内原有长湖、三湖、白露湖、洪湖四个湖泊而得名，其中三湖和白露湖已成农田、鱼池。
② 参见湖北省水文局"一湖一勘"成果，2012年。

后，转变为可人工调蓄控制的湖泊。当正常高水位时，长湖库容可达5.43亿立方米，滞洪作用巨大，还可灌溉农田150万亩。

长湖又名官船湖，传说因湖内多有官船往来而得名。长湖其名有三种说法：一说始于明代诗人袁中道诗"陵谷千年变，川原未可分，长湖百里水，中有楚王坟……"；二说"长湖"以"长林县"去其"林"字而得名；三说以其形长而得名。《荆州府志·山川》载："长湖，旧名瓦子湖，在城东五十里，上通大漕河（今拾桥河），汇三湖①之水以达于沔……瓦子云者或因楚囊瓦而名钦。"

长湖由海子湖、庙湖、瓦子湖、太泊湖和长湖本体等组成，属典型的河间洼地湖。长湖原是古扬水运河的一段，三国时期为了战事需要引沮漳河水设障为险，使扬水运河水面不断扩大，形成了以湖代河的长条形湖泊。

长湖自古为荆门、荆州沿湖居民通江达汉的黄金水道。流域内河渠错综复杂、纵横交错，航运网四通八达，是湖北省内河航运的重要组成部分。其中"汉江—新城船闸—西荆河航道—长湖—习家口船闸"构成了江汉航线与内荆河航线的重要组成部分，担负着沿湖地区工矿原料、工业产品、农副产品及生活物资的调运和腹地对外物资交流。

长湖是四湖流域上区的荆州区、沙市区、沙洋县、潜江市等地洪水调蓄区，具有重要汇流调蓄作用；在当前农田灌溉引水尚未彻底解决以前，长湖可供四湖中区10万公顷农田灌溉用水；长湖水面辽阔，水产丰富，冬季水深约3.3米，湖域盛产虾蟹，北岸青龙嘴一带，湖内银鱼丰富，是平原湖泊稀有品种；长湖航运便利，可为总干渠、田关河提供航运水源，内河航道常年可通行300吨级船只；可为城市提供补水，在城区水源不足时，可通过太湖港渠引进长湖水补充水源。长湖是生态补水的重要来源，2008年2月24日和2009年1月24日，东荆河潜江、监利段突发"水华"现象，沿线各自来水厂停水，当时打开刘家岭闸调

---

① "三湖"指白鹭湖、中湖、昏官湖。

长湖水经田关河入东荆河，通过补水达到水体交换，解决了沿岸生活、生产用水的问题。

历史上，长湖是长江、汉江的洪水泛滥的倾注区，湖区地势低洼，位于江汉平原沉降带的低洼地区，区域内的地势呈现西北高东南低、周边高中间低的状态。长期以来，受江水入汇和区域降水等因素影响，易发洪涝、渍涝、干旱等自然灾害，其中以洪涝为主。长湖流域洪水有关文献记载，最早为楚昭王时期，江陵"江水大至，没及渐台"[1]。此后，水灾记录增多。唐代以前，荆州人口尚不密集，堤防不成形，江汉平原调蓄洪水的湖泊洼地较多，洪水成灾较小，即使成灾也是漫溢成灾。唐以后人口渐密，洲滩筑堤围垦活动渐多，江水溃决为患。至明清时期，荆州干支民垸堤防大部分形成，垸田发展不可遏止。明朝中后期，荆江大堤连成一体。至清朝，荆州堤防已基本成形，有关堤溃的记载大增，洪水灾害频繁。到了民国时期，水灾更为严重。中华人民共和国成立后，1954年、1980年、1983年、1991年、1996年、2008年都遭受过较大水灾。主要灾害成因：一是大暴雨所致洪涝灾害。丘陵湖区，雨量充沛，多年平均降水量达11387毫米。4—9月为暴雨季节，暴雨频繁、量大且集中，极易形成山洪，相应发生涝灾的频率高、范围广、灾情重；6月中旬至7月上旬为"梅雨"季节，往往阴雨连绵，大到暴雨多集中在这一时期，其雨量占全年降水量的1/3，是涝灾的多发季节；7月中旬至8月，是长湖多雨时节，也是长江主汛期，江河洪水与本区暴雨相叠，形成外洪内涝、洪涝兼发的严重局面。二是内涝渍害。每年4—9月，外受江河高水位渗透水影响，内有大量降雨渗透补充，现代水利设施只能排除地表水，无法降低地下水，土壤长时间处于水饱和状态，导致渍灾频发，严重影响农作物的正常生长。1848—1954年的106年间，先后于1848年、1849年、1935年、1948年、1950年、1954年出现大洪水。1849年最高水位持续时间最长，发生高水位的频率约20年

---

[1] （清）倪文蔚：《荆州万城堤志》，湖北教育出版社2002年版，第297页。

一遇。

三国时期(220—280年),长湖水面,仅在今之天星观之北、龙口以东,范围不大,大约为今海子湖、庙湖、内泊湖等。南宋时范围逐渐扩大。明朝时南岸筑堤围湖,长湖区域基本形成。湖西北地势波状起伏,大多为岗地低丘,海拔高程在50米以下,未筑堤防;湖之南有堤挡水,地面平均高程29.00米左右。长湖在田关穴口没有堵塞以前(1931年),部分水可经西荆河从田关河排入东荆河,另一部分水排至内荆河(又称中襄河)。田关穴口堵塞之后,湖水全部排入内荆河之中。三国至宋,北海在今荆州区马山、川店一带,后扩大到纪南城以北的荆州区九店附近,筑堰储水。因在纪南城之北,水面形如大海,因此称之为"北海"。南宋绍兴时,北海范围扩大,与海子湖、庙湖连在一起,统一称为"三海",亦称"海子",即今海子湖。宋淳祐四年(1244年),孟珙阻截沮漳河之水入于三海,并于东北通流汉江,一时之间,延绵数百里,最大宽度达数十里。

八柜(即内湖、金弯、保安、通济四柜,汇注中海;长林、拱长、枣林、药山四柜,通达下海)一带有条宽几千米的低矮丘陵,地面高低之差有五六米至十多米,是襄阳至荆州城必经之路。八柜即蓄积这一带低洼水。其西南有沮漳河及其泛区,东南为云梦泽解体后的湖沼地区。这些湖区形成一条长约35千米、宽1千米至数千米的水面隔离带。元灭宋后,八柜积水排除,成为农田。湖南岸地面高程多在28~29米,由于引沮漳河水注三海,需要将引水拦蓄,于是便有了堤防。史称,宋淳祐年间(1242—1250年)孟珙多次引沮漳河经长湖达汉水,"三海通一,土木之工,百七十万"。此时,沙桥门至关沮口附近堤防形成。明朝初年,湖南岸民垸兴起,如小白洲垸、菱角洲垸、马子湖垸等,沙桥门至观音垱堤防形成。从观音垱到习家口,有些地方地势较高,未修筑堤防,长湖水从内泊湖,经观音垱、徒步桥泄入玉湖、五指湖,再入三湖;还可从习家口入内荆河。观音垱筑堤后,长湖水主要从习家口排入内荆河,或从西荆河排入东荆河。明朝时期,西荆河堤(又称襄河堤)

常决，洪水挟带大量泥沙，自东向西、北、南扇形淤积，加之沙桥门至昌马垱(观音垱附近)修筑堤防，长湖排水受阻，形成湖泊。

明清时期，由于长湖具有航运功能，加之长湖以下大量围垸，排水困难，湖上区又常有山洪，即使湖干涸也无人围垦，长湖得以幸存。长湖南岸堤防称为长湖库堤，由中襄河堤改线培修而成。中襄河堤在清代称襄河堤(凡汉江来水，均称襄河水)，民国时期称中襄河堤(又称北堤)。堤线起自沙桥门，经诸儿垱、关沮口、观音垱至昌马垱，此为西段，长约18千米；从昌马垱至泗场街，无堤，利用高地挡水。泗场至习家口称为东段，堤长约4千米。长湖原来调蓄作用很小，1951—1957年沿湖老堤整险加固。1955年根据《荆北区防洪排渍方案》，党和政府加强长湖的综合治理，使之具有"防洪为主，兼顾灌溉、航运和消灭钉螺"等功能。南面以原中襄河堤为基础改线加固，形成沿湖库堤。1960年四湖总干渠挖通；1962年习家口闸建成，堤线改由习家口向东经朱家拐与田关河衔接；1965年刘家岭闸建成，沿湖堤线及控制工程完成，始称长湖库堤；1971年原堤线改线，太湖港下游改为出海子湖，关沮口筑坝堵塞老河，沙桥门至关沮口的老堤失去挡水作用。从腾子头经袁家墩仍修筑老堤，新挽从袁家墩至杨林口、韩丞庙新堤，内泊湖成为内湖，原新阳至昌马垱的老堤作废。东段由泗场街北起，经习家口到朱家拐堤线不变。1980年长湖大水后堤线改变，西段从腾子头起，向东沿湖边筑新堤，杨林口经扁担河、小河口、观音洼，至王家洼止；王场洼至徐家嘴(老堤)；从徐家嘴至朱家拐止。

二、洪湖

洪湖位于江汉平原南部，是中国第七大、湖北第一大的淡水湖，南邻长江，其主体位于洪湖市中略偏西腹地，小部分在监利县境内。湖区东从麻田口至花湾为东部边缘线；南从螺山植莲场沿新螺垸围堤、金湾围堤、三八湖围堤至麻田口为南部边缘；西以螺山电排河东堤为西部边缘；北从花湾至螺山电排河东堤加堰港为北部边缘。

洪湖发育于长江与汉江的支流——东荆河之间的长条形洼地带上，成湖年代不长，属于典型的河间洼地湖。"洪湖"之名，最早出现于嘉靖九年（1530年）编撰的《沔阳州志》之中："上洪湖，在州南一百二十里，又南十里为下洪湖，受郑道、白沙、坝潭诸水，与黄蓬湖相通。"明嘉靖时，"洪湖"已初步形成。至清道光年间，上、下洪湖连成一体，称为"大洪湖"。

洪湖地域在北宋以前为云梦泽东南部边缘区，由于江河汛期洪水携带的泥沙连年淤垫，至宋代置玉沙县时，湖区已是成片大小民垸，分属白二、许一、后丰里。明成化至正德年间（1465—1521年）"南江襄（长江、东荆河）大水，堤防冲崩，垸塝倒塌，湖河淤浅，水患无岁无之"，江堤常溃于车木（今监利县车湾），"更三十年不治，东南尽成水区矣"。由于湖区比太白湖区域地面低0.5～1.0米，洪水下泄慢而潴积。

洪湖南滨长江干堤，螺山至新堤西岸沿长江干堤北不到500米外即洪湖岸。干旱年份，洪湖可为沿湖河垸提供补给水量。湖水流速缓慢，300吨级货船从长江入螺山船闸、新滩口船闸进入洪湖畅行无阻；再经宜子口、小港湖、下新河、福田寺四座船闸进入四湖总干渠、洪排河，可节约里程且安全通达。湖中茶坛岛、龚家老墩岛、清水堡岛现已经部分开发，湖畔现有保存完好的湘鄂西革命根据地——瞿家湾红色旧址群。

洪湖湖底以沙、黏土为主，上层系静水沉积淤泥、腐殖质，表土黏性重，而下层沙性重。洪湖湖岸平直，湖岬、湖湾少，湖盆平浅，滨湖地区大多分布着湿地沼泽，属于典型的碟形湖泊。清末至民国沿湖湿地部分被围垸垦殖，如南岸"六合垸"，北岸"鸭儿垸"，湖泊退缩至宽33千米，长44.6千米，洪湖岸线总长约为240千米。洪湖湖水面积随着水位涨落，消长极为明显。当湖水位涨到26.5米时，历史最大水面可达到730平方千米。① 枯水季节，随着湖水的逐渐枯竭，湖边完全裸

---

① 长江水利委员会：《长江志·河道整治》，中国大百科全书出版社2000年版，第162页。

露，2012年是近年来最干旱年份，湖底仅剩部分水洼。道光年间，洪湖东西长70余千米，南北宽40余千米。洪湖现有水面面积为308平方千米，测量水位25.5米时，容积为16.89亿立方米。在正常高水位条件下，洪湖平均水深1.9米，最大水深为3.5米，湖泊的最大宽度为26.6千米，湖长41千米，岸线总长240千米。[①] 1958年围垦土地湖、开挖螺山电排河，螺山至新堤建排水闸后，洪湖地形大致呈三角形体，三角形顶指向西北。

洪湖自然灾害频繁，清道光十九年(1839年)，长江干堤车湾溃口，加之洪湖北岸子贝渊堤溃，江汉两水汇集，上洪湖与下洪湖连成一体。居住在洪湖中茶坛、龚家老墩、清水堡、昌墩、曾家大墩、中岭等地居民，因湖水上涨，其居住地成孤岛，皆被迫迁移。清咸丰四年(1854年)二月初四，洪湖出现地震，据《洪湖县志》载，"湖水沸数尺"。清同治二年(1863年)春季，洪湖出现龙卷风两次，近百只渔船竟被吹上天空，渔民70余人遇难。清光绪七年(1881年)五月，雷雨大风肆虐洪湖，渔民数百人罹难，事后湖中打捞尸体130余具。1922年秋，风雨如磐，渔民翻船溺水者甚多。1954年4月下旬开始，湖区降雨不断，5—10月累计雨量1795毫米，水位暴涨达26.50米以上，分洪后水位32.15米，持续月余，莲、芡实等溺死殆尽。1955年后数年，少有莲藕生长。

中华人民共和国成立后，洪湖开展大规模围湖垦殖，1958年"三八湖"围垦，1959年土地湖(与洪湖一体)围垦，螺山至新堤闸——新螺垸围垦，太马湖、金湾、王岭湖、东西马滆湖、周何湾东港子(胜利垸)、"万亩鱼池"、白螺渔场、桥市600公顷(鱼池)水面等相继被围垦，至1979年洪湖面积减至355平方千米。1959年以前，每年皆出现长江水由新滩口经内荆河倒灌入洪湖，水位上涨，长江中的水生生物大量溯水

[①] 湖北省水利厅：《湖北省湖泊志》，湖北科学技术出版社2014年版，第248页。

进入洪湖栖息，湖内水草供给与鱼虾数量基本平衡，终年湖水碧波荡漾，水质较好。随着1959年新滩口排水闸的建成，长江之水倒灌四湖下区成为历史，长江内生物溯水入洪湖断绝，加之湖内出现残酷捕鱼工具"迷魂阵""密封阵"等，鱼类不分大小一概捕捞。1963年6月，水位达25.70米，北岸纪家墩土地湖围堤溃口，后抢堵成功。1964—1984年，因湖中水草茂盛，船难觅通途，洪湖开始走向沼泽化进程。1980年，四湖上游普降大雨，大量客水经四湖总干渠注入洪湖，内涝严重。1990年，洪湖开始围湖圈养，至2004年，圈养面积达到2.52万公顷，占到洪湖面积的72%以上。此局面的出现，使得洪湖内大量水草被圈养的鱼类啃食一尽，解决了洪湖趋向沼泽化的问题，但因过度圈养养殖而给鱼类投放的食料、治鱼的药物残存物质加速了洪湖水质恶化。2005—2006年，拆除大部分水面圈养后，湖四周浅水区域仍留有圈养面积。2014年后，洪湖大力开展大湖拆围、渔民上岸、沿湖乡镇治污等生态治理措施，洪湖的生态环境开始逐渐改善。

第二章 人水共生

作为中华文明重要起源之一的荆江流域，早在旧石器时期就已有人类活动，新石器时期三苗部族在此地繁衍生息，先后创造了大溪文化、屈家岭文化、石家河文化。此后，楚人南迁后在此地与土生的苗人融合，建立了强盛的楚国，成为春秋五霸之一，创造了璀璨的荆楚文化。经过历代先民的辛勤劳动和积极开发，到明清时候，荆江地区人口繁盛，农业生产发达，成为全国重要的粮食产地，当时流行着"湖广熟，天下足"的谚语。本章主要从人的角度，介绍荆江流域在不同时期的发展。

第一节 史前人类

近几十年的考古发现和研究表明，荆江流域作为我国文明起源的重要区域之一，早在史前时期就已经形成相对独立的文化区域格局，先后孕育了辉煌的史前文化。同时，据传世文献记载，史前时期生活在此流域的族群——苗蛮集团，已经形成了强大的军事部落联盟，并且为了应对与中原华夏部落的战争修筑了许多城墙。

一、旧石器时代文化

据考古发现，在距今约5万年前的旧石器时期，荆江流域就已经有先民活动了。1992年，考古工作者在荆州市荆州区长江北岸长湖边的一个小土岗上发现了鸡公山旧石器遗址。在这处遗址中发现了大量的石器，而且分布极为集中，材质上以石英岩砾石为主，其他还有石英、石英砂石、细砂岩、涟石等类砾石或石块。从制作工艺上来看，以石锤直接打击法为主。就石器的种类而言，有砍砸器、大尖状器、原手斧、石球、大型和小型刮削器等。其中数量最多、又最具特色的石器是大尖状器。这种大尖状器的加工方法比较固定，形制比较统一。多数是选择一块长条形的砾石，从其侧面打击，使之破裂，形成一个平的面。然后以平面为台面，向背面打击，将其一端修理加工成一个三棱状的尖。尖状器的长度一般在15厘米左右，宽度7~8厘米，厚度约4厘米。[①]

在鸡公山遗址中还发现了一个面积近500平方米的生活面，布满了石片、砾石、石核和各种类型的石制品。在其中心分布着几个石圈，圈内是空白区，或有少量加工好的石器，周围则密集分布砾石、石核或石片等原料或半成品，形成直径约1米的圆圈带。[②] 这个生活圈显然是一个房屋的遗址。

鸡公山遗址的发现为我们探索早期荆江流域居民生活提供了可能。从发现的石器来看，此时荆江流域的居民处于旧石器时代，石器制作技术尚比较粗糙，只能进行简单的石器制作。不过，他们已学会制作类似"窝棚"的房子，并开始逐渐定居生活，这为后来荆江流域的开发奠定了基础。

二、新石器时代文化

新石器时期，荆江流域得到较快的发展，考古学家在这个地区发现了众多属于大溪文化、屈家岭文化、石家河文化的遗址。

---

① 刘德银、王幼平：《鸡公山遗址发掘初步报告》，《人类学学报》2001年第2期；田园：《鸡公山旧石器遗址》，《江汉考古》2001年第1期。
② 田园：《鸡公山旧石器遗址》，《江汉考古》2001年第1期。

1. 荆江流域的大溪文化

　　大溪文化因最早发现于四川巫山县（今属重庆）大溪遗址而得名，距今约6400至5300年，属于新石器中期。荆江流域的松滋、公安、荆州等地，先后有大量大溪文化类型的遗址被发掘，如松滋桂花树遗址、公安王家岗遗址、石首走马岭城遗址、荆州阴湘城遗址、荆南寺遗址、毛家山遗址等。

　　这一时期荆江流域的先民主要从事稻作农业生产，在荆州市楚都纪南城东边的毛家山遗址中就发现了稻草和少量的稻谷壳。① 从发掘稻草的数量来看，此时稻作农业应处于起步阶段，产量较少。生产工具以石制工具为主，如石铲、石斧、石凿、石锛等。在松滋桂花树遗址早期，就发现了大量石制生产工具，主要有铲、斧、锛、凿等，大部分为磨制，采用了切割、管钻等技术，器形规整。② 这说明当时石器制作技术已达到了一定的水平。生产方式较为粗放，大多是在田间带芟薅拔，再捆扎晾晒，而很少像黄河流域那样用刀割稻谷。这种生产方式是当时长江流域的特色，长江下游的马家浜、河姆渡部落也是如此。除稻作农业外，由于荆江流域气候温暖湿润，植被茂盛，水产丰富，先民们也可以通过采集和渔猎获取食物，采集和渔猎经济仍然是先民们生活的重要经济来源之一。

　　当时先民已经学会就地取材，修筑一些简单的房屋。毛家山遗址中发现有房屋基址，木柱直径有8~12厘米，有圆形和方形，方形木柱显然是经过人工加工的。考古工作者据此推测，"当时的墙壁应该是先立木柱，木柱之间编织篾片，然后在上面抹草泥土"③。室内挖有用来取暖和做饭的灶炕，同时还采用多种有利于防潮、防水的措施，表明建筑技术发展到一定的程度。这种建筑方式在荆江流域较为多见，在江陵荆

---

① 纪南城文物考古发掘队：《江陵毛家山发掘记》，《考古》1977年第3期。
② 荆州博物馆：《湖北松滋县桂花树新石器时代遗址》，《考古》1976年第3期。
③ 纪南城文物考古发掘队：《江陵毛家山发掘记》，《考古》1977年第3期。

南寺大溪文化遗址中也发现了类似的房屋建筑。①

先民们还学会了制作陶器。在松滋桂花树大溪文化遗址中就发现了大量的陶器，种类丰富，以生活用具为主，数量多，器形完整。从质地来看，一般分成粗泥和细泥两类，占多数的是粗泥陶。红陶数量最多，黑陶、灰陶次之。全部陶器都是手制。一般用泥条盘筑法，内外经抹平。圈足器均分别做成器身和圈足，然后接合。部分红陶器上施有深红色陶衣，一般施于器表或器物上部。彩绘有两种，一是黑彩施于红陶器上，另一种是朱彩施于黑陶器上。纹饰有平行线夹横人字纹、波浪纹等。从纹饰来看，陶器以素面为多，有的施瓦纹、戳印纹、弦纹，个别器物上有浅篮纹。器形多样，有鼎、碗、钵、盘、深盘豆、浅盘豆、罐、瓮、壶、瓶、漏壶等。②

此外，公安王家岗大溪遗址中也发现了大量的陶器，考古工作者在第一期遗存的灰坑中发现了不少施蓖印纹的陶坯，蓖印纹的图案有三角纹、波浪纹、日字纹等，另外还发现一件敞口、曲腹、大圈足的泥质白陶碗，外表也施几何形蓖印纹。在王家岗遗址第二期十座属于大溪文化晚期的墓葬里，也出土了大量的随葬品，其中以陶器为主，多见折沿、束颈、鼓腹、锥状足的小陶鼎，敞口、上腹较浅、施朱绘的黑陶曲腹杯，圆唇、敛口曲腹杯，圆唇、短颈、矮圈足的球腹罐等。③ 由此可见，当时先民们在制作陶器时往往因地制宜、就地取材，形成自己的特色；也说明当时的陶器技术比较粗糙、简单，尚处于起步阶段。

除此之外，先民们还学会了简单的纺织技术，在松滋桂花树遗址、荆州毛家山遗址中都发现了陶纺轮。④ 同时，他们还会制作一些玉器，

---

① 王宏：《湖北江陵荆南寺遗址第一、二次发掘简报》，《考古》1989 年第 4 期。
② 荆州博物馆：《湖北松滋县桂花树新石器时代遗址》，《考古》1976 年第 3 期。
③ 芷袁靖：《湖北公安王家岗遗址发掘的意义》，《江汉考古》1988 年第 1 期。
④ 纪南城文物考古发掘队：《江陵毛家山发掘记》，《考古》1977 年第 3 期；荆州博物馆：《湖北松滋县桂花树新石器时代遗址》，《考古》1976 年第 3 期。

松滋桂花树遗址发现了玉刀、玉镯、玉磺、玉坠、玉管等。① 这些玉器以装饰品为主，说明当时先民们已经具备了美的观念，并通过制作、佩戴玉器来实现对美的追求。

此时，荆江流域的先民们尚处于母系氏族社会。女性墓葬的随葬品往往较男性更富，有的甚至出土象牙镯、石镯等，显示了她们生前社会地位高于男性，在部落中担任着重要的角色。

2. 荆江流域的屈家岭文化

屈家岭文化因最早发现于荆江流域附近的湖北京山屈家岭遗址而得名，距今约5000至4600年，属于新石器时代晚期。这种文化在荆江流域分布较广，有松滋桂花树遗址中期，石首走马岭城遗址第一、二、三期，荆州阴湘城遗址，公安鸡鸣城遗址等。

从大溪文化发展而来的屈家岭文化，继承了前者的生产方式，其生产活动也以农业为主。在荆州阴湘城遗址的屈家岭文化房基周围的灰坑里，就发现了大量的炭化稻谷和稻米。从生产工具来看，以石制农业生产工具多见，仅在石首走马岭城遗址中就发现6件农具，有石斧、石刀、石锛、石镞等，大部分为磨制石器，如第三期中出土的石镞为两面磨制，剖面呈菱形，箭头有使用痕迹。

随着农业的发展，此时荆江流域的先民们过上了定居的生活，已能熟练地掌握建房技术。在石首走马岭城遗址第一、二、三期都发现了房屋的遗存，如第一期发现的房址，"为一长方形地面建筑，建造时先挖基槽，然后用木柱支撑草拌泥墙，居住面经夯打修整。房址北墙基槽保存完整，长2.15米，宽21、残深4~10厘米；基槽内外发现6个柱洞，直径为18~26、深20~30厘米。东墙基槽残长1.2米，宽58、残深5~10厘米，残存柱洞一个，直径25、深35厘米。东墙最厚，墙外有30厘米的挑檐，起遮挡雨水的作用。西墙基槽残长50、宽约21、残深5

---

① 荆州博物馆：《湖北松滋县桂花树新石器时代遗址》，《考古》1976年第3期。

厘米，残存柱洞2个。房址残存部分的内空长为1.16米。房址的堆积可分上下两层。上层为房址废弃后的墙体倒塌堆积的红烧土块层，下层是稍加修整的黄色粘土居住面"①。可见，先民们已能建造简易的房屋以遮风挡雨。

除此之外，制陶技术也有比较大的发展。石首走马岭城遗址发现了大量的陶器，从材质上可以分为"泥质红陶、泥质黑陶、泥质灰陶、夹砂红陶、夹砂灰陶、夹炭红陶等六种；其中以泥质灰陶为多，占陶片总数的48%，夹砂红陶和泥质红陶次之，分别占陶片总数的16%和13%，夹砂灰陶占陶片总数的10%，泥质黑陶占陶片总数的8.2%，夹炭灰陶最少，仅占陶片总数的2.7%。陶器以素面为主，纹饰有绳纹、方格纹、戳印纹。器形有碗、双腹碗、簋形器、有领罐、折沿罐、双腹豆、盘、盆、壶、瓶、缸、器盖等"②。

3. 荆江流域的石家河文化

和屈家岭文化一样，石家河文化因最早发现于荆江流域附近的天门石家河遗址而得名，距今约4600至4000年，属于新石器时代晚期。该文化在荆江流域分布相当广泛，有荆州蔡家台遗址、张泉山遗址、阴湘城遗址、枣林岗遗址，松滋桂花树晚期遗址，石首走马岭城遗址第四、五期等。

继屈家岭文化之后，先民仍在荆江流域从事稻作农业生产。相比屈家岭文化而言，先民经过多年的努力，并通过向黄河流域和长江下游学习先进的生产技术，使水稻的品种不断优化，产量也得到逐步提升。在许多石家河文化遗址中都发现了大量的稻谷和稻草，显示出当时稻作农业的发展。生产工具的种类也日益丰富，仅松滋桂花树遗址就发现了大

---

① 陈官涛：《湖北石首市走马岭新石器时代遗址发掘简报》，《考古》1998年第4期。
② 陈官涛：《湖北石首市走马岭新石器时代遗址发掘简报》，《考古》1998年第4期。

量的生产工具，有锛、斧、刀、镰、钺、钻、矛、镞和研磨器等。① 从制作工艺上来看，这些石器一般经过打、琢、磨三道工序，其中石斧的形体较小，长度绝大多数在 12 厘米以下，双面刃，是非常实用的工具。生产工具及其制作技术的进步，反映了当时生产力的提高。

  这一时期荆江流域的手工业也有着迅速的发展，其中尤以琢玉工艺最为精湛。在松滋桂花树新石器时代遗址中，考古工作者发现了多件玉器，材料绝大多数是青白玉，种类相当丰富，有玉刀、玉镯、玉璜、玉坠、玉管。玉器的制作过程较为复杂，"主要有锯割、制坯、雕琢、钻孔、抛光等工序。锯割一般是用线锯，个别的采用片锯。操作时大多先从一面切割。待切到一定深度时，再从另一面切割"②。雕刻的工序也很复杂，"有浮雕、圆雕和透雕三种。浮雕是主要雕法，阴纹阳纹都有，阳纹采用减地法。圆雕很少，工艺水平很高，飞鹰即为一件上乘之作。透雕也不多，其饰纹方法是先在玉片上画好纹样，再在纹样上钻孔，最后用线锯将孔眼扩锯成纹。钻孔方法有管钻和实心钻两种。有些喇叭形玉管内外壁非常圆正，说明管钻水平很高"③。此外，当时荆江流域的纺织业也有了较大的发展。在松滋桂花树新石器时代遗址中，考古工作者还发现了多枚纺轮，材质为陶制。

  随着生产力的提高，石家河时期荆江流域进入部落时代。生产力的发展促进了社会的分工，私有制慢慢地发展起来，部落成员之间的贫富差距逐步拉大。生产力的发展，使先民们的物质生活得到了改善。"在他们的遗址里，发现有大量兽骨，人们的食物来源增加了。骨针的发现，说明人们已能用兽皮缝制衣服。装饰品的出现，表明人们的爱美观

---

① 湖北省荆州博物馆：《湖北松滋县桂花树新石器时代遗址》，《考古》1976 年第 3 期。

② 湖北省荆州博物馆：《湖北松滋县桂花树新石器时代遗址》，《考古》1976 年第 3 期。

③ 湖北省荆州博物馆：《湖北松滋县桂花树新石器时代遗址》，《考古》1976 年第 3 期。

念已经产生。先民们把海蜡壳、兽牙、砾石和骨料等物,加以磨制、钻孔,串联起来,佩戴在胸前。有的石珠、石坠具有白色或黄绿色的天然色彩;有的石珠则专门涂染了红色的赤铁矿粉,颜色鲜艳;截成短节的鸟骨管刻有纹道,也是原始的雕刻艺术品。"①

三、三苗部族

据文献记载,史前时期居住在荆江流域的先民称为三苗,又称"有苗"或"苗民"。"三"是一个虚数,是说他们部族繁多,人口众多。关于其地望,《战国策·魏策一》记载:"昔者三苗之居,左彭蠡之波,右洞庭之水,文山在其南,而衡山在其北。"《韩非子》亦云:"三苗之君不服者,衡山在洞庭之波,右彭蠡之水。"《史记·吴起列传》也说:"昔三苗氏左洞庭,右彭蠡。"据徐旭生先生考证,彭蠡、洞庭即今鄱阳湖和洞庭湖,文山不知其所在,衡山则有争议,但可以肯定不是今湖南省南部的衡山,可能在江北。总的来说,三苗的范围在今湖北、湖南、江西一带。② 荆江流域显然位于这个范围之内。

三苗的年代相当于古史传说中尧、舜、禹的年代,荆江流域的大溪文化、屈家岭文化、石家河文化都是他们创造的。从住地来看,荆江流域三苗部族的遗址多位于丘陵地带的河流沿岸和湖泊周围,如公安王家岗遗址位于江汉平原南部边缘的岗地上,依山傍水,土地肥沃,便于水稻的种植。他们之所以选择这里,与当时的生产力水平密切相关,其生产工具以石器为主,对地下水资源利用有限,生活、生产严重依赖地表水,这就决定了住地不能离水太远。

三苗先民在荆江流域过着"男耕女织"的生活,石首走马岭遗址中的墓葬,"男性一般随葬有石器,女性随葬有陶纺轮,但石器和纺轮绝不同出一墓"。这种现象说明,男女之间已经出现明显的社会分工,

---

① 湖北省荆州博物馆:《湖北松滋县桂花树新石器时代遗址》,《考古》1976年第3期。

② 徐旭生:《中国古史的传说时代》,文物出版社1985年版,第58页。

"男耕女织"成为典型的社会群体构成。①

就宗教信仰而言，三苗部族已有自己独特的原始信仰。《国语·楚语》记楚昭王问于观射父，观射父说："古者民神不杂。……及少皞之衰也，九黎乱德，民神杂糅，不可方物。夫人作享，家为巫史，无有要质。……其后，三苗复九黎之德。"韦昭注："三苗，九黎之后也。"可见，三苗部族是"民神杂糅""家为巫史"，巫术盛行。在荆江流域的许多遗址中都发现了祭祀的遗迹，如石首走马岭遗址第四、五期出土了许多小长方形的灰坑，据考古工作者的研究，它们是"一组非常特殊的灰坑。应是人工有意识地挖成，每个灰坑都十分规整，排列有序。填土多与草木灰、木炭混杂，包含物中有较多的动物骨渣，陶片很少，有些坑内放置完整陶器。这种灰坑已不是简单的垃圾坑，可能与祭祀等宗教活动有关"②。

就社会形态而言，荆江流域的三苗部族已进入部落联盟阶段，许多遗址都有城墙，如公安县的鸡鸣城遗址，其"城墙呈不规则椭圆形，东南和西南角有明显的转折。南北最大距离约500米，东西约400米，面积约15万平方米"③；又如荆州的阴湘城，土城垣虽已平，但其城墙的痕迹仍然非常明显，城内台地周长1.6千米，城内面积约12万平方米左右。这些城墙显然是为了防御敌对部落的入侵而建成的。据文献记载，以尧、舜、禹为主体的华夏部落联盟与以三苗集团为主体的南方部落联盟之间，为争夺土地、水源、人口等资源爆发了激烈的战争。《史记》卷一《五帝本纪》称："三苗在江淮、荆州，数为乱。"早在尧舜时期，尧就曾"战于丹水之浦，以服南蛮"。到禹时，战争进行得更加惨烈，

---

① 陈官涛：《湖北石首市走马岭新石器时代遗址发掘简报》，《考古》1998年第4期。

② 陈官涛：《湖北石首市走马岭新石器时代遗址发掘简报》，《考古》1998年第4期。

③ 陈官涛：《湖北石首市走马岭新石器时代遗址发掘简报》，《考古》1998年第4期。

《墨子·非攻下》对此有着详细的记载:"昔者三苗大乱,天命殛之,日妖宵出,雨血三朝,龙生于庙,犬哭于市,夏冰,地坼及泉,五谷变化,民乃大振。高阳乃命玄宫,禹亲把天之瑞令,以征有苗。四电诱祗,有神人面鸟身,若瑾以侍,搤矢有苗之祥,苗师大乱,后乃遂几。禹既已克有三苗,焉磨为山川,别物上下,卿制大极,而神民不违,天下乃静。则此禹之所以征有苗也。"这是说中原地区的华夏部落趁着三苗发生天灾内乱之际突然入侵,三苗遭受惨败。

综上所述,早在史前时期,荆江流域就分布着许多个族群,他们在此种植水稻,蓄养家禽,制作陶器,雕琢玉器,创造了辉煌的史前文化。从大溪文化到石家河文化的演变序列,反映了荆江流域的社会形态从母系氏族社会转变为父系氏族社会,进而进入部落社会的变迁。尧舜禹时期,荆江流域的三苗集团与中原部落发生激烈的战争,三苗作为一个部落联盟遭到瓦解,但其族裔仍在荆江流域繁衍生息。

第二节 楚人南迁

先秦时期,荆江流域得到持续的开发,尤其是楚人的南迁对其影响尤为深远。楚人在荆江流域辛勤劳作,修筑城池,创造了辉煌的楚文化,成为中华民族文化宝库中的重要组成部分。

一、定都纪郢

公元前689年,是楚武王之子楚文王继位的第一年。年轻有为的楚文王为楚国找到了一处更为理想的建都之处,决定再次迁都。这次迁都之地因位于纪山之南,后人称之为"纪南城"。纪南城"西通巫巴,东有云梦之饶"①,襟江带湖,居水陆要冲,地理位置十分重要;西有八岭

---

① (汉)司马迁:《史记·货殖列传》。

山，北靠纪山，南濒长江，形成天然的屏障，是一处理想的建都之所。纪南城建于长江之北地势较高的高地上，既有长江水运交通的便利，又无洪水漫城之虞。

战国中后期，在与后来居上的秦国的较量中，楚国一再失利。公元前 278 年，楚郢都纪南城被秦将白起率兵攻陷，楚襄王被迫带领群臣和百姓仓皇逃离，将国都迁至陈城（今河南淮阳）。从公元前 689 年楚文王"始都郢"，至公元前 278 年白起拔郢，楚人以纪南城为首都长达 411 年，荆江流域成为楚国核心区域。在此期间，纪南城作为楚国的政治、文化、经济中心，成为当时中国南方的最大都会。也是在此期间，楚国兼并大小数十国，势力达到了极盛，成为北至黄河、东至大海、西至云贵、南至岭南的泱泱大国。白起拔郢在历史上成为楚国由盛转衰的标志性事件。楚人东迁陈城后，国势日衰，最终在公元前 223 年被秦国灭国。

楚都纪南城位于荆州古城北 5 公里处，因城址位于纪山之南而得名。其形制和规模体现出楚国的强势，也代表了楚人城邑建筑的最高水平。城垣为规整的长方形。坐北朝南，方向 10 度，东西面阔 4450 米，南北进深 3588 米，总周长 15506 米，折合面积约 16 平方公里。城垣尚存，城垣上有水城门和陆城门设施；城内有众多夯土台基。城垣外廓与宫城城垣均呈长方形，城门均形成对称布局，建筑风格也大体一致；城垣虽因地势不同而宽窄不一，但每段形制规整。

纪南城的选址和城垣的建筑充分考虑到了荆江北岸的地理环境和特点。《管子·乘马》云："凡立国都，非于大山之下，必于广川之上，高毋近旱而水用足，下毋近水而沟防省，因天才，就地利。"纪南城的选址，较好地践行了管仲的这一城建思想。其一，城址凭恃险要之地。地势的险要，交通的便利，是都城必具的条件。郑樵在《通志》中说："建邦设都，皆凭险阻。山川者，天之险也；城池者，人之阻也。城池必依山川以为固。"所以楚学专家陶肃平在研究纪南城历史地理时说："纪南城南有长江天险，逾江而南，可经洞庭湖溯湘水至苍梧，溯江而上可通巴蜀,沿江而下可达吴越。北有大道,经鄢、邓、宛可出方城,直抵中原;东有汉水、湖泊及云梦泽,曲折相通。此外,城址东南两面皆有江湖,西北两面有丘陵及山区,都是兵家可用的险阻。其二,城垣择高地而建。纪南城城址选择在纪山之南的地势较高、无长江洪水威胁之地。"①纪南城城址海拔 34 米左右,地势较高,其位于今荆州城北 5 公里处。荆州城址一般为海拔 32 米左右,比纪南城址低 2 米。汉朝以前,荆州城所在地无长江洪水威胁,而地势比荆州城址高 2 米的纪南城城址,当然更不必担心长江洪水。由此可见,楚都纪南城选址是充分考虑了防洪因素的。其三,城垣依地势而造。纪南城东、西、北三面的城垣均为直线,唯南城垣例外。在南城垣的东段呈 U 形向外凸出,这一独特形制是根据地势特点,出于便于筑城和军事防御的目的而采取的变通处理。在纪南城的东南部有一处名为凤凰山的高地,将南城垣向外凸出,正是为了将这一高地纳入城内,使之成为城内军事防御的一处绝佳的制高点。

四百年历史的楚郢都,数不清的人来来往往,出生入死,最后都要归于尘土。无论是王公贵胄,还是平民百姓,墓冢都是他们最后的归宿。楚人在荆州留下了以纪南城为中心数十公里以内数以千计的墓冢。纪南城北的纪山,荆州城西的八岭山,由于山峦蜿蜒,林木葱郁,风景优美,被楚人视为风水宝地。纪南城周边山林和岗地上古墓密集,都是高等级贵族墓葬,不少楚国君王的墓葬也分布其间。楚王墓冢多占据形胜之地,有大型的封土堆和排成行列的殉葬墓,主冢直径达 80~100 米,高达数十米,雄踞山头,宛若山峰,与自然山岭融为一体,构成壮丽的景观。

位于荆州古城西北 35 公里处的熊家冢墓地,是一处大型楚国国王的陵园。熊家冢楚王陵是现已发现的保存最好、规模最大、布局最为完

---

① 陶肃平:《楚郢都纪南城的地理环境及其发展、布局初探》,见《中国古都研究(第七辑)——中国古都学会第七届年会论文集》,1989 年。

整的楚王陵园，以气势恢宏的楚王陵主冢、威武壮观的车马阵列闻名于世。熊家冢楚王陵规模宏大，布局完整，规划缜密。陵园核心区域由主冢、祔冢、殉葬墓、车马坑、祭祀坑等部分组成，占地面积约15万平方米。

主冢是楚王的陵墓，是熊家冢楚王陵的主体和核心。主冢为"甲"字形土坑竖穴木椁墓，有多级台阶，墓室开口东西长67米，南北宽70米。主冢原先残存高度5米，经实施覆土保护后，主冢现在高出地面约16米。祔冢又称为"陪葬墓"，是为古代高等级贵族墓修建的后妃陵墓。熊家冢楚王陵的祔冢位于主冢北侧，为甲字形土坑竖穴木椁墓，规模约为主冢的一半。

熊家冢楚王陵的殉葬墓分为主冢殉葬墓和祔冢殉葬墓两大区域，构成两组触目惊心的殉葬墓群，反映了楚国曾经存在过大规模人殉现象这一残酷的历史事实。主冢殉葬墓位于主冢南侧，共有殉葬墓92座；祔冢殉葬墓位于祔冢北侧，共发现48座。南北两侧的殉葬墓合计达140座。

车马坑位于主冢西侧，呈南北向纵向排列，共发现大小车马坑遗迹40座。目前已发掘40座车马坑中的12座，共出土车47乘，马198匹。其中1号车马坑坑口全长132.6米，宽11.4～12米，是目前为止国内发现的最长的车马坑。

"北有兵马俑，南有熊家冢"，随着著名词作家乔羽这一赞语的广泛流传，熊家冢楚王陵现已成为越来越多的游客前来凭吊、探秘、观光的人文胜地。

二、楚人对荆江流域的开发

随着楚人大规模地向南迁徙并定都纪南城，荆江流域得到开发，并逐步取代丹、淅地区，成为楚国政治、经济、文化中心。

首先，是农业的发展。先秦时期，荆江地区气候宜人，温和而湿润，极为适合农作物的生长。《史记·货殖列传》记载："楚越之地，地广人稀,饭稻羹鱼,或火耕水耨,果隋蠃蛤,不待贾而足,地势饶食,无饥馑之患。"《正义》云:"楚越水乡,足螺鱼鳖,民多采捕积聚,鲅叠包裹,煮而食之。"荆江地区地广人稀,水网密布,水产丰富,农作物生长旺盛,人们没有饥饿之忧。此时荆江地区的人们使用"火耕水耨"的生产方式,这种农耕形式相比于原始社会的"刀耕火种"已有一定的进步。《汉书·地理志》:"楚有江汉川泽山林之饶,江南地广,或火耕水耨,民食鱼稻,以渔猎山伐为业,果蓏蠃蛤,食物常足。"所谓的"火耕",就是在播种之前,放火烧掉杂草,其灰烬可以作为庄稼的肥料,而"水耨"是指用水淹死杂草,从而保证庄稼的生长。

此外,荆江地区的农业生产开始部分使用青铜器。考古工作者在纪南城、江陵马山 1 号楚墓等地都发现了楚国的青铜生产工具,如斧、锛、锥、削、镰等,这些青铜工具的出现说明楚国农业生产力得到了提高。除了青铜器之外,楚国还用铁铸造生产工具。此时荆江地区的人们不仅能掌握"熟铁"铸造技术,还能冶炼生铁。出土的楚国铁制生产工具有削、剑、锄等。此时荆江流域也开始使用耕牛。青铜和铁制生产工具的出现促进了荆江地区农业的发展。进入战国时期,铁质工具更加普及,在荆州纪南城西垣北边门,发现大量铁质插、镰、斧等生产工具。在荆州雨台山楚墓和天星观 1 号墓,也发现了战国时期的铁锸、斧等农业工具。由此可见,到战国时期铁质工具在荆江流域已经非常普及。

随着青铜、铁制工具的使用,荆江地区的水利设施建设也得到初步的发展。《史记·河渠书》:"于楚,则西方通渠汉水、云梦之泽,东方则沟江、淮之间。"荆江地区的水利灌溉得到发展,从汉水、云梦之泽到江、淮地区,都有密集的水利灌溉设施。此外,据文献记载,楚庄王时期为转运襄阳到沙洋的物资,令尹(宰相)孙叔敖率领人民修筑了扬口运河。这条运河从扬口(今湖北潜江境内),直达郢都(今湖北省荆州市)城下,连通江、汉二水,缩短了从襄阳盆地到郢都的水运距离,极大地促进了荆江流域的水上交通。

铁质生产工具的大规模使用以及水利设施的兴建,极大地促进了荆江地区的农业发展，粮食产量快速增长。楚平王七年（前522年），楚平王悬赏捉拿伍子胥。按楚制，捉拿伍子胥之人能获得五万石粟的赏赐，仅用来赏赐的就有五万石，足见楚国粮食产量之高。公元前506年，吴军攻破郢都后，据《淮南子·泰族训》记载，"烧高府之粟，破九龙之钟"，说明楚国都城粮食储备充足，有储藏粮食的粮仓。进入战国时期，楚国的粮食产量持续增长，《战国策·楚策一》记苏秦游说楚威王说："楚天下之强国也。……地方五千里，带甲百万，车千乘，骑万匹，粟支十年。"楚国是天下的强国，疆域辽阔，有五千里，士兵有百万余人，战车千乘，战马万匹，储藏的粮食够吃十年。这句话虽有夸张之嫌，却反映了楚国粮食产量增长的事实。

其次，荆江地区的手工业也得到了长足的发展。楚国的手工业十分发达，集中在纺织与刺绣、竹木器制作与髹漆、青铜铸造、玉器雕琢等行业。在纪南城内发现的手工业作坊区，主要集中在朱河和龙桥河交汇的区域和新桥河以西的西南部区域。

在城内西南部区域发现有铸炉、炼渣以及与冶铸有关的鼓风管、耐火泥等遗存，说明这一区域是以金属冶铸为主的手工业作坊区。楚国的青铜冶铸技术在当时首屈一指，楚人不仅熟练地掌握了陶范法、合范法、铸镶法等工艺流程，而且最早使用了失蜡法这一当时先进的铸造技术。青铜被加工制作成各种礼器、兵器以及日常生活用品，成就了楚国青铜文化的辉煌。

在手工业作坊区，还有大量从事丝织、髹漆等行业的作坊。楚人在丝织与刺绣方面所取得的成就达到了当时世界一流的水平，他们生产的丝织品几乎涵盖了先秦丝织品的全部种类，其中的锦、罗、绦皆属上品，极为珍贵。1982年在荆州马山1号楚墓中，出土了大批战国时期的丝织品和刺绣品，这批织绣品不仅织造技术精湛，而且数量多，品种全，计有纱、绢（质地细薄的平纹织物）、绨、组（窄带状织物）、罗（绞经组织织物）、绮（平纹地斜纹起花织物）、锦、绦（纬线起花的彩色窄带织物）等八大类，几乎包括了先秦时期丝织品的所有品种，有的丝织物还是首次发现。楚国的刺绣实物，在江陵望山楚墓、九店楚墓以及马山1号楚墓中都有出土，多用作衣、袍、衾的面料。楚国绣品一般以彩色绣线在质地细薄的平纹织物上采用锁绣的针法刺绣而成，题材以龙、凤、虎等珍禽异兽为主，辅以奇花佳卉和其他自然物象，既有浅浮雕般的立体感，也有色彩缤纷的美感。楚墓中大量丝织品和刺绣品的出土，印证了《楚辞·招魂》中关于楚宫景象的描写："翡翠珠被，烂齐光些。蒻阿拂壁，罗帱张些。纂组绮缟，结琦璜些。……被文服纤，丽而不奇些。"马山1号楚墓因此被人们誉为"丝绸宝库"。这批丝织品实物证实，荆楚地区的丝织业达到了当时丝织工艺技术的最高水平。

马山1号楚墓的织物组织除了有平纹外，也有斜纹、变化斜纹、重经组织、重纬组织，以及平纹和斜纹交织的织物。如绮类丝织品的菱形纹大多是平纹、斜纹和变化斜纹组成的联合组织，而罗类织物则是平纹与斜纹的绞纱组织织物。大量复杂组织织物的出现，标志着荆楚地区纺织技术已达到了当时最高的水平。

从马山1号楚墓保存下来的这批珍贵的丝织品与刺绣品中，我们了解到，春秋战国时期荆楚地区的纺织生产已形成包括缫丝、纺纱、织造、染色在内的整套工艺技术，手工纺织机械已大量使用。

马山1号墓出土的丝织品的色彩，有深红、朱红、橘红、红棕、深棕、棕、金黄、土黄、灰黄、绿黄、钴蓝、紫红、灰白、深褐、黑等数十种不同色彩的色号，反映出当时的染色技术也达到了相当高的水平。古代染料分为矿物染料与植物染料两大类，矿物染料所使用的原料是矿石，称之为"石染"；植物染料所使用的原料有兰草、茜草等草本植物，称之为"草染"。从出土丝织物来看，当时这两种染色工艺在荆楚地区都已被熟练掌握，染色技术有了很大的进步，色谱也趋于完备。

楚国的绣女以质地细密的绢做绣地，采用锁绣的针法，在丝织品上刺绣出绚丽的花纹。纹样的主题多以龙和凤鸟为主，表现出变化多端、自由浪漫的审美风格。楚国的丝织品当时已远销至南西伯利亚地区，成为中外文化交流的最早的实例。

战国时期，随着锋利的铁制工具的出现，竹木加工技术提高到了一个新的水平，比青铜器更为轻盈的漆木器开始大量出现，很快得到了楚国贵族们的青睐，成为贵族日常生活中的新宠。楚国工匠们制作的髹漆木器，造型奇谲，色彩对比强烈，惊采绝艳，每件器物既是日常生活用品，同时也是具有强烈艺术气息的工艺品。郢都地区的楚墓中出土的漆器，数量多，使用范围广，其用途深入到社会生活的各个领域。在江陵雨台山楚墓区，从1973年至1976年共发掘楚墓558座，其中出土有漆器的墓葬共224座，约占墓葬总数的40%；出土漆器数量达到近千件，由此可以看到楚国漆器的制造水平和普及程度。

郢都地区出土的漆木器，其雕刻艺术达到了极高的水平，出现了许多富有特色的代表性作品，如神奇谲怪的镇墓兽，造型别致的虎座立凤，以及各种样式的木雕座屏等，尤以根雕辟邪和彩绘木雕座屏最具代表性。

纪南城内西南部地区发现了冶炼作坊，主要有陈家台作坊遗址。陈家台作坊遗址夯土建筑台基，东西宽80米，南北长50米。台基南边发现散水和水沟，在台基上，发现了两排平行的柱洞和一段残墙，在台基的西北边和东边各发现铸炉一座。①

最后，随着农业和手工业的发展，荆江流域的商业也得到了显著的发展。在楚都纪南城可以买到"秦篝、齐绽、郑绵""晋制犀比"等产品。《韩非子·内储说下》记载了楚宣王时期的令尹昭奚恤"令吏执贩茅者而问之"，这里的"贩茅者"就是纪南城里经营小本生意的一般商贩。配合商业的发展，楚国的货币也有了进一步的发展，目前出土的楚国金币已达3万余克，其中以"郢爰"的数量最多，所以学界过去一般以"郢爰"作为楚国黄金货币的代称。郢爰的"郢"，即郢都。1971年3月，纪南城就曾出土了一件郢爰，重17.5克，反映了荆江流域商品流通领域的

---

① 湖北省博物馆：《楚都纪南城的勘查与发掘（下）》，《考古学报》1982年第5期。

活跃。①

综上所述，楚人原本是一个生活在黄河中游的部落，到西周末年沿着汉水南下，逐渐向荆江流域拓展。到春秋早期，楚人开始大规模地向南迁徙，并定都纪南城，荆江流域成为楚国核心区域。此后，楚人在此地生生不息，促进了该地区农业、手工业以及商业的发展，创造了辉煌的楚文化。

第三节 衣冠南渡

荆州扼守荆江门户，北据汉沔，利尽南海，东连吴会，西通巴蜀，自古是兵家必争之地。东汉末年，荆州成为魏、蜀、吴争夺的军事要地，战事频仍，导致人口锐减。自西晋"永嘉之乱"后，由于北方战乱频发，大量北方士族为躲避战乱大规模南下，这就是所谓的"衣冠南渡"。"衣冠南渡"一词出自唐代史学家刘知幾《史通·邑里》，其曰："自洛阳荡覆，衣冠南渡，江左侨立州县，不存桑梓。"②"衣冠"指的是缙绅、士族子弟。一般而言，衣冠南渡是指西晋永嘉战乱后，中原高门士族为避中原战火，被迫迁徙到南方地区。后来，"衣冠南渡"的含义逐步扩大，还包括李唐安史之乱、赵宋靖康之变后人口大量南迁。三次大规模的北人南迁对南方经济社会的发展具有十分重要的意义，其中荆江流域作为北人南迁中线的承接之地，受其影响尤为深远。

一、三国之争与江北人口的锐减

三国时期，荆州是群雄逐鹿之地。一部三国史，其实就是一部荆州之争的历史。公元前208年，当北方的枭雄曹操南取荆州时，似乎天下

---

① 参见黄德馨：《楚爰金研究》，光明日报出版社1991年版。
② （唐）刘知幾：《史通》，上海古籍出版社2008年版，第104页。

已在他的掌控之下。谁料刘备与孙权联手，赤壁一战，大破曹军，曹操的"天下梦"也随之破灭。

赤壁之战后，刘备向孙权"借荆州"，这才有了"三分天下有其一"的资本。据说，当年曹操听说刘备从孙吴借得荆州这一消息时，十分震惊，手中拿着的笔都掉落到地上了。可见，曹操已预感到荆州将会让刘备如虎添翼，势不可当。事实上，刘备借得荆州之始，就没有打算归还，民间歇后语有"刘备借荆州——一借不还"之说，并没有冤枉刘备。刘备正是以荆州作为创立霸业的基地，不断发展壮大自己的势力，进而西取益州，建立了蜀国。

建安十五年（210年），刘备向东吴孙权"借荆州"后，派关羽带兵屯驻荆州。建安十九年（214年），刘备平定蜀地后，调诸葛亮、张飞、赵云等入川，命关羽董督荆州事务，代理荆州牧一职。关羽独镇荆州，其势力范围包括南郡、长沙、零陵、武陵、桂阳五郡。

关羽自公元210年驻守荆州，至219年"大意失荆州"，前后镇守荆州10年。关羽镇守荆州的10年，也是他一生中事业最为辉煌、功名最显赫的时期。镇守荆州期间，关羽水淹七军、单刀赴会、刮骨疗毒，威声赫然，震叠华夏，尽显英雄本色。在荆州，关羽留下了永恒的足迹，也留下了千古的英名。在荆州，千百年来一直保留着大量与关羽有关的遗迹、传说、地名以及民俗风情，关羽忠、义、仁、勇的精神在荆州世代相传。

关羽镇守荆州时，苦心经营，建成荆州土城垣。现今保存完好的荆州古城，就是在关羽所筑的土城垣基础上，经历代增修，由土城发展演变为以砖墙为主、土垣为辅的古城墙，被誉为是"中国南方不可多得的完璧"。在荆州城墙下，还叠压着三国时期土城的遗迹。

关羽北伐樊城时，东吴大将吕蒙偷袭荆州，兵不血刃，占领了荆州城。关羽回兵救援时，面对自己苦心经营的城垣慨叹道："此城吾所筑，不可攻也。"随后放弃攻城，败走麦城，留下了"大意失荆州"的千古之恨。

迄今为止，在荆州境内发现的三国和西晋时期的墓葬和遗址相对于其他朝代而言，数量不多，似乎在荆州历史发展的过程中形成了一个缺环。为什么会出现这一历史现象呢？除了三国时期荆州是兵家必争之地，战争使得这一地区的百姓大量流散这一原因外，还有以下几个方面的原因：

其一，三国时期孙吴占据荆州时，实行了"吴城江陵，移民南岸"的政策，江北一带除军事人员外，百姓均被迁往江南，导致江北人口急骤减少。魏、吴两国军事对峙时，双方为了避免正面军事冲突，各自作出了退让。曹魏舍弃了合肥，退守新城（合肥西北二十里）；而孙吴则加固荆州城，把江北的居民全部移到江南，使荆州城成了江北的一座孤城。这样，在魏、吴之间形成了一个相距数百里的军事缓冲区，以避免战事爆发。

其二，西晋灭吴时，西晋将领杜预率军攻打荆州城，对荆州城采取了血腥的屠城政策，使其成为一座空城。据历史记载，在西晋名将杜预率兵攻打荆州城时，荆州城守将伍延得知杜预身体有疾患，他患有"瘿病"，脖子上长有一个很大的肉瘤。为了打掉杜预傲气，伍延让士兵在城外将凡是长有大瘤的树，都削去一块皮，写上"杜预颈"三个字，以此讥嘲杜预。不仅如此，吴国的士兵还将狗颈上系上葫芦，有意让攻城的晋军将士看到，以这种特有的方法来羞辱杜预。杜预对此极为恼怒，他在攻破荆州城后，为报复羞辱他的人，在荆州城中大肆屠杀，荆州城一时血流遍地。被屠城后的荆州城几近一座死城。

其三，由于吴人"移民南岸"的政策，加之杜预对荆州城的血腥屠城，使得三国与西晋之交荆州城及其周边地区人烟稀少。西晋时派来的荆州刺史，均不愿意驻守荆州城，而是把治所选在武昌或襄阳，只有陶侃等人出任荆州刺史时，有极短的时间把荆州城作为州治。

由于以上原因，在西晋立国的50多年时间内，荆州城不像在其他各朝受到重视，发展缓慢，人口没有得到恢复，因而留下的墓葬和文物比其他各个时期要少得多。这一状况，直到东晋桓温出任荆州刺史，以荆州城为治所后才得以改观。

二、永嘉之乱与侨州郡县

西晋时期，统治集团腐败不堪，政局动荡，战乱频发，加之天灾连年，人民生活于水深火热之中。晋怀帝永嘉四年（310年），内迁的匈奴贵族刘聪率兵攻陷洛阳，掳走怀帝，晋朝统治集团被迫南迁，定都建康（今南京），建立东晋，史称"永嘉之乱"。中原地区的人们为了躲避战乱纷纷南下，其中荆江流域由于资源丰富、气候湿润，成为北人流入的重要区域。

当时中原人民进入荆江流域的线路主要有两条，起点多为洛阳和关中地区，或由洛阳经南阳盆地，或由关中越过秦岭，东南经南阳盆地。具体来说，其一为荆襄一线，即越过秦岭，进入汉中盆地，并经由襄阳而下进入荆州地区；其二从南阳南走，沿汉水南下，在沿线定居，一直延伸至江夏。①

永嘉之乱后，流入荆江流域的北人众多，前后有30多万人。这么多人流入，如何安置他们呢？对此，东晋政权主要采取了在流民寓居地设置侨州郡县的措施。在江陵县境内设立的侨州郡县主要有：新兴侨郡，领云中、九原、定襄、广牧（以上4县是西晋新兴郡旧县，在今山西定襄、忻县、寿阳一带）、新丰（原属西晋京兆郡旧县，在今陕西渭南县西）、宕渠（原属西晋梁州巴西郡旧县，在今四川大竹县北）等6个侨县。

南朝刘宋时期，省云中县，将九原县并入定襄县，省宕渠县并入广牧县，新兴郡领定襄、广牧、新丰三县。《宋书·地理志》记：荆州新兴太守"领县三"，即指定襄、广牧、新丰三县。南朝萧齐时期因刘宋旧制，南朝萧梁时期改新丰为安兴县。据王仲荦《北周地理志》考订，新兴郡郡治设在定襄，定襄县在"今湖北江陵县东北"，广牧县在"今湖

---

① 葛剑雄：《中国移民史》第2卷，福建人民出版社1997年版，第10页。

北江陵县东三十里",安兴县在"今湖北江陵县东北"。① 荆州地方文化学者朱翰昆在《荆楚研究杂记》一书中称,定襄县在今荆州市江陵县三湖一带,广牧县在今荆州市沙市区,新丰县(即安兴县)在今荆州市沙市区岑河镇。隋文帝开皇七年(587年),废新兴郡,并将定襄、广牧二县并入安兴县。唐太宗贞观十七年(643年),并安兴县入江陵县。②

西魏攻陷萧梁后,在今江陵县沙岗镇白鹭湖一带增置华陵县;后梁在华陵县南置郚州及其属县云泽县,后周改华陵县为紫陵县。隋朝省郚州及云泽县入紫陵县。唐初,并紫陵县入江陵县。至唐贞观年间,江陵县境内所置侨郡侨县以及新增州县全都回归到了江陵县。至此,江陵县又恢复到了东晋之前的区域。

在松滋,东晋政府于咸康三年(337年)以荆州的司州(今山西夏县西)侨户置南河东郡,治所在上明城。李吉甫《元和郡县志》记载:"上明故城,亦谓桓城,在松滋县西一里,居上明之地,桓冲所筑。"桓冲,东晋名将,大司马桓温之弟。此城位于松滋县(今为松滋市)西一里,临江而设,是当时荆江流域最重要的军事基地。

南河东郡下辖安邑、永安、闻喜、临汾、弘农、谯、大戚、松滋八县。其中,安邑和永安县侨寄今荆州公安县,与今松滋市相邻。闻喜、临汾、弘农、谯、大戚、松滋六县则侨寄今荆州松滋市。到刘宋孝建二年(455年),大戚并闻喜,弘农、临汾并松滋,安邑并永安。至齐、梁时期,河东郡下有闻喜、永安、松滋、谯四县。至隋开皇九年(589年),废河东郡,将闻喜、谯并入松滋,并辖于南郡(郡治在今荆州市荆州区)。

在同属荆江流域的湖南安乡县,东晋安帝侨立南义阳郡,《宋书》曰:"晋末以义阳流民侨立,宋初有四县。"下辖平氏、厥西、平阳三

---

① 王仲荦:《北周地理志》,中华书局2007年版,第504页。
② 朱翰昆:《荆楚研究杂记》,湖北省荆州行署地方志办公室发行,1994年,第51页。

县。总之,州郡的侨置和调整,一方面适应了流民的迁入,同时也安抚了高门士族以及各大势力,为东晋荆江地区社会的安稳奠定了基础。

大量北方流民的流入导致荆江流域部分地区的侨民户口数甚至多于本地,即"旧民甚少,新户稍多"的现象。同时迁入的还有一些士族或者豪族,导致土地兼并,民籍附于豪族,甚至百姓流亡的现象多有发生。"豪族并兼,或客寓流离,民籍不立"的状况十分多见。东晋南朝也相继推行土断,给流民着籍,也就是间接性使其成为国家编户。东晋中期,桓温为加强对侨民的控制,开始在荆江流域推行土断。直到刘宋时,雍州刺史王玄谟仍在当地推行土断,却受到侨姓大族柳氏反对,而只能"罢之"。① 荆江地区土断难以推行,说明侨姓士族的势力依旧强大,地方政权与地方流寓势力集团仍能左右地方政策。

人口的流入一方面给荆江流域带来了大量的劳动人口,为经济的发展提供了充足的劳动力;另一方面也带来了中原地区先进的农耕技术和生产工具,促进了荆江流域的开发。但与此同时,也产生了消极的影响。南迁士族携带大量宗族和部曲进入,往往侵占土地,加之这种行为得到地区政府的支持,从而造成大量人口被编为部曲,被强征作为地方军政长官或者豪族集团争权的工具。如迁入南方的荆州刺史桓谦、陶侃之流,皆置地千里,家童千余。

除政治、经济方面,荆江流域的文化氛围也深受影响。魏晋之际清谈玄学为一时风尚,也是当时学术的前沿。永嘉乱后,大批名士南渡,使得中原的玄学之风也逐步浸染入南方。如两晋之际出镇荆州的王澄、山简等人,每日纵酒。他们虽有"名士风范",但不理朝政,给荆州人民带来了灾难。出镇荆州的陶侃,武人出身,而麾下有名士殷浩、庾翼,但侃恶《老》《庄》浮华,故这些名士也不敢放谈三玄。② 而至庾亮镇荆州时,名士群集,玄谈盛行。在桓温主政荆州 30 年的时间里,

---

① (宋)司马光:《资治通鉴》。
② (唐)魏徵等:《隋书》。

参佐习凿齿、袁宏等海内奇士,皆网罗至其幕府中,当时荆州为四方名士集聚之地,盛极一时。

大量北人的流入也将中原地区的社会习俗带入了荆江地区。如东晋初的荆襄地区,由于"胡亡氐乱",大批北人侨寓,加上社会的军事化,使得本地民风剽悍,俗尚勇武。而进入南朝后,即便是侨居襄阳的柳氏后代也开始投戈习文了。可以说东晋南北朝的荆楚地区,因大批北方侨民的迁入,也导致了本地风气的变化。与此同时,南阳的一些大族在两晋之际南迁荆州江陵,并且快速成为当地数一数二的大族,因而也给江陵地区带来崇尚冠冕的风气。

三、安史之乱与流民南迁

唐玄宗后期政治腐败,藩镇权限日益增大,社会矛盾丛生。公元755年,节度使安禄山趁唐朝政治紊乱,内地兵力空虚之际,在范阳(今北京)起兵发动叛乱,此后唐朝陷入长期的藩镇割据之中。安史之乱开启了北人南迁的大门,并先后持续了一两个世纪,影响非常深远。

安史之乱爆发后,中原地区社会经济遭受重创,史载:"自禄山肇祸,瀛、博流离,思明继衅,赵、魏堙厄。扮榆井邑,靡获安居,骨肉室家,不能相保。重。"①"生人赀产扫地,壮甿负,老婴则杀之,杀人以为戏。"②足见安史之乱对黄河以北地区破坏之严重。中原人民为躲避战争,纷纷向南方迁徙。杜甫有诗云"故国莽丘墟,邻里各分散"③,"我里百余家,世乱各东西"④,就是对这一现象的生动写照。唐代宗在宝应元年(762年)的诏书中描述了中原的情形:"近日以来,百姓逃散,

---

① (唐)唐代宗:《贬田承嗣永州刺史诏》,见(清)董诰等编:《全唐文》,中华书局1983年版,第225页。
② (唐)姚汝能:《安禄山事迹》,上海古籍出版社1983年版,第66页。
③ (唐)杜甫:《逃难》,《全唐诗》卷二百三十四,中华书局1960年版,第2582页。
④ (唐)杜甫:《无家别》,《全唐诗》卷二百一十七,中华书局1960年版,第2284页。

至于户口,十不半存。今色役殷繁,不减旧数,既无正身可送,又遣邻保祗承,转加流亡,日益艰弊。"①战争频繁导致百姓逃散,人口流失严重,但徭役却未曾减少,只能由乡里其他未逃亡的民户承担,如此恶性循环,百姓逃散的问题日益严重。

荆江流域由于距离关中和中原地区较近,加之交通便利、气候宜人,成为北方流民涌入较早、人数较多的地区。这种迁徙是一种类似于"波浪式的迁徙"。一般而言,北方移民首先迁入之地是襄阳。如唐容州都督兼御史中丞元结就曾在天宝十四年(775年)安史之乱爆发之际,率领乡人200余户,从家乡鲁山(今河南今县)奔往襄阳。②又如唐将鲁炅因叛军围困南阳数年,"救兵不至,昼夜苦战,人相食",遂率将士千人投奔襄阳。③当时像元结、鲁炅这样避乱襄阳的中原士民应该不在少数,襄阳成为较早接纳移民的地区。后来,安史叛军进攻襄阳,与唐军发生激战,此前逃至襄阳的中原士民和本地居民为避免战火,再向南迁徙到荆江流域,有的甚至渡过长江进入湖南、江西等地。《旧唐书》卷三十九《地理志》载:"自至德后,中原多故,襄、邓百姓,两京衣冠,尽投江、湘,故荆南井邑,十倍其初,乃置荆南节度使。"自唐肃宗至德年间以后,中原多战事,襄州、邓州的平民百姓以及长安、洛阳的门阀士族,往往逃往两湖地区,所以荆南地区的人口增长了近十倍。正因如此,朝廷在此地设置荆南节度使进行管理。

在这种背景下,江陵政治、军事地位得到急速提高。荆南节度使的治所在江陵府,管归、夔、峡、忠、万、沣、朗等州,使亲王领之。到上元元年(760年)九月,"置南都,以荆州为江陵府,长史为尹,观察、

---

① (宋)王溥撰:《唐会要》卷八十五"逃户",中华书局1955年版,第1855页。

② (唐)颜真卿:《唐故容州都督兼御史中丞本管经略使元君表墓碑铭并序》,收入(唐)元结:《元次山集》附录二,中华书局1960年版,第166页。

③ (后晋)刘昫等:《旧唐书》。

制置，一准两京"。① 当时唐政府在全国设置的"五都十府"中，南方唯独南都江陵府，且其行政建制比照长安、洛阳，此外，唐朝廷起用旧相吕谭为尹，充荆南节度使。"领澧、朗、硖、夔、忠、归、万等八州，又割黔中之涪，湖南之岳、潭、衡、郴、邵、永、道、连八州，增置万人军，以永平为名。"②成为陪都的江陵，统治区域急速扩张，朝廷既以显官充任要职，又在此私置团练军，可见江陵地区在唐中后期的地位直线攀升，是其他州郡无法企及的。③

广德元年(763年)，尽管历时八年的安史之乱终于得到平息，但战争造成关中空虚，位于西南的吐蕃趁机出兵，尽吞河西、陇右之地，朝野大震。十月，吐蕃侵占长安，代宗仓促出奔陕州，"官吏藏窜，六军逃散"④。甚至有些士族担心吐蕃继续南侵，举家顺江而下，进入荆江流域，史载："衣冠皆南奔荆、襄。"⑤唐朝末年，仍有许多中原世家大族迁徙至荆江流域，时人孙光宪说："江陵在唐世号衣冠薮泽，人言琵琶多于饭甑，措大多于鲫鱼。"⑥江陵府在唐代文化发达，士人甚多，当时甚至有谚语说琵琶比饭甑还多，寒酸的读书人比鲫鱼还多，虽是夸张之辞，但也从侧面反映了当时荆江地区的文化发展。王珪也在《华阳集》中描述了北宋时期关中豪族的分布情况："关中旧族，多散荆、湖南。"⑦这是说关中的门阀士族到北宋初年时，大多散居在荆州、湖南等地，可见荆江流域是唐朝中后期关中士族流入的重要区域。

大量人口的迁入，给荆江流域带来了充足的劳动力，加之地方官员注重兴修水利设施，许多荒地得到有效开发，农业也有了长足的发展。

---

① （后晋）刘昫：《旧唐书》卷三十九《地理志》。
② （后晋）刘昫：《旧唐书》卷三十九《地理志》。
③ 参见李林：《唐代江陵地区经济研究》，长江大学硕士学位论文，2014年。
④ （宋）司马光：《资治通鉴》卷二百二十三。
⑤ （宋）欧阳修：《新唐书》卷二百一十六上《吐蕃传》。
⑥ （五代）孙光宪：《北梦琐言》，上海古籍出版社2012版，第154页。
⑦ （宋）王珪：《华阳集》卷五十五《朱氏墓志铭》，文渊阁四库全书本，第1072册，第415页。

如李皋在任职江陵时，修整旧河道，得良田五千顷，后又"规江南废洲为庐舍，架江为二桥"，呈现出一幅安居乐业的景象，史载："自荆至乐乡凡二百里，旅舍乡聚凡十数，大者皆数百家。"①另据学者统计，唐朝中后期荆江流域的农田水利工程为中唐以前的3.6倍，且多为新建。② 此统计数据中所考虑的水利工程多为官修，如果加上一般民间所修的大小沟渠、水坝，那么这一数字将继续扩大。这一方面反映了中晚唐中央政府对荆江地区的重视，另一方面也说明人口的迅速增加扩大了对农业发展的需求。

除此之外，北人的大量流入，也改变了荆江流域的经济形态，庄园经济不断发展。《太平广记》卷四百八十六《无双传》记载："王栖岩自湘川寓江陵露白湖……所居桃杏手植成数十列，四藩其宇……"③《太平广记》卷四百三十六《卢从事》记载："岭南从事卢传素寓居于江陵……使通儿（卢氏亲表甥）往海陵卖一别墅，得钱一百贯。"可见，北方衣冠户、官僚地主迁入荆州后，凭借自身拥有的政治特权和雄厚的经济实力，兼并土地，将北方庄园式的生产方式移植到了荆江流域。

从史料来看，这些庄园规模有限，以中小型为主，庄内经营的作物以粮食为主，兼营各种手工业、副业和商业。唐代著名诗人柳宗元的堂弟柳谋，曾长期任职岭南，后来移居江陵。柳宗元曾到访他的庄园，在《送从弟谋归江陵序》中这样写道："有宅一区，环之以桑，有僮指三百人，有田五百亩，树之谷，芝之麻，养有牲；出有车，无求于人。"④可见，柳谋的庄园属于中等规模，有童仆三十多人，田五百亩，除了粮食外，还种有芝麻，产业齐备，可以自给自足。

---

① （宋）欧阳修：《新唐书》卷四十《地理志四》。
② （后晋）刘昫等：《旧唐书》卷一百三十一。
③ （唐）余知古著，袁华忠译注：《渚宫旧事译注》，见《湖北地方古籍文献丛书》，湖北人民出版社1999年版，第252页。
④ （唐）柳宗元：《柳宗元集》卷二十四《送从弟谋归江陵序》，中华书局1979年版，第633页。

与此同时，荆江流域的手工艺也得到了发展。以纺织业为例，在荆江流域，丝类的纺织品产量快速增长，开始与麻织品平分秋色。① 此外，此时荆江流域除民间自缫自织外，还有不少专为朝廷生产绢绫的贡绫户。宪宗元和年间（806—820年），元稹贬谪江陵，他在《织妇词》中描写了一个贡绫户："织妇何太忙，蚕经三卧行欲老。蚕神女圣早成丝，今年丝税抽征早。早征非是官人恶，去岁官家事戎索。征人战苦束刀疮，主将勋高换罗幕。缲丝织帛犹努力，变缉撩机苦难织。东家头白双女儿，为解挑纹嫁不得。檐前袅袅游丝上，上有蜘蛛巧来往。羡他虫豸解缘天，能向虚空织罗网。"其自注云："予椽荆州时，目击贡绫户有终老不嫁之女。"②此诗内容是作者亲眼所见，描写了唐代荆江流域丝织品产量的增加以及贡绫户的辛酸。"东家头白双女儿，为解挑纹嫁不得"两句，道出了贡绫户为了不让"挑纹"技术外传，竟然让两个女儿终身不嫁，从侧面反映了荆江流域纺织技术的高超。荆江流域丝麻纺织业的发展，催生了一大批手工从业者。据《太平广记》记载，荆州人郭七郎的母亲和婢女就是"以纫针为业生之"③。无独有偶，荆州妇人张氏被胡氏家雇佣，缝制雨衣，"凡数岁矣，所聚十三万"④。

四、靖康之乱与移民流入

大概在安史之乱后的372年，中国历史上再次爆发了大规模的北人南迁浪潮。和前两次一样，这次北人大规模南迁也是因战争而引起的。北宋末年，徽宗重用奸相蔡京、宦官童贯等人，大兴土木，财政挥霍一空，民不聊生。公元1127年，金兵在完颜宗望、完颜宗翰的率领下，

---

① 赵丰：《唐宋前后长江中游地区纺织原料结构的变迁》，见中国唐史学会、湖北省社会科学院历史研究所编：《古代长江中游的经济开发》，武汉出版社1988年版，第404~422页。
② （唐）元稹：《元稹诗全集》戌编《乐府》，崇文书局2016年版，第478页。
③ （宋）李昉等编：《太平广记》卷一百九十五《潘将军》，团结出版社1994年版，第885页。
④ （唐）段成式：《酉阳杂俎续集》卷三，齐鲁书社2007年版，第225页。

长驱直人，攻占赵宋都城汴京（今开封），俘虏了宋徽宗、宋钦宗父子及后宫妃嫔、赵氏皇族、朝臣、工匠等三千余人，汴京被洗劫一空，史称"靖康之乱"。

金兵攻宋，战火烧遍整个黄河中下游地区，给中原人民带来了巨大的灾难，时人庄绰描写靖康之乱后的情景："几千里无复鸡犬，井皆积尸，莫可饮；佛寺俱空，塑像尽破胸背以取心腹中物；殡无完柩，大逵已蔽于蓬蒿；菽粟梨枣，亦无人采刈。"①几千里都未见鸡犬，尸体堆积如山，井水因此而受到污染，不能饮用；寺院的僧人大量逃亡，佛像受到严重损毁；人口锐减，连成熟的菽粟梨枣都无人收获。在这种情况下，北方士庶纷纷向南方迁徙，宋徽宗的第九子赵构即位不久就为南迁江南作准备，专门拨款十万缗修葺江宁城（今江苏南京）。不久，又将宗室迁徙到江宁、扬州等地。中原地区的士大夫更是人心浮动，纷纷卖掉家产，开始南迁。除皇室、官僚、士大夫外，平民百姓也纷纷向南方地区迁徙。

荆襄地区由于离中原地区较近，交通便利，成为最早接收北方流民的地区。早在靖康之乱爆发之初，就有流民流入。据《三朝北盟会编》记载，靖康元年十一月，金军西路军进攻河东路的泽、潞州，官吏多弃城西走，士庶提老携幼逃亡襄阳避乱者"莫知其数"。②后来，汴京被金兵攻占，许多溃兵退至荆江地区，聚集成为盗贼。

南宋初期，荆江流域先后存在着多个北方流民武装集团，其中有李孝忠、党忠、祝进、薛广、曹端、李成、孔彦舟、刘超、张用、桑仲、李忠、崔进等人。这些北人流民武装集团在给荆江地区带来充足劳动力的同时，也造成了战乱，先后与政府军在此地爆发多次战争，其中规模最大的一次当属钟相、杨幺武装起义。建炎四年（1130年）二月，武陵（今湖南常德）人钟相率众起义，吸纳以杨幺为代表的北方流民集团，

---

① （宋）庄绰：《鸡肋编》卷上，中华书局1983年版，第21页。
② （宋）徐梦莘：《三朝北盟会编》卷六十四，靖康中帙三十九，上海古籍出版社1987年版，第482页。

声势日盛。南宋朝廷惊恐不安，视之为心腹大患，先后派遣游寇集团孔彦舟部和岳飞率领的正规军前往镇压。直到绍兴五年（1135年），历时六年之久的农民起义方才遭到镇压。频繁的战乱造成当时荆江流域人口的严重流失，"旧荆南户口数十万，寇乱以来几无人迹"①。这是说荆南原来十万户的人口，由于战乱已经流失殆尽。南宋诗人胡寅也在《登南纪楼》中描写了这种情景："平时十万户，鸳瓦百贾区。……遗民百存一，茨棘伏且逋。有田不敢耕，十倍出赋租。"②荆江地区原来人口十万户，商业发达，但战争造成人口流失严重，杂草丛生，社会经济遭受重创。

　　战争结束后，宋廷较为重视荆江流域的恢复，高宗下诏"蠲口赋以安集之"，免除荆江人民的人头税。③ 这些政策吸引了北方众多流民的迁入，"流民渡沔来，曳牛负其帑"。④ 北方流民纷纷带着牛、帑等生产工具，举家迁往荆江地区。地方政府也非常重视安抚流民，发展农业。绍兴三年，荆南知府解潜就曾因召集军民修筑城墙、抵御盗寇有功而受到高宗的奖赏。绍兴六年，知府王庶到任后"与士卒披荆棘，致材用、治城隍、缮府库，廨舍毕修，陶瓦为民室庐，辟市区如承平时"。王庶以身作则，率领士兵披荆斩棘，修缮城市基础设施。不久，他又下令："有欲吾田者，肆耕其中，吾不汝赋。有能持吾钱出而得息者，视其息与去之日多少，授其职有差。"即减免赋税，使人们安居乐业，以至于"流庸四集"。在这些措施的作用下，荆江流域的社会经济得到迅速的恢复，"府库大充，得以养兵，遂成军，隐然为雄藩"，财政充裕，兵

---

　　① （宋）李心传：《建炎以来系年要录》卷一百六十七，绍兴二十四年十一月甲寅条，中华书局2013年版，第3173页。
　　② （宋）胡寅：《斐然集》卷一《登南纪楼》，文渊阁四库全书本，第1137册，第275页。
　　③ （宋）李心传：《建炎以来系年要录》卷一百六十七，绍兴二十四年十一月甲寅条，中华书局2013年版，第3173页。
　　④ （宋）胡寅：《斐然集》卷一《登南纪楼》，文渊阁四库全书本，第1137册，第275页。

强将广，成为当时长江流域经济军事重镇。① 绍兴九年，岳飞主政荆襄时，施行安养生息的措施，"流亡还归，皆授田而占籍"，招募流民，让其安居乐业。② 这些措施取得了非常好的效果，岳飞也因此受到朝廷的奖赏。

经过中央政府以及地方官员的多年努力，到南宋中期时，荆江地区社会经济得到显著发展，人口也有了明显的增加。据时人李心传记载，到孝宗乾道年间，荆江地区"主、客、佃户凡四万二千余户，计十万余丁"，增长非常显著。③ 如果加上当地的驻军及其家属，那么荆江地区的人口就更多了。乾道二年，宋廷规定荆南驻军的人数是两万，④ 其家属应该在三万人左右，这些人当中很多都是从中原地区溃散的士兵。直到南宋末年，魏了翁仍在奏折《奏北军当思调伏庶内外相安》中说江陵的军人中有很多都是"北军"。⑤

南宋中后期，荆江流域的人口很多都是来自外地的移民，大诗人陆游乘船入蜀时途径荆江流域，听当地一名僧人说："沿路居民大抵多四方人，土著才十一也。"⑥这是说荆江流域的居民绝大多数来自外地，本地人才占十分之一。由此可见，荆江流域经过靖康之乱后，本地人口严重流失，随着外地移民的迅速迁入，荆江流域的人口又逐步地恢复。不过，值得注意的是，除北方流民外，荆江地区也有很多南方移民流入。

---

① （宋）李心传：《建炎以来系年要录》卷一百二，绍兴六年六月癸卯条，中华书局 2013 年版，第 1926 页。

② （宋）岳珂：《鄂国金佗续编》卷二《开府仪同三司加食邑制》，中华书局 1989 年版，第 1167 页。

③ （宋）李心传：《建炎以来朝野杂记》甲集卷十八《荆鄂义勇民兵》，中华书局 2000 年版，第 266 页。

④ （宋）李心传：《建炎以来朝野杂记》甲集卷十八《乾道内外大军数》，中华书局 2000 年版，第 262 页。

⑤ （宋）魏了翁：《鹤山先生大全文集》卷二十九《奏北军当思调伏庶内外相》，四部丛刊初编本，第 1242 册。

⑥ （宋）陆游：《入蜀记》，《全宋笔记》第五编第八册，大象出版社 2012 年版，第 163 页。

据《宋史·食货志》记载，淳熙三年，有臣僚上书说："自荆南、安、复、岳、鄂、汉、沔污莱弥望，户口稀少，且皆江南狭乡百姓，扶老携幼，远来请佃，以田亩宽而税赋轻也。"江陵府(今荆州)、德安府(今安陆)、复州(今天门)、岳州(今岳阳)、鄂州(今武汉)等地杂草丛生，人口稀少，加之赋税较轻，吸引了许多江南百姓前往定居。由此可见，荆江地区也有许多南方移民迁入，他们与北方移民一起构成了荆江地区最主要的劳动力。

移民的大量流入，给荆江流域带来了充足的劳动力，许多荒地得到开发。荆江流域经过唐末五代时期的战乱，人口锐减，加之降水丰富，河网密布，限制了农业的发展，《宋史·地理志》称："荆湖北路，农作稍惰，多旷土，俗薄而质。"荆江流域地广人稀，农业发展落后。南宋初期，政府大力招募"归正人"进行屯垦，并推行诸多优惠政策，吸引移民迁入荆江地区，对荒地进行开垦。经过多年的努力，终于取得了明显的效果。孝宗后期，大臣王炎在谈论荆江地区时说："惟湖右之田屡经兵火，荡为瓦砾之场，鞠为草莱荆棘之墟，狐狸所居，豺狼所嗥，人烟几绝，故经界之法不行焉。比年以来，朝廷宽恤，州县招诱，四方之流移者稍稍聚集，而疆畎渐修。"①原本破损不堪的荆江地区，到此时已经具备一定的人口数量和经济规模。到南宋中后期，荆江地区的经济已经有了较大的改善，叶适在《江陵府修城记》写道："江陵息靖康之难，伐荄芦，逐虎豹，四招流民，重立坊市，垂五十载，渐还故初。"②江陵城经过数十年的重建，终于恢复如初。

除经济之外，荆江地区的文化也有较大的发展。迁入荆江地区的移民中有许多都是士大夫，他们及其子孙具有较高的文化水平。这些人在日常生活中不仅身体力行地影响着荆江地区的社会风气，还通过讲学、

---

① （宋）王炎：《双溪集》卷一《上林鄂州书》，文渊阁四库全书本，第1136册，第130页。

② （宋）叶适：《叶适集》卷九《江陵府修城记》，中华书局2013年版，第139页。

交游等方式在当地传播文化,从而增强了荆江地区的文化氛围。如晚宋江陵府知州孟珙,鉴于襄阳和蜀地被元军攻虐,士人无所依归,纷纷集聚于荆江地区的社会现状,分别在公安县和鄂州建立公安、南阳两座书院,"以没入田庐隶之,使有所教养",用没收的田产供养他们,使其安心读书。① 这一措施促进了荆江地区的文化发展。

第四节 江汉移民

明清时期,荆江流域外来移民不断迁入,人口迅猛增长,农业得到极大的发展,尤其是广袤的低地得到垦殖,使其一跃成为全国重要的粮食产地。

一、明清荆江地区人口增长

元朝末年,农民起义此起彼伏。朱元璋率领的红巾军在太湖流域先后与元军、其他农民起义军进行了长期的战争,致使该地生灵涂炭,民众为了躲避战争纷纷外逃,其中就有部分流民迁入荆江地区。《古今图书集成·职方典》卷一一九三记载荆州远安县就是"主客相半"②,这是说该地外来移民较多,占到居民一半以上。而安陆地区也是"客处浮于土著"③,这些记载说明明清时候荆江流域外来移民持续增长。

明朝建立后,为加强对湖广的开发,先后大规模地迁徙狭乡富户于宽乡,荆江地区成为人口净流入之地。这时期迁入荆江地区的移民以江

---

① (元)脱脱:《宋史》卷四百一十二《孟珙传》,中华书局2004年版,第12380页。
② (清)陈梦雷编纂:《古今图书集成·职方典》卷一一九三《荆州府部汇考七》,中华书局1985年版,第154册。
③ (明)黄承叙:嘉靖《沔阳州志》卷九,《中国方志丛书》第338册,台湾成文出版社,第193页。

西籍为主,同治《松滋县志》云:"明季徙豫章民来实兹土,江右籍居多。"①江西人之所以持续外迁,主要是因为赋役繁重,明人茅元仪《新镌武备全书》卷一《江西》云:"弘治以来,赋役渐繁,土著之民少壮者多不务穑事,出营四方,至抛家觅于利。"②除战争外,饥荒也是人口大量流入荆江地区的重要原因。景泰五年,灾荒连年,民不聊生,各处流民二十余万转徙汉、沔之间逐食,大量流民涌入荆江流域。到明朝末年,江西籍移民持续流入,这股移民潮一直持续到清代中后期,时人魏源在《古微堂文集》中写道:"江西人入楚,楚人入蜀,故当时有'江西填湖广,湖广填四川'之谣。"③江西人迁入湖北,湖北人迁入川蜀,在当时形成一股大规模的移民潮,荆江地区在这股移民潮中人口也得到持续增长。康熙五十一年(1712年),康熙对大学士等人说:"湖广百姓往四川垦地者甚多,伊去时将原籍房屋地亩悉行变卖,五年起征之时复回湖广。"④湖广人民迁入四川者甚多,五年后很多又陆续返回,这样造成湖广输出数少于输入数,人口增长极为迅速。

当然,除江西人之外,流入荆江地区的移民还包括闽、粤、陕、晋等地的居民。据1958年重修的《石首县志》记载,该县共有"回族107户,412人,来自陕西渭南府。开始是一户姓沈的做牛、羊生意而落籍此地,相离现在200多年了。以后又有南京、四川、河南等地做牛、马、羊生意者陆续到此落籍"⑤。来自陕、川的移民虽然不多,但从一

---

① (清)吕缙云、(清)李晸修:同治《松滋县志》,见江苏古籍出版社编选:《中国地方志集成·湖北府县志辑》第四十八辑,江苏古籍出版社2001年版,第370页。
② (明)茅元仪:弘治《新镌武备全书》卷一《江西》,转自韩大成:《明代社会经济初探》,人民出版社1986年版,第258页。
③ (清)魏源:《古微堂文集》,见《魏源集》,中华书局1976年版,第388页。
④ (清)张廷玉等:《清朝文献通考》卷二《田赋二》,商务印书馆1936年版,第4868页。
⑤ 湖北省石首市地方志编纂委员会:《石首县志》,红旗出版社1990年版,第357页。

个侧面反映了该地区移民成分的复杂与来源的多样化。

除战争之外,政策导向也是吸引人口迁入的重要原因。顾炎武在《天下郡国利病书》中谈到洞庭湖时说:"自洪武迄成化初,水患颇宁。其后佃民估客,日益萃聚,闲田隙土,稍稍垦辟……又湖田未尝税亩,或田连二十里而租不数解,客民利之,多濒河为堤以自固,家富力强则又增修。"[1]位于荆江流域的洞庭湖地区在明朝初期水患频繁,此后政府为吸引民众前往垦殖,免除赋税。这项优惠措施效果明显,洞庭湖地区人口增长迅速。

明清荆江流域人口的持续增长,在许多地方志中都有记载。同治《石首县志》记载该县人口从洪武二十四年(1391年)至嘉靖二十年(1541年),150年间共增长了5699户,33028人。这样的趋势在公安县也同样存在,其详细情况如表一所示。

表一　　　　　　　　　明朝公安县人口情况

时间	户	口
宣德七年(1432)	6755	30702
正统七年(1442)	5570	28025
景泰三年(1452)	5519	29507
天顺六年(1462)	5401	30325
成化八年(1472)	5401	31262
嘉靖元年(1522)	5630	35239

公安县从宣德七年(1432年)到嘉靖元年(1522年)的90年间,共增长了4537人,年均自然增长率为1.53‰。如果说公安县的人口增长

---

[1] (清)顾炎武:《天下郡国利病书》,上海古籍出版社2012年版,第2643页。

还不是很明显的话,那么再来看看离其不远的监利县的情况,如表二所示。

表二　　　　　　　　明朝监利县人口情况

时间	户	口
正统八年(1443)	5975	28185
成化八年(1472)	5953	28099
正德七年(1512)	6615	39468

监利县从正统八年(1443年)到正德七年(1512年),69年间共增长了11283人,年均自然增长率为4.9‰。石首、公安、监利三县人口数据,显示出明清时期荆江地区人口的迅速增长。

二、荆江地区低地的开发

明清时期,荆江地区的低地得到大量开发,外来移民无疑是其中不可或缺的重要力量。这种开发过程是以"垸"的方式进行的。关于"垸"的含义,光绪《荆州府志》云:"民间于田亩周围筑堤,以防水患,其名曰垸。每垸周围二三十里、十余里、三四里不等。"①乾隆《江陵县志》卷八云:"古汀莱鱼鳖之地,就滨水高处范而成田,名曰'垸田'。垸复有湖,而坻(即坡地)反居其外,则河以为身而坻为邻。"②"垸"其实是指在湖泊地带修筑的挡水的堤垸。

荆江地区地势较低,长江和汉水定期泛滥,造成其间河网、河泊密布。在这样的水文条件下,要想发展农业,就必须解决防洪问题,保障

---

① (清)倪文蔚、(清)蒋铭勋修:光绪《荆州府志》卷二十《堤防志·院堤》,见江苏古籍出版社编选:《中国地方志集成·湖北府县志辑》第三十六辑,江苏古籍出版社2001年版,第478页。

② 乾隆《江陵县志》卷八,转引自张建民:《湖北通史·明清卷》,华中师范大学出版社1999年版,第231~232页。

农田不受洪水侵扰，因而修建堤防成为此地农业发展前提。修筑垸堤主要是为了防御洪水，当地有谚语云："无堤则无田，无田则无民。"垸堤的巩固直接关系着垸内人民的人身和财产安全，对荆江地区人民具有重要意义。

尽管垸堤是垸内农业生产的前提，但垸堤只能起到防洪的作用，而垸内积涝也是农田的灾害之一，所以垸田要想提高产量，还必须解决排水的问题。因此，在垸内修筑排水渠道，也是必不可少的。雍正《湖广通志》卷二十一《水利志》记载了荆江地区垸内的水利设施："各围垸内出水积水之区，或则有港，或则有塘，或则请建有闸，或则疏通有沟，向系民力岁修。港则设之溷口，塘则立有到沟，闸则因时启闭，以资蓄泄，以藉灌溉，似可无烦疏浚者。"①垸内水利设施齐全，在有港口和水塘的地方都建有水闸，或者建有水沟，当地人民每年一修。正是这些水利设施的修建，才使垸内的农田得到灌溉，农作物产量提高。

除此之外，荆江地区垸内也有数量不等的湖泊，如石首县（今为石首市）罗城垸内就有山底、白泥、黄白等七个湖泊。湖泊是垸内重要水利设施，平时可以聚集院内的雨水，到干旱的时候可以灌溉农田，起到调节的作用。

荆江地区从元代开始就逐渐修筑垸堤，同治《石首县志》卷一《堤防》记载："罗城垸，垸地切近城东。……旧志，堤始于元萨德弥实。"②萨德弥实乃石首县达鲁花赤，他在当政期间积极修筑垸堤，使石首县的垸田有了较大的发展。大致同一时间，江陵县的垸田也有较大的发展，《元史》卷一百二十六《廉希宪传》载："（至元）十二年，右丞阿里海牙下江陵，图地形上于朝，请命重臣开大府镇之。……先时，江陵

---

① （清）夏力恕、（清）迈柱修：雍正《湖广通志》卷二十一《水利志》，文渊阁四库全书本，第533册，第156页。

② （清）朱荣宝修：同治《石首县志》卷一《堤防》，见江苏古籍出版社编选：《中国地方志集成·湖北府县志辑》第四十五辑，江苏古籍出版社2001版，第8页。

城外蓄水扞御，希宪命决之，得良田数万亩，以为贫民之业。"①这是说早在元朝，地方官已经在江陵县修筑垸堤，但受人口的限制，此时垸田只是零星地修建。

明成化以后，随着大量移民的迁入，荆江地区垸堤修筑进入一个高峰期，垸田增长迅速，潜江已达"百余垸"，沔阳也有垸"百有余区"，相比元朝时已有明显的增长。到清朝前期，荆江民众继续修筑垸堤，据乾隆时期所辑《湖北安襄郧道水利集案》卷下《禀制宪晏各属水利岁修事例》云："自京山以下，次潜江、次天门、次沔阳，地形愈洼，众水汇归，南北两岸夹河筑堤，其州县人民纠约邻伴，自行筑堤捍水保护田庐，谓之垸。各垸之田，少者数百亩，千余亩，亦有多至万余亩者。"②到清代，荆江地区垸田已非常普遍，垸堤的修建受到地形的限制，形态极不相同，造成面积各不相同，大者万余亩，小者也有百亩。

随着垸田的发展，荆江地区的低地得到开发，农业产量迅速增长，一跃成为全国重要的粮食产地，明清有"湖广熟，天下足"的谚语，鲜明地反映了包括荆江流域在内的湖广地区的粮食产量在全国的重要地位。明人吴敬盛在其《地图总要·湖广总论》中云："湖广古荆州地，江汉若带，衡荆作镇，洞庭云梦为池，衡邻岭左。……中国之地，四通五达，莫楚若也。楚固泽国，耕稼甚饶，一岁再获，柴桑吴楚多仰给焉。谚曰：湖广熟，天下足。言土地沃广，而长江转输便易，非他省比。"③吴敬盛所处的明朝末年，荆江地区农业已有极大的发展，加之其交通便利，"四通五达"，连长江下游经济发达地区都需要依赖此地的粮食生产，足见荆江地区农业生产的重要地位。

---

① （明）宋濂：《元史》卷一百二十六《廉希宪传》，中华书局1976年版，第13567页。

② （清）王槩编：《湖北安襄郧道水利集案》卷下《禀制宪晏各属水利岁修事例》，转引自张国雄：《江汉平原垸田的特征及其在明清时期的发展演变》，《农业考古》1989年第1期。

③ （明）吴敬盛：《地图综要·湖广总论》，转引自张国雄：《"湖广熟、天下足"的内外条件分析》，《中国农史》1994年第3期。

综上所述，荆江地区拥有悠久的历史，早在史前时期就已孕育出辉煌的史前文明，是中华文明重要起源地之一。楚人南迁后在此地繁衍生息，建立了强盛的楚国，成为春秋五霸之一，创造了璀璨的荆楚文化。此后，经过历代先民的辛勤劳动和积极开发，到明清时候，荆江地区人口繁盛，农业生产发达，成为全国重要的粮食产地，"湖广熟，天下足"的谚语正生动地体现了这点。时至今日，荆江地区仍然是我国重要的粮食产地，为我国粮食安全乃至中华民族的伟大复兴作出了重要的贡献。

第三章 治水伟业

水是生命的源头，也是人类文明的源泉，人类对水的利用与人类社会的文明演进是分不开的。水不仅孕育了人类，也影响着社会经济文化的发展。荆江人民在长期的历史发展中，学会了与水和谐相处，修筑了功能各异的水利工程，或用于防御洪水，或用于通航，或用于战争防御，或用于跨区域的调水。运河的修筑，航运的兴起与发展带动了城镇的繁荣和地方经济的发展，也促进了流域内各地区的交流。天然水道或人工运河保卫着荆江流域不受敌军的侵犯，而荆江人民在几千年来与洪水作斗争的过程中，激发了无穷的智慧，创造了一系列的防洪工程。可以说，对水资源的开发与利用，推动了荆江流域的文明进步和发展进程。本章主要介绍历史时期荆江流域功能各异的水工工程的历史变迁。

第一节 通航工程

春秋战国时期，中国运河进入萌芽阶段，在一些经济较为发达的地区，运河得到了初步的发展。2600多年前，楚国令尹孙叔敖开凿的连通长江和汉水的"荆汉运河"则是中国运河的开端。

一、荆汉运河的修筑背景

自周平王东迁开始,动荡不安的春秋时代就此拉开了帷幕。曾经盛极一时的周朝开始衰落,诸侯之间群雄争霸、相互征伐,国家分裂、战争频仍。不论是大国对小国的兼并战争还是强国之间的互相倾轧,都使得当时政局动荡,人心惶惶。各诸侯国为了抢占霸主地位,纷纷实行兼并,并致力于提高国力,使国家变得更强大。荆汉运河便是在这样的政治和军事背景下修筑起来的。

关于荆汉运河的记载,首见于《左传》《史记》和《水经注》。《史记》中对荆汉运河的描述,只有短短一句:"孙叔敖激沮水作云梦大泽之池。"①这一时期,各个诸侯国出于经济生活和战争争霸的需要,开始有目的地开挖运河。此时,随着齐桓公和晋文公登上"春秋五霸"的宝座,齐国和晋国早已成就了一时的霸业。而楚国在楚先祖筚路蓝缕的艰苦奋斗下,已经基本控制并巩固了在江、汉、沮、漳地区的势力,占领了沿江(长江)地区,南向除了占有洞庭流域,还积极扩张南征夷越,疆域得到不断扩张。至楚庄王时期,日益强盛的楚国也开始图谋霸业,意欲称霸中原。

春秋时期,楚国的都城即在荆江流域一带,但是,苦于与汉水之间没有直接的水路相通,无法直接通航,只能沿江东下再折向北而入汉水,绕道而行。据史书记载,楚成王使斗宜申来郢都朝见时路途十分遥远,楚成王还得在渚宫才能面见斗宜申,② 这里描述的斗宜申到楚国郢都的路线是:先沿汉江而下,再逆长江而上到达郢都。两地无法直接通航,可见当时的交通十分不便。要想打破这一阻隔,满足便利交通和北出襄樊争霸中原的需要,就必须开凿一条运河以沟通江、汉。

---

① (汉)司马迁:《史记》,中华书局1959年版,第3100页。
② (春秋)左丘明撰,蒋冀骋标点:《左传》,岳麓书社2006年版,第91页。

二、荆汉运河的修筑过程

公元前613年，楚庄王继位后，举用出身低下的孙叔敖为楚国令尹。因为当时晋、楚两国之间为争夺霸权频繁发动战争，而楚国更意欲北上会盟以称霸中原，于是孙叔敖便主持开凿了荆汉运河和巢肥运河。荆汉运河将沮水与扬水连接起来，其功能主要是联结江、汉；而巢肥运河的功能主要是联结江、淮。

沮水，古称睢水，发源于荆山之首的景山（今湖北保康县西南处），东南流向汇入长江。《山海经·中山经》中记载："荆山之首，曰景山……睢水出焉，东南流注于江。"①沮水东南流经楚国都城郢西南，并与发源于荆山（今湖北南漳县西南处）的漳水于今湖北当阳市东南处交汇，流入长江。荆江的支流扬水，发源于郢都附近，与沮、漳二水十分近。在考察了郢都周围的地理环境和水文状况后，孙叔敖主持拦截沮、漳水作渠，并引荆江之水东北向循扬水，行至扬口（今湖北潜江市）西北处入汉水。运河利用沮水和扬水，巧妙地将荆江与汉水联通起来，缩短了距离，便利了交通。也正是因此，沟通荆江与汉水的这条运河，被司马迁命名为"荆汉运河"，并一直沿用至今。

三、荆汉运河的历史作用

运河的修筑所带来的影响是不容小觑的，对运河沿途城市的经济、文化和交通运输都起着十分重要的作用。荆汉运河的修建，沟通并加强了长江与汉水的联系，在一定历史时期发挥了举足轻重的作用。

荆汉运河沟通了长江和汉水的水路联系，方便了江、汉之间的交通与航运。楚国北上中原领兵作战时，所需的军队、粮食和作战物资都能十分便利地输送至襄阳一带，而不需要像以前一样跋山涉水、绕道

---

① （西汉）刘向、刘歆校刊：《山海经》，吉林摄影出版社2003年版，第144页。

而行。

荆汉运河的开凿也使得楚国原先落后低下的生产水平有所提高，尤其是位于荆汉运河起点的江陵，更是成了一方的经济都会。《绎史·孙叔敖碑》中记载孙叔敖带领百姓，利用附近的水源引水进行农田灌溉，或是围绕湖泊修筑低矮的垸田用以防水，治理有方。一时间农田、渔业产量大增，百姓对孙叔敖赞不绝口。① 可见，孙叔敖兴修水利、筑堤防洪以及一系列发展农业的措施，使得楚国百姓殷实富足，国力日益强大，也为楚庄王争霸中原提供了有力的物质和交通保障。

运河开凿后，不仅沟通了长江、汉水流域的物资，还促进了区域之间经济和文化的交流与发展；不仅为荆江流域对外交流与沟通提供了更为便利的渠道，也为楚国与其他诸侯国之间的文化交流提供了方便之路。

荆汉运河的开凿还对后世运河的发展产生了十分深远的影响。早期的运河都是利用就近的河流或者湖泊等自然条件来开凿，其工程规模和开凿难度相对来说可能并不太大，但是从其独创性和先导性来说，荆汉运河足以称得上是人类的壮举，为后世运河的发展奠定了基础。从这个意义上来讲，荆汉运河所发挥的作用是巨大的。

第二节　调水工程

江汉运河是为了沟通长江中游与汉江中游而开挖的一条人工运河，其作用主要是引江济汉，沟通调节不同水系。它与历史上的云梦通渠（即扬水运河）、扬夏运河、荆襄运河以及两沙运河都有一定的渊源。历史上的江汉运河并不是专指某一条运河，它所指代的是对长江和汉水起沟通连接作用的运河。随着时间的流逝，这些运河也经历了开凿、沟

---

① （清）马骕：《绎史》，文渊阁四库全书本，第3764页。

通、废弃和再利用的过程,直至成为整体的江汉运河。

一、江汉运河的发展

1. 云梦通渠

关于江汉运河的发源,学术界基本持一致观点,认为其起源于楚相孙叔敖开凿云梦通渠(即扬水运河)。《史记·河渠书》对于云梦通渠的记载较为简略:"于楚,西方则通渠汉水、云梦之野;东方则通鸿沟江、淮之间。"①对楚国来讲,西面有运河连通汉水与云梦泽,东面也有水道沟通江、淮。又说:"此渠皆可行舟,有余则溉浸。"②虽未交代其具体位置,但却点明了云梦通渠对于沟通水系、便利交通以及农业灌溉的历史作用。这里的"通渠"即云梦通渠,谭其骧先生认为此处的"通渠"便是扬水运河,是历史上沟通汉水和长江的第一条人工运河。但是对于云梦通渠的开凿时间,史书上并无明确记载,对其起止点也并未交代。

关于云梦通渠的开挖时间与地点,学界有三种不同的观点:第一种观点认为云梦通渠修筑于楚庄王时期,由楚国令尹孙叔敖所主持开凿,所在地点是古代沮水流经过的扬水处。李谦在《江汉平原历史上的一段人工运河》中,将云梦通渠的开凿时间限定在公元前600年至前591年之间。③ 第二种观点认为云梦通渠是伍子胥所主持开凿,而由于时间与地点的争议又分为两派。其中一派认为云梦通渠是在楚灵王时期因修筑章华台而开凿,即古代离湖边的子胥渎;另一派认为云梦通渠是在楚昭王十年(前506年)伍子胥帅吴师入郢时开凿,所在地为古代郢都旁的子胥渎。第三种观点则认为,云梦通渠的开凿时间是在公元前6世纪,也就是在孙叔敖任楚国令尹时期,而起止点大约在今长江沙市至汉水沙

---

① (汉)司马迁:《史记》,中华书局1959年版,第1407页。
② (汉)司马迁:《史记》,中华书局1959年版,第1407页。
③ 李谦:《江汉平原历史上的一段人工运河》,《湖北社会科学》1989年第3期。

洋附近。李光宇在《古代江汉运河新考》中认为，楚云梦通渠的确切位置是在《水经注》扬水中的"大港"，"即流在白湖、中湖和昏官湖之间的三湖大港"，① 而开挖时间推断在楚武王征服江汉诸国时期。

黄盛璋否认了江汉运河起源于云梦通渠的说法，他在《江汉运河考》中进一步论证，杜预所开的扬口运河才是江汉间最早开凿的运河。② 在没有新的材料加以佐证的基础上，江汉运河更有可能是起源于楚相孙叔敖所开凿的云梦通渠。

由此看来，云梦通渠具体成型时间虽无定论，但大致可以确定在公元前6世纪左右，这一时期开凿云梦通渠的原因可以从两个方面去考虑。一方面，从郢都周围的地理环境来看，东面有广袤的云梦大泽，南面有滚滚长江奔流而过，表面上看起来，郢都应该占尽水路交通之便。但是，由于云梦泽的湖泊和河流周期性的季节变化，夏季水漫泛滥，冬季水枯河干，难以保证四季通航。荆江与汉水之间无法通航，给交通带来不便。另一方面，楚国农业经济发展，对水资源也有着迫切的需求，开凿运河就近取水，能为农业的发展带来极大的便利。总的来说，在春秋时期动荡不安的历史大背景下，云梦通渠的开凿，不论是从通航还是从经济发展的角度考量，都具有重要的意义。同时，运河的开凿，也是动荡时期各诸侯国争霸称雄的历史产物。

楚灵王时期，曾修筑章华台(今湖北监利北)，并且出于便利交通和漕运的考虑，以章华台作为起点开凿了一条小渠，北向连通扬水以相交通。《水经·沔水注》中对此有所记载："言此渎灵王立台之日，漕运所由也。其水北流，注于扬水。"③楚昭王时期，晋楚争霸的有利局势已经倒向晋国，国力日益强大的吴国也想分一杯羹，与晋争夺霸主之位，于是吴国派大夫伍子胥帅吴师伐楚。要想攻入楚国，就必须经由汉水转

---

① 李光宇：《古代江汉运河新考(上)》，《水利史专刊》1989年第2期。
② 黄盛璋：《江汉运河考》，水利史研究会成立大会论文，1984年。
③ (北魏)郦道元原注，陈校驿注释：《水经注》，浙江古籍出版社2001年版，第453页。

至扬水，伍子胥便利用楚国开凿的云梦通渠输送军队和粮草，攻打楚国都城郢，他本意只是利用云梦通渠达到其战争通行的目的，但是客观上他也在一定程度上疏浚了运河，因此历史上又把云梦通渠叫作"子胥渎"。

云梦通渠开凿的意义之重大不言而喻。孙叔敖充分利用周边的地理条件，以沮漳之水为水源，借助天然水道，结合人工挖渠作堰蓄水，形成了云梦通渠。司马迁在《史记·河渠书》里谈到云梦通渠的作用时说道："此渠皆可行舟，有余则用溉浸，百姓享其利。"①可以看到，在很长一段时期内，云梦通渠既便利了通航，又满足了农业灌溉用水的需求，当地百姓都深受其利。总的来说，云梦通渠开凿后不仅沟通了长江与汉水，便利了漕运和通航，更进一步加快了楚国争霸中原的进程，也开创了古人通过改造自然、利用自然治水通舟的新纪元。可以说，它对于中国航运史的发展具有跨时代意义。

2. 扬夏运河

西晋统一三国，定都洛阳，而位于汉水中游的襄阳历来都是交通要塞，所以晋武帝派杜预镇守襄阳，以确保首都洛阳与江汉地区的紧密联系。西晋太康年间（280—289年），杜预镇守襄阳时疏浚了扬水运河，修筑了扬夏运河，自西晋开凿后，历经多次的淤塞与疏通，直至清朝因自然原因淤塞后，便不再通航。

相较于因经济和通航目的而开凿的扬水运河（即云梦通渠），扬夏运河的修筑缘由比较单一，主要是出于便利水路交通的考虑。自公元前278年秦将白起攻陷侵占郢都之后，楚国的都城便不再是江陵的纪南城。都城的没落，漕运的萧条，使得原先繁盛的扬水运河也逐渐变得衰败不堪。再加上云梦泽南移，江汉泥沙不断淤积，有的河段甚至淤塞。至三国初期，扬水运河已经完全失去了通航的功能。据《晋书·杜预传》记载："旧水道唯沔汉达江陵千数百里，北无通路。又巴丘湖、沅

---

① （汉）司马迁：《史记》，中华书局1959年版，第1407页。

湘之会，表里山川，实为险固。"①旧的水道只有沔、汉两条河可以抵达江陵，数百上千里长，都没有向北通达的道路。而巴丘湖、沉水和湘水等水流交汇的地方，地形复杂、山川纵横，十分险峻，不便通航。如若要从襄阳到江陵，只能经由汉江绕道至夏口入长江，再经由长江才能到达江陵，而到长沙也要绕道至洞庭湖，这样原本由于扬水运河的修筑而缩短的航程，因其淤塞而又变得遥远。

杜预为了便利交通，缩短江汉、湘桂之间的航程，巧妙地利用扬水运河的故道，疏浚挖通入汉江之口的扬口与夏水，利用扬、夏水道沟通长江与汉水，既减弱了长江水患泛滥的威胁，又改善了汉、江之间的航运条件。在长江与汉水之间形成了一条新的运河，史称"扬夏运河"。据《晋书·杜预传》载："预乃开扬口，起夏水，达巴陵千余里。内泻长江之险，外通零桂之漕。"②扬夏运河与扬水运河故道基本无大差异，它起自扬口，流经江陵，再东北向穿路白湖、中湖及昏官湖之后，与赤湖水一起东向流经华容县（今监利东北）、潜江，最后于泽口附近汇入汉江。

扬夏运河开凿后，缓解了航运压力，起到了十分重要的作用。一方面，疏通扩展了原来淤塞的扬水运河，开凿出一条新的运河，起到了分流的作用，既可以泄洪又可以蓄水，在一定程度上减轻了长江水患压力；另一方面，有了扬夏运河以后，各种物资可以从汉水中游直接通达湘桂，而江陵抵达襄阳直至洛阳的航程也因此缩短了千余里，大大便利了航运，也带动、促进了运河沿线经济的发展。因此西晋王朝还在江陵设置专门管理漕运的组织机构和仓储，一系列的漕仓和转运事宜都交由专门的官员管理和负责。司马光在《资治通鉴》中评赞杜预说："开扬口通零桂之漕，公私赖之。"③可见，扬夏运河开凿后发挥了重要的作用，

---

① （唐）房玄龄等：《晋书》，中华书局1974年版，第1031页。
② （唐）房玄龄等：《晋书》，中华书局1974年版，第1031页。
③ （宋）司马光：《资治通鉴》，中华书局1956年版，第2573页。

杜预也因此深得朝廷的重用和百姓的爱戴。

扬夏运河自西晋杜预首次开凿，之后又有过两次修浚。一次是在东晋建武元年（317年），时任荆州刺史的王敦于江陵县北修筑了一条大漕河，与扬夏运河相连通。据《舆地纪胜》记载："王处仲（王敦）为荆州刺史，凿漕河，通江汉南北埭。"①另外一次则是在南北朝宋元嘉中（424—453年），《水经注·沔水》中记载："通路白湖，下注扬水，以广运漕。"②开凿了一条运渠通路白湖，以此沟通扬夏运河，便利漕运。

一直到唐朝，扬夏运河作为沟通南北的重要水路，依然发挥着重要作用，成为联系南北经济、物资互通有无的纽带。而到北宋时，部分河段已经淤塞。由于北宋的都城在汴梁（今河南开封），淤塞的扬夏运河无法满足江汉平原向京师输送租赋的航运条件，于是便有了复航之举，重新疏浚了扬夏运河，使运河变得通畅无阻，"可胜二百斛重载，行旅者颇便"③，交通往来十分便利，并且在疏浚过程中借运河故道修筑了荆襄运河。

明朝时期，为了方便荆州城内漕粮船只的南来北往，曾于正统七年（1442年）大规模地疏浚过扬夏运河的中段，"浚荆门、潜江、江陵淤沙三十余里"④。自明宣德六年（1431年）漕运由支运改为兑运后，荆州城便成了荆州府所辖各县集中管理漕粮集兑的地方，为了方便公安、石首诸县输纳漕粮船只的来往停泊，正统十二年（1447年），荆州府组织疏浚了运河的通江口，便利了沙市到沙洋的水路交通，使宋朝后期淤塞的运河又恢复了往日的繁荣景象。明朝中期，荆州公安派文学家袁中道游历武当山时，便是从江陵城东草市乘船，经扬夏运河转汉江至襄阳，再沿陆路行三日才抵达武当山下。由此可以看出至明中期，扬夏运河还是

---

① （宋）王象之：《舆地纪胜》，清影宋钞本，第840页。
② （北魏）郦道元原注，陈校驿注释：《水经注》，浙江古籍出版社2001年版，第453页。
③ （元）脱脱等：《宋史》，中华书局1985年版，第2345页。
④ （清）张廷玉：《明史》，中华书局1974年版，第2155页。

畅通的。

直至清乾隆年间，扬夏运河还承担着漕运和民间商运的重任。当时荆门州在汉江边的沙洋设漕仓，而从沙洋到荆州的道路迂回复杂，耗时耗力，因此扬夏运河成为连通长江、汉江之间的快捷通道，甚至成了陕南、豫南和湖南、四川之间的水上货运通道。清政府为了管理往来的船只，在运河入江口和运河沿线重要地段设置军事哨卡，荆州府税关也在沿线设卡，向往来的商船收税。后来由于汉江决口、河道变迁、防洪堵坝等一系列原因，致使运河再次淤塞，不再通航。

3. 荆襄运河

荆襄运河的开凿与扬夏运河有一定的渊源。前已述及，由于扬夏运河的淤塞，建都汴梁的北宋急需水上通道转运中原地区的物资。在疏浚复航运河时，利用故道又新开凿出一条运河连通长江和汉江，即荆襄运河。据史料分析，宋代的荆襄运河其实分南、北两段，以襄阳为中心，南段自襄阳至荆州江陵，北段自襄阳经南阳、方城、叶县至汴梁，是北宋在荆襄古道上进行的一次"南水北调"的伟大尝试。虽然北段工程最后以失败告终，但这次尝试为现今南水北调中线工程的规划提供了借鉴。南段因为利用了运河古道而大获成功，大大便利了江、汉水运。

北段运河工程的设想来自时任西安转运使的程能。据《宋史·河渠志》记载，太平兴国三年(978年)正月，"西京转运使程能献议，请自南阳下向口置堰，回水入石塘、沙河，合蔡河达于京师，以通湘潭之漕"①。西安转运使程能建议自襄阳起向北凿河到南阳，引汉水支流白河之水穿过方城垭口，再东北向至叶县，与淮水支流澧水交汇一起进入蔡河，这样船只便能沿此水道到达都城汴梁，从而便利交通和漕运。这一设想得到了宋太宗的支持，于是便下旨征调数万军民，在荆襄古道上开荆襄漕河调水北上。《宋史·河渠志》中记载："地势高，水不能致，能献复多役人以致水，然不可通漕运。会山水暴涨，石堰坏，河不克

---

① （元）脱脱等：《宋史》，中华书局1985年版，第2345页。

就,卒堙废焉。""开襄汉漕渠,渠成而水不上。"①然而,由于当时技术条件的限制和方案设计时存在的一些问题,虽然耗费了巨大的人力物力开凿出了运道,但是因为地势太高,水引不上,又刚好遇上洪水暴发,刚修筑好的运道被迅疾的洪水冲垮,北段工程因失败而就此搁置直至废弃。

北段工程的尝试最终失败,加之扬夏运河的淤塞使得湖广、四川入京的漕船不得不绕道而行,不仅费时而且耗资,而入京物资的输送十分频繁,迫切需要一条新的运河来缓解水运压力。宋太宗端拱元年(988年),距离北段引水工程十年之久,宋太宗采纳了供奉官阁门祗候阎文逊、苗忠的建议,重凿荆襄运河。据《宋史·河渠志》记载:"开荆南城东漕河,至师子口入汉江,可通荆、峡漕路至襄州。"②按照阎文逊、苗忠的设计,运河自江陵起,东向凿渠,经过潜江境内与汉水汇合,即在江陵与汉水之间凿开一条渠道,便利江、汉之间的水路交通。

荆襄运河开通后发挥了巨大的作用,使得湖广、四川以及江陵附近的物资更加方便快捷地被运输至京师,不仅减轻了水运压力,也促进了运河沿线各地区经济、文化上的交流与繁荣。当然,北线引水工程荆襄运河失败的尝试,也为当今南水北调工程的规划与设计提供了一些启发。

4. 两沙运河

关于两沙运河,明、清史志对其记载不多,其形成时间大致在明初。两沙运河的主要功能是加强长江和汉江之间的水路联系,因起止点位于沙洋和沙市而得名。在一定历史时期,它也起到了泄洪和灌溉的作用。两沙运河分东西两段,东段即沙洋便河,由沙洋至长湖,西段即沙市便河,由沙市至长湖,中接长湖,是连接长江与汉水之间最短的内河航道,也因此连通了豫、陕、鄂、湘、川五省之间的水路交通,是沟通

---

① (元)脱脱等:《宋史》,中华书局1985年版,第2345页。
② (元)脱脱等:《宋史》,中华书局1985年版,第2345页。

南北物资的重要水道。两沙运河其实是利用古道而成,其西段沙市便河是沿用了北宋时荆襄运河的西段部分,而东段沙洋便河的北段则是利用了西晋杜预所开扬夏运河的北段,在此基础上将运河故道疏浚并加以利用而开凿出一条人工运河。清末,由于沙洋汉江的李公堤溃口,致使沙洋至鄢家闸约4公里长的河段,被大量泥沙淤为平地,两沙运河自此中断,只剩沙市便河的部分河段尚能通航。在民国时期,曾经三次计划对两沙运河进行疏通,但是均未能实现。

5. 现代江汉运河

江汉运河又称江汉航线,兴建于1996年,历经十年,至2006年年底工程全部竣工。它利用已有的河渠连通了长江和汉江,穿过荆门、荆州、潜江、洪湖四市,整条运河长达174公里。

现代江汉运河,又称引江济汉工程,是国家南水北调战略性工程中重要的一环。它通过引长江之水来补给、调节汉江水流量,是当代中国连接长江和汉江的最长人工运河。该工程于2014年9月26日正式通水完工,工程的修建改善了汉江水源补给地区的用水条件,优化了水资源配置;消除了汉江中下游产生水华现象的条件,改善了生态环境;缩短了长江与汉江之间的航程,便利了水路交通,可谓是集水利、航运、防洪、灌溉和生态补水等功能于一身。

二、江汉运河的历史作用

自春秋时期楚相孙叔敖开凿云梦通渠开始,到如今的引江济汉调水工程,历史的车轮已经走过了两千多年。不论是春秋时期的云梦通渠,西晋的扬夏运河,北宋的荆襄运河,明清时的两沙运河,或是当今的引江济汉工程,它们都是为沟通长江与汉水而开凿,在其特定的历史时期发挥了一定的作用。

云梦通渠的开凿具有开创性,它不仅开通了一条新的水路,解决了漕运和通航的问题,而且加强了运河两端的联系,为军用物资的运输提供了便利,从而加快了楚国北上称霸中原的进程。云梦通渠更彰显了古代劳动人民的智慧，它是人们改造自然的尝试，改变了以往人们简单地借助河流通航的方式，开始在掌握自然规律的基础上对自然加以改造和利用，通过开挖渠道引水、作堰挡水形成人工运河，实现通航的目的，实在是一次伟大的尝试，也为后世运河的发展提供了有益探索，具有借鉴意义。

西晋时组织疏通淤塞的云梦通渠，也因此修筑了扬夏运河。扬夏运河除了起到沟通江、汉的作用之外，因与附近其他水系相沟通，也具备了分洪和排涝的功能，从而缓解了长江水患的压力。更重要的是其经济作用，运河沿线口岸因为来往船只而变得繁荣，也带动了地区与地区之间的经济发展与文化交流。

北宋开凿的荆襄运河，使得物资的往来、转运更加便利与快捷，也促进了沿线地区经济的发展与文化的交流，而荆襄运河北段对于南水北调的初步尝试，也为后来引江济汉工程的路线提供了一些思路。明清时期的两沙运河依旧是为发展航运和运输物资服务，同时也起到了灌溉的作用。

现代江汉运河的主要定位就是一项"引江济汉"的调水工程，主要作用便是调蓄不同水域之间的流量，引长江之水补给汉江下游的水流量。当然，随着现代科学技术的发展与应用，它的通航、分洪、灌溉以及生态环保作用也是不容小觑的。

可以看到，随着时代的变化与发展，人们对于水资源的依赖和利用程度越来越高，对于其功能的开发也日趋多样化。由最初简单地依赖水源作为生活或生产用水，依赖河流用于运输，发展到开凿人工水道满足日益增长的航运需求，甚至发展到能实现跨区域的人工调水。可以说，运河的发展见证了时代的进步，也见证了文明的繁荣与发展。

荆汉运河和江汉运河是荆江流域不同时期不同功能的水利工程，但它们又同属运河。两个水利工程修筑的目的有所差异，荆汉运河的主要功能是通航，沟通水系，便利交通；而江汉运河的功能较之前者更具多样性，或通航，或实现跨流域的调水。然而事实上，以通航为主要目的的荆汉运河和以调水调蓄为主要目的的江汉运河，最终实现的社会功能与效益却又殊途同归。作为运河的两个水利工程，都沟通了长江与汉水的联系，便利了水路交通，也在一定程度上促进了当地的农业生产与发展，加速了流域间经济、文化的交流，更是减轻了长江水患的压力，两者所发挥的作用绝不能仅仅只从表面来衡量。从另一方面来讲，随着时代的发展，运河修筑的规模越来越大，所跨越的范围越来越广，也反映出人类对自然掌握能力的提升以及社会的发展与进步。

第三节　军事水工

在中国古代，江河湖泊不仅可以用于通航，还可以作为天然屏障用于军事防御。在古代荆江流域，河流密布，湖泊众多，水资源可谓相当丰富。丰富的水资源为人们提供了取之不尽的物产，也为水运交通带来了巨大的便利。这一时期，河湖港汊还被利用起来，作为军事防御的屏障，在军事上发挥了重要的作用。"三海八柜"就是利用长江荆江河段以北的河湖港汊修建的重要的军事水工工程，它通过阻截水流，在地势低洼的地带形成大型的水体，来阻隔敌军的入侵，起到军事防御作用。"三海八柜"自三国时期开始修筑"北海"，后经过历代的毁弃与重修，至宋朝增修"八柜"，直至元初废弃，前后存续近千年。

一、"三海"的肇始：北海

从古至今，荆州都有着非常重要的军事地位，实乃历朝历代兵家必争之地。在《三国志·蜀书》中，诸葛亮对于荆州有过这样一段描述："荆州北据汉、沔，利尽南海，东连吴会，西通巴蜀。"[①]这段描述点明了荆州的有利地势：北据汉、沔二水，南向可以收取南海物资为己所

[①] （西晋）陈寿：《三国志》，中华书局1959年版，第576页。

用，东向与吴郡、会稽相通，西向可以入巴、蜀之地。正因为如此，荆州在三国时期成为魏、蜀、吴三方军事争夺的焦点。赤壁大战后，孙刘联军大败曹魏军队，从曹魏手中夺取对荆州的掌控权。此后，荆州先后由西蜀和东吴管制，成为北拒曹魏的重要战略据点。孙吴守军驻守荆州时，为了阻隔曹魏军队南犯，阻截沮漳河水，引入荆州以北的低洼地带，形成巨大的水面，以水御敌的军事工程由此问世，这便是"三海"的肇始。

魏癸未四年(263年)，曹魏灭蜀汉，三国鼎立的局面至此不复存在。两年后司马炎逼宫代魏自立，建立西晋，大有一统天下之势，弱小的孙吴岌岌可危。晋武帝泰始八年(272年)，西晋率军进攻吴国，镇守荆州的吴国大将陆抗命令守将张咸筑堰积水以御晋军。《三国志·吴书·陆抗传》中对此有详细记载："初，江陵平衍，道路通利，抗敕江陵督张咸作大堰遏水，渐渍平中，以绝寇叛……(羊)祜至当阳，闻堰败，乃改船以车运，大费损功力。"①这段史料交代了陆抗修筑"北海"的缘由，晋将羊祜率军攻打江陵，而江陵地势平坦宽阔，道路便利通畅，如果不采取措施，晋军长驱直入，江陵城将岌岌可危。陆抗命江陵督张咸筑大堰阻遏沮漳河水，并将水引到地势低洼的地方，以此断绝晋军南下。至此，"荆州三海"中的"北海"粗具规模。

西晋至唐朝，"北海"工程被泄水填田。西晋统一后，"北海"作为军事防御的功能减弱，于是人们便将"北海"的部分地方开垦为良田，用于农业生产。隋朝时，由于地势低洼，"北海"经常受涝。至唐朝战事渐息，政局稳定，"北海"的防御作用进一步减弱。据《新唐书》记载："初，江陵东北傍汉有古鄣，不治，岁辄溢。皋修塞之，得其下良田五千顷。"②清初顾祖禹《读史方舆纪要》卷七十八"三海"条补记云："唐贞元八年，曹王皋为荆南节度。江陵东北七十里有废田，傍汉水，古堤决

---

① (西晋)陈寿：《三国志》，中华书局1959年版，第1356页。
② (宋)欧阳修、(宋)宋祁撰：《新唐书》，中华书局1975年版，第3582页。

壤者二处，每夏则水浸溢，皋始塞之，广良田五千顷，亩收一钟，盖即北海故址。"①由于长期无人治理，每到夏季，"北海"经常出现水流漫溢的现象，为了防止更严重的涝渍，荆南节度使李皋将原来储水的"北海"全部筑堤围垦，填为良田。

五代十国时期，高季兴据守江陵一城，建荆南国。为了防止荆南国被他国兼并，荆南国重兴"北海"，以御外敌。后周显德二年（955年），荆南国已呈衰落之势，而中原的后周日益强大，荆南王高保融为了防范中原王朝吞并荆南，"自西山分江流五六里，筑大堰"②，在纪南城北决江水，蓄积七里多宽，形成一个天然的屏障。"北海"得以重建，又开始发挥它的防御作用。

北宋建立后，加快了统一全国的步伐，荆南国不得不对北宋王朝俯首称臣。为了达到兼并荆南国的目的，宋太祖赵匡胤下令撤除"北海"工程。据史料记载，北宋建隆二年（961年），荆南王高保勖派遣其弟高保寅前往北宋进贡。宋太祖赵匡胤以高保寅要返回荆南为由，下令让荆南将"北海"的水放掉，这样南下荆南就一路畅通了。赵匡胤填"北海"之举，从表面看是为了使南下荆南的道路更加畅通，实际上是为了防止高保勖以"北海"为险，阻碍北宋对荆南国的军事行动，可见"北海"对于荆南国的军事防御作用是十分强大的。因为当时荆南尚未归宋，不受约束，所以没有决北海之水。不久，赵匡胤又命出使湖南的司天监赵修已再度传旨，命令高保勖撤毁"北海"工程。迫于北宋的强大压力，"北海"工程又一次遭到废弃。

二、"三海八柜"的兴废

"三海八柜"工程的大规模兴建是在南宋时期。南宋王朝偏居临安（今浙江杭州）一隅，位于长江中游的江陵城先是成为与金人对峙的前

---

① （清）顾祖禹：《读史方舆纪要》，商务印书馆1937年版，第2670页。
② （清）顾祖禹：《读史方舆纪要》，商务印书馆1937年版，第2670页。

线，后又成了阻止元人南下的重镇。一旦江陵失守，敌军顺江而下，临安的安全就没有保障了。为了守住江陵，南宋守将在北海的基础上，打造了规模更为宏大的军事水工程"三海八柜"。

宋王朝南渡以后，金人接连不断地南犯，南宋局势日趋紧张。这一时期，荆襄地区处于南宋王朝防御体系的中心，位于长江中游的江陵，利于防守、交通便利，在抗金对峙中的地位尤为重要。南宋守将在倚仗江陵城作为军事防御工程的同时，开始兴建"三海"工程，以此作为江陵城的外围防线。绍兴三十一年（1161年），金主完颜亮领兵南下，大肆侵略南宋国土，南宋守臣李师夔为了防范金兵，重开五代时高氏所筑之"北海"，并在"北海"以外，扩建上、下海，"三海"工程粗具规模。嘉泰年间（1201—1204年），湖北安抚史刘甲在此基础上将其进一步扩筑为上、中、下三海，绵亘四十里。据《宋史·刘甲传》载："甲谓：'荆州为吴、蜀脊，高保融分江流，潴之以为北海，太祖常令决去之，盖保江陵之要害也。'即因遗址浚筑，亘四十里。"①刘甲直指"北海"的重要地位，认为北宋时太祖下令撤销"北海"工程，是因为"北海"工程对于保卫荆南国起到了重要的作用。在宋金对峙的局势下，江陵地位尤为重要，刘甲扩筑"三海"，便是希望它能充分发挥其军事防御作用。

继刘甲重开北海，扩增"三海"之后，时任荆湖北路安抚使知江陵府的吴猎再次重修"三海"，并增筑"八柜"。开禧二年（1206年），宋金之间爆发战争，金兵南犯襄阳，江陵告急。据《宋史·吴猎传》记载："猎计金攻襄阳，则荆为重镇，乃修成'高氏三海'，筑金鸾、内湖、通济、保安四匮，达于上海而注之中海；拱辰、长林、药山、枣林四匮，达于下海；分高沙、东奖之流，由寸金堤外历南纪、楚望诸门，东汇沙市为南海。又于赤湖城西南遏走马湖、熨斗陂之水，西北置李公匮，水势四合，可限戎马。"②"四匮"之"匮"，是"柜"的古字，在古代指供军

---

① （元）脱脱等：《宋史》，中华书局1985年版，第12093页。
② （元）脱脱等：《宋史》，中华书局1985年版，第12085页。

事用的蓄水池、水库。《宋史·张浚传》记："凡要害之地，皆筑城堡。其可因水为险者，皆积水为匮。"①又称为"水柜"，指四周高起以蓄水的地方，清俞正燮《癸巳存稿·会通河水道记》："闸河西旧有湖，周六十五里，有闸四，堤口六，明永乐时创之为水柜。"②《宋史·吴猎传》将吴猎增修"三海八柜"的原因和具体位置都交代得很清楚。金兵南下，吴猎预计金人将要进攻襄阳，军事重镇荆州受到威胁，为了阻遏金兵的进攻，便在"三海"的基础上再修筑金鸾、内湖、通济、保安四个水库，沟通"上海"和"中海"；建拱辰、长林、药山、枣林四个水库，通于"下海"。"三海"虽然互相分离，却又是上下贯通的，而"八匮"在起到沟通作用的同时，也用于储水以备不足，"三海八柜"的形制就此固定下来。吴猎还围筑南海、李公柜，由于东面还是尚未开垦的水域，这样江陵四面都有水流环绕，形成了一个环状的军事防御带，生生地将金人的骑兵阻隔在外。以至金人再度领兵南侵时，听闻江陵城的"三海八柜"工程，便不敢再贸然进犯。继吴猎之后，嘉定四年(1211年)，赵方升直焕章阁兼权江陵府，再次组织修缮"三海八柜"，增修其规模与形制，③"三海八柜"更进一步得到巩固和扩大。

南宋后期，宋元战争爆发，荆襄地区再度成为对元防御的前线，江陵的军事地位更加凸显。南宋王朝将大批军队车马集结于江陵，以抵御元军南下。在这种情势之下，本应加强"三海八柜"的建设，但时任制置使兼营田大使的赵范为了提供大量的军用粮资，将"三海"的部分区域重新围垦为田。加之当时人地矛盾较为突出，豪民广泛占夺诸海，军官借屯田之名行侵占土地之实，"三海八柜"工程又一次废弛，失去了军事防御作用。端平三年(1236年)，襄阳守城将士纷纷叛变投敌，元军迅速南下，没有了"三海八柜"的保护，江陵城周边受到重创。资政殿大学士魏了翁奉命到江陵府考察后，向朝廷上疏《奏措置江陵府三海

---

① （元）脱脱等：《宋史》，中华书局1985年版，第11310页。
② （清）俞正燮：《癸巳存稿》，商务印书馆1937年版，第130页。
③ （元）脱脱等：《宋史》，中华书局1985年版，第12204页。

八柜》，痛陈由于疏于管理，"三海"淤积成田、失去防御作用的危害，并希望能够修复三海八柜。① 但因为当时南下的元军几乎深入至南宋核心地带，南宋岌岌可危。在之后的几年时间里，宋元两军一直处于拉锯战的状态，修复"三海八柜"的工程也就因此而搁置下来了，直到南宋名臣孟珙知江陵府时，才将修复"三海八柜"的工程重新付诸实施。

据《宋史·孟珙传》记载，淳祐五年（1245年），"珙至江陵，登城叹曰：'江陵所恃三海，不知沮洳有变为桑田者，敌一鸣鞭，即至城外。'……沮、漳之水，旧自城西入江，因障而东之，俾绕城北入于汉，而三海遂通为一。随其高下，为匮蓄泄，三百里间，渺然巨浸"②。可以看到，这里交代了孟珙重修"三海八柜"的缘由和经过。孟珙感叹不已，曾经的江陵正是凭借着三海作为军事防御，而现在沧海却变为桑田，敌军可以一路南下长驱直入，这样江陵在御敌上就没有什么优势可言。于是为了加强江陵城的军事防御体系，他再次大规模扩展"三海"，将沮漳之水人为改道，绕城而东流经扬水旧迹，再汇流入汉水，形成一片辽阔的水域，从远处看宛如一片湖，这样使得"三海"贯通为一，并且随着水势的高下，修筑蓄水池来调节，将江陵城置于一个巨大的水体屏障之内。

事实证明，重修"三海八柜"对于抵御元军的进攻发挥了巨大的作用。元至元十年（1273年）二月，蒙元带兵攻破襄阳。因为江陵有"三海八柜"防御工程作为阻挡，元军没有继续南下，而是顺着汉水而下向东占领了鄂州。元至元十二年（1275年），蒙元灭掉了金朝后，开始南下进攻荆南，试图将南宋一举吞灭，由于天大旱，"三海"里的水完全干涸了，这样以水作为防御屏障的江陵城没有了最后的防线，完全暴露在元军面前，最终被元军攻破。同年五月，忽必烈任命廉希宪为荆南行省平章政事，坐镇江陵。廉希宪到任后，下令决毁"三海八柜"工程。据

---

① （宋）魏了翁：《鹤山全集》，四部丛刊景宋本，第1006~1010页。
② （元）脱脱等：《宋史》，中华书局1985年版，第12369页。

《元史·廉希宪传》记载:"江陵城外蓄水捍御,希宪命决之,得良田数万亩,以为贫民之业。"①至此,失去了防御作用的"三海八柜"再次被围垦,改造成良田万亩。

第四节 防洪工程

"万里长江,险在荆江",荆江河段自云梦泽解体以来一直都是长江水患最为严重的地方。由于荆江段河道弯曲,尤其下荆江河段十分蜿蜒曲折,从上游奔腾而来的江水流经平原地区流速减慢,加之河道弯曲,江水宣泄不畅,极易形成洪灾,给当地带来极大的危害。荆江流域的先民们在与洪水作斗争的同时,也学会了与水和平共处,利用周围的自然环境,以水治水,防水患于未然。于是在这样的大背景下,荆江流域的防洪水工程——荆江大堤应运而生。

荆江大堤是荆江流域防洪的屏障,位于荆江的北岸,上起自荆州区枣林岗,下迄监利县城南,全长达 182.35 千米。早期的大堤并不是以荆江大堤命名的,曾有过金堤、寸金堤、万城堤、江陵万城大堤之称,直到 1918 年,才将荆江大堤作为这一堤防工程的名字固定下来,并一直沿用至今。荆江大堤作为一项防洪工程,从建成伊始一直到现今,在防御洪水上发挥了巨大的作用,保卫着一方水土不受洪水的侵袭。关于荆江大堤的概念,有不同的看法。有的学者是将荆江大堤直接等同于荆江北岸由原万城堤延伸加固而成的大堤;还有的学者将荆江大堤作为一个大的概念来解释,认为它所指代的是荆江两岸的堤防工程,包括北岸的荆江大堤、荆北干堤和南岸的荆南干堤。本节所研究的荆江大堤不仅限于荆江北岸的万城堤,而是将荆江两岸历代发展的堤防工程都一并纳入。

---

① (明)宋濂等:《元史》,中华书局 1976 年版,第 3094 页。

一、金堤与寸金堤

1. 金堤之由来

关于荆江大堤，学界基本认为其肇始于东晋桓温所筑之金堤，实则不然。金堤的修筑是为了保护江陵城不受洪水肆虐，源于春秋时期楚国用堤垸挡水的历史。

春秋时期，楚庄王在位时曾实行"耕战政策"，奖励农耕。当时楚国的令尹孙叔敖便主张"宣导川谷，陂障源泉，灌溉沃泽，堤防湖浦，以为池沼"，① 通过兴修简单的水利工程来利用水源灌溉农田，并且修筑堤垸来挡水，这里的"堤防湖浦"就是沿湖修筑堤垸挡水，用来防治水患。可以看到，早在春秋时期，楚国就已经懂得用简单的堤垸挡水以防水患，这也给后来护城堤和荆江大堤的修筑提供了一些启发。

秦汉时期，长江在流经云梦泽时，因为地势变得平坦，流速也渐渐减慢，江水所裹挟的泥沙慢慢沉积，逐渐淤积成洲滩，便在江陵一带形成了荆江三角洲。荆江河床形成后，水位被越抬越高，原来修建的低矮堤垸已经无法再抵御洪水的肆虐。据史料记载，东晋时期，江汉平原的人口日趋增加，由于靠近平原内水系的河畔处，自然条件相较于其他地方更优越，所以一些城池、县邑、小村落和人口都聚居于此。于是，这一时期濒临荆江的江陵城（今荆州古城）便成为该地区政治、经济和文化中心，并成为全国十分显要的军事重镇之一。江陵城有着这样举足轻重的地位，那么保护其免受洪水的肆虐刻不容缓，于是便有了东晋桓温始修金堤之举。

关于金堤的记载，首见于《水经注》。据《水经注》记载："江陵地东南倾，故缘以金堤，自灵溪始。桓温令陈遵监造。遵善于方功，使人打鼓远听之，知地势高下，依傍创筑，略无差失。"② 东晋永和年间，桓温

---

① （清）马骕：《绎史》，文渊阁四库全书本，第 3764 页。
② （北魏）郦道元原注，陈桥驿注释：《水经注》，浙江古籍出版社 2001 年版，第 536~537 页。

任荆州刺史，他奖励农耕，大力兴修水利，命令陈遵在荆江北岸，以灵溪为起点修筑堤防，陈遵派人在远处打鼓，通过听声音的畅阻，判断地势的高低，据此来筑堤。最后陈遵围绕江陵城修筑了护城堤坝，取名"金堤"。

《江陵县志》中对此也有所记载。东晋永和年间，桓温驻兵江陵，以江水对城威胁甚大，命陈遵自江陵坡西的灵溪起，沿江陵城筑堤防水，所筑堤防称为金堤。①

据《荆江堤防志》记载，当时荆江洪水的涨幅并不是特别大，修筑金堤主要是为了保护江陵城免遭江水的直接冲击而溃破。② 这与桓温主持修筑金堤的初衷不谋而合。

关于为何以"金堤"作为江堤的名字，有这样一种说法。金堤的叫法源于黄河下游的堤防工程，首见于《史记·河渠书》："汉兴三十九年，孝文时河决酸枣，东溃金堤。"③自汉代开始，人们便把黄河的堤防工程称为金堤，后来也用来泛指其他一些修筑坚固的堤防。所以桓温将这一堤防工程称作"金堤"，大概也是取其坚固牢靠之意，希望它"固若金汤"，保卫江陵城不受江水的肆虐。

2. 金堤地理位置之考辨

关于金堤所处的具体位置，清中期以前的历史文献中并没有明确的记载。北宋初的《太平寰宇记》只列"江堤"一条，对于"金堤"只字未提；南宋的《舆地纪胜》列有"金堤"一条，但只是照引《水经注》关于金堤的记载，并无任何其他说明；稍后的《方舆胜览》也未提及金堤；明代著名的两部地理总志《一统志》和《寰宇通志》也都未曾谈到金堤；嘉靖时期的《荆州府志》和雍正时期的《湖广通志》等虽然有记载金堤，却

---

① 湖北省江陵县县志编纂委员会：《江陵县志》，湖北人民出版社1990年版，第326页。

② 荆州市长江河道管理局编：《荆江堤防志》，中国水利水电出版社2012年版，第132页。

③ （汉）司马迁：《史记》，中华书局1959年版，第1409页。

也并没有点明其具体方位。由此看来,金堤的具体位置早已不清楚。

金堤所处位置,历史上有两种说法:第一种说法见于清嘉庆重修《大清一统志》,认为金堤其实是黄潭堤的别称,位于江陵城东南方向二十里处;① 第二种说法出自同治年间荆州知府倪文蔚主持编纂的《荆州万城堤志》,指出其起点灵溪水"疑即马山迤两诸湖"②,并提出万城堤段就是陈遵所建造金堤的观点。1984年江陵县志编纂委员会编写的《江陵堤防志》承其说,认为金堤实际上就是现今荆江大堤的万城堤段,共分为两段,长约六里。③

通过地方志的记载及对史料的分析,可以排除这两种说法。

其一,《水经注》在关于修筑金堤的描述中写道:"江陵地东南倾,故缘以金堤,自灵溪始。桓温令陈遵监造。遵善于方功,使人打鼓远听之,知地势高下,依傍创筑,略无差失。"④一个"缘"字和"依傍创筑"就足以说明金堤是紧密地围绕着江陵城修筑的,并且距离不会太远,否则就无法起到防洪护城的作用。

其二,南朝宋盛弘之《荆州记》中有"缘城堤边,悉植细柳,绿条散风,清阴交陌"的描述。东晋与南朝间隔很近,而在此期间据史料记载,江陵并没有别的堤防工程,所以这里盛弘之所描述的堤即是金堤,也为金堤缘城而建提供了佐证。那么远在江陵城东南方向二十里处的黄潭堤即是金堤的说法就不攻自破了。

其三,在《荆江大堤志》中有这样一段话:"李家埠及万城堤段,其保护区域在陈遵始筑金堤时,大部分还是江心洲滩。大约在北宋

---

① (清)穆彰阿、(清)潘锡恩等纂修:《大清一统志》,中华书局1986年版,第17444页。
② (清)倪文蔚、(清)舒惠原著:《万城堤志·万城堤续志》,湖北教育出版社2002年版,第85页。
③ 《江陵堤防志》编写组:《江陵堤防志》,江陵县志编纂委员会1984年版,第8页。
④ (北魏)郦道元原注,陈桥驿注释:《水经注》,浙江古籍出版社2001年版,第536~537页。

(960—1127年)前后才相继并岸,经过南宋'偏安江南'时期(1127—1279年)的围垦开发,在元初才最后形成江堤。"①这里可以看到万城堤段并不是直接等同于金堤,万城堤的命名仅是因为金堤的起点灵溪属于万城,所以清代时才将加筑的这段堤叫作万城堤。

  由以上三个方面可以推翻金堤是黄潭堤及万城堤的说法。那么金堤的具体位置到底在哪里,和其他的堤段有何联系呢?

  解读金堤具体位置的一个关键地方,在于对灵溪的位置和走向的把握。晋宋间人庾仲雍认为灵溪位于江陵城西九里处,②康熙《荆州府志》卷四《山川》"赤湖口"条中提到灵溪在城西,③灵溪在江陵城西的这一说法得到后世普遍认同。

  那么关于灵溪的走向,《水经注》卷三十四《江水篇》中说道:"江水又东迳燕尾洲北,合灵溪水,水无泉源,上承散水,合成大溪,南流注江。"④再根据江陵"地东南倾"的记载,可以看出灵溪应该是汇聚了境内西北和北部众多山脉的水而形成的一条河流,大概走向应是从西北到东南。陈曦在其文章中具体论述并得出结论:灵溪源于境内西北山脉合众的散水,其后往东南方向而去,穿越江陵城西北、城北、城东、城东南,最后在江陵城东部二十里处的沙市附近汇流入江。⑤这样就可以确定,金堤的起点是在江陵城西北处距离灵溪发源地不远的地方。

3. 金堤之发展:寸金堤

  通过对史料的分析和文献的记载,我们可以进一步认为,金堤应该

---

  ① 《荆江大堤志》编纂委员会:《荆江大堤志》,河海大学出版社1989年版,第58~59页。

  ② (清)孔自来:《(顺治)江陵志馀》,江苏古籍出版社2001年影印版,第409页。

  ③ (清)郭茂泰修,(清)胡在恪纂:《康熙荆州府志》,江苏古籍出版社2001年影印版,第67页。

  ④ (北魏)郦道元原注,陈桥驿注释:《水经注》,浙江古籍出版社2001年版,第536页。

  ⑤ 陈曦:《从江陵"金堤"的变迁看宋代以降江汉平原人地关系的演变》,《江汉论坛》2009年第8期。

就是后面所提及的寸金堤的前身。

首先,从地理位置来看,《水经注》中记载陈遵修筑金堤时派人在远处打鼓,通过听声音的畅阻,判断地势的高低,据此来筑堤。① 根据当时江陵城西迎江水,南濒大江,东南倾斜的地势,可判断陈遵在修筑金堤时应是紧紧围绕城的西南、南和东南三面来修筑的。

关于寸金堤的位置,清嘉庆重修《大清一统志》卷三百四十五载:"寸金堤,在江陵县西龙山门外,高氏将倪可福筑。"②《读史方舆纪要》卷七十八载:"寸金堤,在府城龙山门外,五代时高氏将倪可福筑,以悍蜀江激水,谓其坚厚,寸寸如金,因名。"③交代了寸金堤的方位以及命名缘由。寸金堤乃是五代时荆南国的将领倪可福主持修筑,位于城西。因寄希望于它每一寸都坚固牢靠、固若金汤,得以保卫江陵城不受洪水的肆虐,于是将其命名为"寸金堤"。《江陵志馀》载:"寸金堤自西门外石斗门起,历荆南寺,东至双凤桥、赶马台、青石板、江渎观、红门路,与滨江大堤接。"④基本点出了寸金堤的位置,也满足了前面所提到的距离城中心很近的条件。这样一来,寸金堤与金堤的位置基本吻合。

其次,《宋史·张孝祥传》载:"张孝祥知荆南湖北路安抚使,筑寸金堤,自是荆州无水患,置万盈仓以储诸漕之运。"⑤南宋时荆南湖北路安抚使张孝祥等人再度修缮寸金堤,在工程竣工后,张孝祥写了一篇《金堤记》来记述修筑缘由和整个过程:"荆州为城,当水之冲,有堤起于万寿山(即今荆州西门之龙山)之麓,环城西南,谓之金堤。岁调夫

---

① (北魏)郦道元原注,陈桥驿注释:《水经注》,浙江古籍出版社2001年版,第536~537页。
② (清)穆彰阿、(清)潘锡恩等纂修:《大清一统志》,北京:中华书局1986年版,第17444页。
③ (清)顾祖禹:《读史方舆纪要》,商务印书馆1937年版,第2671页。
④ (清)孔自来:《(顺治)江陵志馀》,江苏古籍出版社2001年影印版,第410页。
⑤ (元)脱脱等:《宋史》,中华书局1985年版,第11942页。

增筑……乾道四年，自二月至五月，水溢数丈，既坏吾堤，又啮吾城……凡役五千人，四十日而毕。……（因）已决之堤汇为深渊，不可复筑，别起七泽门之址，度西阿之间，转而西之，接于旧堤，穹崇坚好，悉倍于旧。"①原本位于城西南处的金堤，因为受到洪水的侵袭，堤身部分损毁，张孝祥便组织专人负责修缮。然而，被损毁的旧有堤段已经变为很深的水潭，无法进行修缮，于是张孝祥修筑了新的堤段并与旧堤尚还完好的堤段相接。事实上，张孝祥所筑新堤并不长，更不是大规模地重新修筑堤防。"悉倍于旧"说明他所筑的新堤除东段为溃决堤段改线新筑之外，西段则是在原堤基础上培修。而他所记的这篇小文以"金堤"命名，也可以作为寸金堤就是金堤进一步加筑的佐证。

4. 后世之发展

金堤自东晋桓温始筑，后世又有所发展。南朝梁时，时任荆州刺史的始兴王萧憺（梁武帝弟）主持修筑荆州城附近的江堤，并对一度溃决的金堤进行修复和加筑。据《梁书》记载，梁天监元年（502年），萧憺任荆州刺史，"（天监）六年，州大水，江溢堤坏，憺亲率府将吏，冒雨赋丈尺筑治之。雨甚水壮，众皆恐，或请避焉。憺曰'王尊欲以身塞河，我独何心以免'，乃刑白马祭江神。俄尔水退堤立"②。梁天监六年（507年），荆州发生大水，江水溃决，冲坏了大堤，萧憺亲率州府的武将文臣，冒着大雨按照规定的高度修筑堤坝。当时雨大水猛，大家都惊慌失措，有人劝萧憺先转移到比较安全的地方躲避，萧憺义正词严地拒绝道："当初王尊太守尚以自己的身躯堵住河堤的缺口，我怎么能贪生怕死呢？"于是便杀了白马祭江神，过了一会儿水势退了之后，萧憺就组织人将堤坝修好并加固。

到五代时期，寸金堤得以修建。经考证，寸金堤的前身即东晋时修筑的金堤，是在原堤的基础上加以维护培修的。《读史方舆纪要》卷七

---

① （宋）张孝祥编著，徐鹏校点：《于湖居士文集》，上海古籍出版社1980年版，第141页。

② （唐）姚思廉：《梁书》，中华书局1973年版，第354页。

十八载:"寸金堤,在府城龙山门外,五代时高氏将倪可福筑,以悍蜀江激水。"①高氏荆南前期,蜀国孟昶带兵讨伐荆南,打算建造巨大的战舰越过激流攻破荆南城,高季兴便命令将领倪可福于江陵县西龙山门外修筑寸金堤防范蜀军的进攻。这一堤防工程的修筑最初是出于军事目的,但后期也在防止洪水方面发挥了重要作用。

南宋时期,宋金对峙,局势日趋紧张,江陵的战略地位更加重要。为保障该地区农业生产活动的正常进行和人民的正常生活,南宋乾道年间(1165年前后),时任荆南知府的张孝祥再度组织专人修缮寸金堤。《宋史·张孝祥传》载:"张孝祥知荆南湖北路安抚使,筑寸金堤,自是荆州无水患,置万盈仓以储诸漕之运。"②他将寸金堤的范围扩展到从西门外石斗门起,经荆南寺、龙山寺,东至双凤挢、赶马台、青石板、江渎观、红门路与沙市堤相接,以至于荆州自此没有了水患的威胁。张孝祥所筑寸金堤是在旧堤的基础上修筑的,将旧堤培修作为西段,再加筑东段,连成一线成为全新的寸金堤,虽然堤段整体不算很长,但也在一定时期起到了防御的作用。

经过史料分析,可以看到,金堤和寸金堤实则是江陵城的护城堤,与后世所修荆江大堤的地点是不一样的,两者所保护的范围也略有差异,将其作为荆江大堤的肇始实有不妥,但也不能完全否认其作用,在一定程度上也为后来修筑荆江大堤提供了借鉴和经验。

二、荆江大堤

荆江大堤的形成与发展经历了以下几个时期:

1. 分筑发展时期

东晋以后,经南北朝、隋唐、五代、宋至元,这段时期我们可以将其概括为荆江大堤的发展时期。在这一时期,在江陵城临近荆江的不同

---

① (清)顾祖禹:《读史方舆纪要》,商务印书馆1937年版,第2671页。
② (元)脱脱等:《宋史》,中华书局1985年版,第11942页。

方位开始修筑新的堤段来防治水患。

唐代时,在逐渐兴起的沙市开始修筑江堤。唐朝时,沙市的商业贸易已经发展到十分兴盛的程度,而沙市也因此成为繁盛的商业都会,于是在其中开始广泛修筑堤防水工程。唐太和四年至六年(830—832年),段文昌任荆南节度使,在沙市主持修筑了"段堤"。据史料记载,"段堤"西接晋代的金堤,并不是完全新筑的堤段,它实际上是对原有的垸堤的大规模培修。相较于原有的金堤,江堤保护的范围有所扩大。①

两宋时期,荆江河床形态和周边地理环境有所变化,同时由于辽、金战乱,尤其南渡以后,历任统治者更加注重对于堤防的建设与培修。因此这一时期的堤防事业较前代有很大的发展,除了新修沙市堤、黄潭堤、登南堤、文村堤、新开堤、熊良工堤、黄师堤等堤段,也注重对旧有堤段的维护与修补。

北宋时,荆江河床在水流的作用下渐趋南移,江心洲逐渐淤积往河岸方向发展,沙市处"水路之冲",地势低下,据《宋史·河渠志》所述,"每遇涨潦奔冲,沙水相荡,摧圮动辄数十丈"②,裹挟着大量泥沙的上游来水迅猛湍急,对堤身造成了巨大的破坏。而五代时倪可福所筑的寸金堤,由于年事已久,已经变得低矮破败,无法满足防洪的需要。于是宋熙宁八年(1075年),荆州太守郑獬在沙市沿江一带又修筑了一道新的堤防,与旧时寸金堤相接,时称沙市堤。新沙市堤的路线是自赶马台与寸金堤相接,再东南向经过迎喜街、解放路、中山路、民主路,与柳林堤相接。③ 然而比较遗憾的是,在沙市堤修筑完成后的很长一段时间里,长江洪水泛滥频繁,在洪水的侵蚀下,江堤被冲刷蚀损,并未能有效地发挥防御洪水的作用。明正德年间,在沙市堤以南又修筑了新堤,

---

① 转引自荆州市长江河道管理局:《荆江堤防志》,中国水利水电出版社2012年版,第133页。

② (元)脱脱等:《宋史》,中华书局1985年版,第2417页。

③ 转引自荆江大堤志编纂委员会:《荆江大堤志》,河海大学出版社1989年版,第57页。

此即今荆江大堤的观音矶至文星楼堤段。

宋绍兴二十八年(1158年)，时任监察御史都民望主持增修旧堤黄潭堤。关于黄潭堤的修筑原因以及具体位置，《宋史·河渠志》有载："绍兴二十八年(1158年)御史都民望言，'江陵县东沿江北岸(有)古堤一道，地名黄潭，宜于农隙修补，勿致损坏。'"①《读史方舆纪要》卷七十八记载的则更为详细："黄潭堤，在府东……建炎间邑官开决，放入江水，设为险阻以御盗。既而复潦涨溢，荆南复州千余里皆被其害，宜及时修塞，从之。志云，今堤在府东南二十里……成化正德以后屡经修筑。"②由此可见，黄潭堤在今沙市盐卡附近，自修筑后用于御盗和防洪，因为时有决堤，造成损失，也经历了多次的修缮。虽然具体修筑的时间、为何人所修尚不能确定，但是从南宋时已经被称作"古堤"来推测，在五代至北宋时已经筑成。

黄潭堤以下堤段，依次为江陵观音寺附近的登南堤，文村夹附近的文村堤，郝穴附近的新开堤，熊良工附近的熊良工堤和监利境内的黄师堤，在北宋至元朝都基本形成。

元初，由于灭金覆宋，给人民带了极大的危害，整个国家还未从战乱中恢复过来，民众也无力承担堤防建设。元朝以来对荆江的治理，按其主张来分主要有三派：其一是主疏派。他们主张开挖宋代被堵塞住的穴口，恢复穴口的分流作用，这样奔涌而来的洪水经过穴口被分流，以此来减少洪水的危害。其二是主防派。他们认为古穴口具有分流的功能，固然十分重要，但要根治水患，修建堤防用来防洪才是最好的做法。其三是主南北分流，以南为主。而这一时期主疏派的影响更大，所以元朝时荆江两岸的堤防建设较之两宋没有大的建树。

两宋至元，注重对旧有堤段的维护与培修，并且新修了不同的堤段，堤段的修筑也逐渐向荆江下游发展，荆江北岸各个堤段在防御洪水

---

① (元)脱脱等：《宋史》，中华书局1985年版，第2416页。
② (清)顾祖禹：《读史方舆纪要》，商务印书馆1937年版，第2671页。

方面起到了相当重要的作用。至此，江陵的堤防建设已经形成一定的规模，初步奠定了荆江大堤的雏形。

2. 合筑成型时期

明朝时期，荆江大堤各个堤段逐渐连成整体，在荆江北岸形成了一个完整的堤防体系。这一时期，江汉平原人口较前代呈迅速增长趋势，垸田也呈快速发展的态势，一方面促进了农业经济的繁荣，使得两湖地区的经济地位愈加重要，另一方面为了保障农业生产和生活，对于水利的兴修也提出了更高的要求。据史料考证，明清时期荆江水位较前代上升明显，于是在不断加筑新堤的同时，这一时期也注重对大堤整体的培修、加高与加厚，重点培修因洪水侵蚀溃决频繁的堤段，以及对重点区域堤段加高加厚。

《荆州府志》载："新开堤明成化间修，正德间布政使周季凤重筑，长四百五十丈。"[1]新开堤，即郝穴堤，位于城东一百二十里，因为是在旧有的新开闸上垒土而成的，所以叫作新开堤，因避讳"开"字，又称"新垱堤"。李家埠堤则是在城西三十里处，因被洪水冲决堤溃，给堤坝附近的人民带了极大不便，于是时任荆州知府的吴彦华重新修筑了李家埠堤。《湖广通志》载："自万城堤至镇流砥（现属沙市）六十里，当水势之冲，明弘治十三年堤决，淹溺甚众，知府吴彦华重修李家埠堤。"又载："文村堤，明弘治十四年水决，太守吴彦华修筑；正德十一年又决，知府姚隆重修。"[2]文村堤在修筑后多次溃决，也曾组织专人负责修缮加固。

黄潭堤自前代形成后，因其位置的重要性，明代也多次组织人进行培修。《荆州府志》有载："黄潭堤当江流二百里之冲，一决则江陵、监利、荆门、潜江皆受其害，至险至要。明正统间，知府钱昕筑数十里；

---

[1] （清）郭茂泰修，（清）胡在恪纂：《康熙荆州府志》，江苏古籍出版社2001年影印版，第117页。

[2] （明）薛纲纂修：《湖广通志》，江苏广陵古籍刻印社1991年版，第181~182页。

成化初，知府李文仪沿堤砌石；正德十一年，知府姚隆增筑月堤三处，约千余丈，后渐倾颓。"①正统年间，荆州知府钱昕将黄潭堤加筑十里。正德十一年（1516年），知府姚隆增筑月堤三处，全长一千余丈。可以看到，光明朝有记载的加筑就有两次，明成化初，知府李文仪沿着黄潭堤用石头垒筑起来防护堤坝，可谓是开荆江大堤垒石护岸的先河。

明朝还修筑了阴湘城堤，是为了防范江陵城北襄河支流东荆河的水患而修筑的。关于它的修筑时间，主要有两种观点：一种观点认为它成于明末清初，起自枣林岗，止于堆金台；另一种观点认为该堤建于明朝湘献王封藩荆州之时。当时为了保卫其建于太晖观的行宫免受洪水侵害而建筑。② 笔者倾向于认同第一种观点，因为太晖观位于太晖山上，地势较高，不受洪水威胁，所以阴湘城堤应成于明末清初。

至此，荆江北岸的已有金堤、李家埠堤、寸金堤、沙市堤、黄潭堤、柴纪堤登南堤、文村堤、新开堤、熊良工堤、黄师堤、周公堤等大堤段，因为各堤段之间有穴口相隔，加上经济和地理条件的原因，所以在各个历史时期只能分段修筑。直至明嘉靖二十一年（1542年），位于江北的最后一个穴口——郝穴被完全堵塞，各段堤防从堆金台到拖茅埠全线相连成为一个整体的堤防工程，全长124公里，统称为万城堤。

3. 加培治理时期

清朝至民国初期，是荆江大堤加培时期。在这一时期，荆江大堤溃决频繁，屡决屡修，于是在明末堤防建置的基础上，大堤得以多次培修，加高加厚，整险加固，并且修筑了部分月堤，减轻堤防压力。康熙二十四年（1685年）培修加固万城堤，是荆江大堤历史上规模较大的一次修筑。乾隆五十三年（1788年），荆州大水致使大堤多处溃口，府城被淹，损失惨重。此次万城堤的溃决引起了朝廷的高度重视，乾隆下旨

---

① （清）郭茂泰修，（清）胡在恪纂：《康熙荆州府志》，江苏古籍出版社2001年影印版，第117页。

② 转引自李梓楠：《一九三五年洪水围困荆州城纪实》，《湖北文史资料》2001年第2期。

对万城堤大规模地培修，修复溃口处并且再次加高培厚大堤。在修复堤防的同时，修筑了杨林洲、黑窑厂、观音矶等石矶头，用于保护大堤，减少洪水对其的冲刷与侵蚀。这是长江堤防历史上皇帝高度关注并且多次下诏敦促兴工的一次培修工程，大水过后，乾隆下旨于万城、中方城、上渔埠头、李家埠、中独阳、杨林矶、御路口、黑窑厂、观音矶等险要堤段安置铁牛用以镇水，并且制定了堤防岁修章程，规定承修堤防"保固期"，以此杜绝承修堤防的贪污现象。清中期多次重修加固大水溃口堤段，至光绪年间，大堤长度较雍正时期有所增加。经过清代的培修加固，大堤已经具有相当规模了。

民国时期，荆江堤防没有大的兴修，基本沿用清制。1940年至1945年，日本侵略中国期间，荆江大堤被严重破坏，饱受炮火的摧残。至抗战结束时，荆江大堤早已残破不堪。

中华人民共和国成立后，开始对荆江大堤进行大规模、整体的重修和加固，1951年将堆金台至枣林岗段（原阴湘城堤）划入荆江大堤，1954年大洪水后，又将监利城南至拖茅埠堤段划入荆江大堤。至此，荆江大堤形成现今的规模。

荆江大堤自东晋桓温筑金堤始，经过了历朝历代的增修培筑，由小规模地分段修筑，到逐步地增段、维护，直至连成一线成为一个整体的防洪工程，历经了一千六百多年的发展。其防洪能力已经大大提高，对洪水的抵御功能也越来越强大，它所发挥的作用和所带来的影响显然是十分重要的。如今，荆江大堤已经成为保卫江汉平原的一道坚实屏障。

二、荆江分洪工程

自古以来，洪水都是威胁荆江两岸人们生产和生活的重要因素，荆江大堤自肇始以来一直保卫着这一方水土免受洪灾的侵扰，减轻了洪水的威胁与伤害。中华人民共和国成立后，党和国家意识到荆江的防洪并不能只依靠堤防工程起阻挡作用，应该"治"与"防"双管齐下，于是重新调整并确立了新的治水方针，来解决荆江防洪的问题。

一直以来，洞庭湖对荆江都起着分洪和调蓄的作用，而随着地理环境和荆江水文条件的变化，洞庭湖淤积的泥沙日益加深，导致湖体面积愈发缩小，因此其分洪和调蓄的作用也大不如前。荆江水位逐年抬高，汛期时洪水直接威胁着荆江大堤。于是，中华人民共和国成立后不久，便着手建设荆江分洪工程，它是荆江防洪体系中的重要环节。

荆江分洪工程主体工程北自太平口起，南至黄山头终，东向濒临长江，西向有虎渡河经过，整个工程北向隔长江与荆州、沙市对望，南向与湖南省安乡县相邻。地势西北高、东南低。① 主要包括分洪区的围堤工程、进洪闸、节制闸等工程设施。第一期主体工程自1952年4月5日开始全线动工，仅仅用了75天的时间，便于6月20日提前顺利完工，包括"进洪闸、节制闸、黄天湖拦河坝、南线大堤和荆江大堤加固工程"②。第二期工程相较于第一期，更注重对于堤身的维护与后续建设的完善，主要包括一些培修、护岸以及排水工程。③ 于1952年11月14日动工，次年4月25日竣工。

荆江分洪工程进洪闸位于太平口东岸，因地处荆江分洪区北端，又称北闸，它的主要功能便是通过开闸来分泄调节上游的超额水量，使下游的水位保持在可控范围内，以此来保卫大堤和荆江沿线的安全。④ 荆江分洪工程节制闸紧接分洪区的南段西侧，所以又称南闸。它是横跨虎渡河而建的，其主要作用是调节虎渡河向洞庭湖的分流水量，以保证洞庭湖区人民的生命财产安全。⑤ 荆江分洪工程还包括一系列的泄洪工

---

① 荆州市长江河道管理局：《荆江堤防志》，中国水利水电出版社2012年版，第413页。
② 荆州市长江河道管理局：《荆江堤防志》，中国水利水电出版社2012年版，第415页。
③ 荆州市长江河道管理局：《荆江堤防志》，中国水利水电出版社2012年版，第416页。
④ 荆江分洪工程志编纂委员会：《荆江分洪工程志》，中国水利水电出版社2000年版，第116页。
⑤ 荆江分洪工程志编纂委员会：《荆江分洪工程志》，中国水利水电出版社2000年版，第117页。

程、排灌系统、通信设施和过船设施，附属工程还有浣市扩大分蓄洪工程、虎西备蓄工程和人民大垸分蓄洪工程。

荆江分洪工程建成后，历经了1954年分洪和1998年准备分洪大转移，虽然在1954年大水分洪过程中造成了一定的损失，但是它确保了荆江大堤和江汉平原的安全，取得了防洪的决定性胜利。荆江分洪工程缓解了长江上游巨大的来水量与荆江河段泄水量差距过大的压力，将洪水对荆江沿线地区的威胁降到了最低，同时也降低了洞庭湖区的防洪负担和风险，从而保证了荆江大堤和荆江沿线人民的生命和财产安全。

三、荆江大堤的影响及作用

荆江大堤历经一千六百多年的重修加筑、培高加厚，发展至如今的规模与形制。从堤防工程的修筑，到利用矶头、护岸工程保护江堤，从简单地防御洪水到利用工程疏导、泄洪，反映的也是人们智慧的发展与进步。荆江大堤所产生的历史作用十分巨大，作为护城堤，它对于城池的保护作用和抵挡洪水的防御作用是不言而喻的，但是对于它作用的考量绝不能仅仅着眼于防洪这一层面上。

一方面，堤防的修筑保护了江汉平原，使其在一定时期内不至于遭受洪水的直接威胁。南宋时期开始利用垸田在江水泛滥时，作为防范外堤溃决而筑的预备性内堤来防御洪水，垸田的大规模出现使得农业产量大幅提高，而堤防的分流也给两岸的农田带来了丰富的灌溉水源，从而促进了其农业和经济的发展。这一时期城镇也逐渐兴起和发展，加速了江汉平原的发展进程。堤防工程的出现和发展，相较于早期社会对洪水的简单疏导，在工程技术上有很大的进步。早期洪水治理的办法只在意疏导，帮助泄洪，加快泄洪的步伐，是在洪水发生之后的补救措施，远期效益有待考量与提高。而堤防工程更在意的是防治洪水，是一种防患于未然的思想与措施，它不仅要提高河床所能容纳的水量及防洪标准，更进一步可以将其加以利用，变害为利，为农业生产或生活提供用水。这种转变是随着防洪经验累积而不断深化的治水思想的一种进步。

另一方面，堤防的大量修筑对荆江两岸的生态环境产生了重大影响。一块田地在持续使用一段时间之后，土壤的肥力是有所下降的，而洪水带来的泥沙和营养物质能够滋养土地，蓄养地力，能够让干涸的土壤恢复活力。修筑堤防抵御了洪水的侵袭，但其实不利于地力的恢复，对农业生产有一定的影响。可以说，堤防对于防洪的重要作用不言而喻，但是也不能因此而忽视其对于生态环境的负面影响。

荆江沿岸的堤防工程在宋代初步发展，在明代迅速发展，并且基本形成了如今北岸荆江大堤的规模。据史料分析，唐宋以前荆江的水位还比较低，荆江两岸的洪患还不算特别明显。唐宋时期，随着气候变化、河道变迁、人类活动的加剧，荆江水患日益加重。明清时期，大量修筑护岸工程保护江堤，然而护岸工程改变了天然河道冲刷形态，对荆江河床的演变产生了影响。同时，明清堤防工程的迅速发展，一方面使得河床冲淤幅度增加，改变了泥沙沉积方式，另一方面造成北岸大量穴口的湮塞，洪水归槽，使得荆江水位被不断抬高，水患加重。堤垸的修筑与扩张，逐渐侵蚀水道，致使湖群也逐渐呈缩小之势，破坏了原来的水系格局，导致江湖关系发生变化并且趋于紊乱。①

总的来说，荆江大堤的修筑对于江汉平原起到了长久的保护作用，但同时它也产生了一定的负面影响。荆江大堤的修建，改变了沿江两岸的地理面貌，而且在长期的历史发展过程中，对该地区的生态环境造成了一定的破坏。因此，在考量荆江大堤的影响时，不可忽视其中的负面影响。

---

① 陈曦：《宋代长江中下游的环境与社会研究——以水利、民间信仰、族群为中心》，科学出版社2016年版，第37~38页。

第四章 大江情思

　　荆江流域是一处孕育伟大艺术的独特环境。这里有长江以及汇聚于此的诸多南北支流，贯穿荆州境内各处，滋润着这片富饶和神奇的土地，为伟大艺术的产生提供了丰厚的营养。荆江流域有着复杂的水系、丰富的水资源和多元的水文化。在荆江段汇入长江的河流众多，水系较为复杂。如果把荆江流域看作一个整体的生态系统，那么生活或往来于此的人们，也具有荆江一样的浪漫、荆江一样的情怀。

　　受荆江文化影响而形成的文学艺术，也具有荆楚地域文化的特征。如此浪漫多情的荆江，自然会引发文人的诗情。从上古荆江流域的洪水神话到楚辞楚歌，从江陵乐到公安性灵文学，无不体现着荆江的动人与美丽，荆江的奔放与洒脱。历朝历代的诗人们歌咏伟大的荆江，抒写荆江灾害或借荆江抒发内心的情感，在此留下了很多脍炙人口的诗句，也给荆江流域留下了丰富的文化遗产。

第一节　洪水神话

　　长江从高峡奔腾而下，流经三峡，至荆州遇江汉平原，其间又有诸多支流汇入，荆江一带就极易成为水患泛滥之地。虽然长江给生活于此的人们带来了无尽的灾难，但他们仍然选择与水抗争，并在此顽强生存。为缓解荆江对长江两岸人民的威胁，人们总是希望通过土垣的堆积,来阻挡住江水对城市和村落的侵害。在我国上古的神话中,就有很多关于荆江洪水神话的零星记载。原始社会时期人们的治水愿望,也就体现在这些零星的洪水神话之中。

对上古荆江洪水神话的记载,最早可以上溯到先秦时期的文献《尚书》。大禹治水并分天下为九州的文献记载中,就暗含了上古荆江洪水神话的内容。据《尚书·禹贡》记载,大禹分天下为九州,荆州为其一。在先秦时期人们的观念中,荆州仍然是一个大致的地理概念,而并非是后世所谓的行政区划的概念。东汉许慎在《说文解字》中解释"荆"为一种楚木,"州"是水中的陆地,"水中可居者曰州"①。由此来看,荆州与上古荆江治水神话也有着内在的文化联系。我们可以想象,大禹在治水之时,为辨别方向,以洪水中的不同高地作为地标,并对这些地标进行命名。"荆州"这一命名,自然也就蕴含着荆江原始治水的神话元素。

据袁珂考证,《山海经》的产生地域大略是楚地,作者也是楚国或楚地的人。②《山海经》中保存了上古时期楚地大量的神话资料。春秋时期,楚国势力已达江汉平原一带。至战国时期,楚国都城即荆江之侧的纪郢(今荆州市荆州区北)。楚人之所以选择将此地作为都城,主要是因为该地临近长江,自然条件十分优越。据纪南城遗址的实地考察,此地又处于一个相对较高的岗地之上,是荆江一带最适合发展城市的区域之一。因此可以说,荆江优越的自然环境,是楚人定都于纪郢的重要地理条件之一。在《山海经》中记载的洪水神话,主要有两类:一类是关于鲧、禹战洪水、定九州的故事;另一类是对引发大水的神怪现象的文化阐释。③ 学者研究认为,《山海经》中神话的发生地,比较集中地处于

---

① (东汉)许慎原著,汤可敬撰:《说文解字今释》(下),岳麓书社1997年版,第1606页。
② 袁珂:《神话论文集》,上海古籍出版社1982年版,第1~2页。
③ 高有鹏:《神话气象〈山海经〉的文化世界》,海燕出版社2015年版,第55页。

长江流域和黄河流域。① 因此,《山海经》中所记载的洪水神话也应与荆江文化有着密切的联系。

楚地荆江神话的产生,与人们抗旱求水的活动有关。在荆江枯水期,大地干旱而致农业减产或停产。在原始社会时期,这可能会给楚地先民们带来不堪设想的后果。《山海经·大荒北经》中记载了黄帝时期的一首歌谣,我们可以将之看作一段抗旱的"咒语"。从其文字形式和内容来看,似乎是产生并流传于荆江流域,且具有强大文化力量的一句歌诀:"神北行!先除水道,决通沟渎!"②相传,黄帝大战蚩尤,蚩尤请来风神和雨神助阵,由此而引发了暴雨和洪水。为了对抗洪水,黄帝于是请天女魃来消解水患。在古代民间信仰中,天女魃又为旱神。汉代东方朔在《神异经·南荒经》中记载,天女魃是南方的神。黄帝和蚩尤之间的战争结束后,魃却不能返回天国,所以反而又使当时天下大旱。黄帝为了平息旱灾,就让她住在赤水以北。但是,魃却不愿意长久居于一处,又逃出赤水,并到处为害人间,给人们带来了无尽的旱灾。这首歌谣中的"神",即天女魃。楚地先民念着这段咒语,就是为了驱赶魃,使她离开。他们严肃地告诫她说:"我们已经把水道和沟渎都疏通了,此处再也不会发生旱灾了!"语言简洁有力、掷地有声。蔡靖泉研究认为,此歌谣也正是南方楚地方言的用词和语气,因而推断这首歌谣是"用于驱逐旱魔的仪式中由巫觋演唱之歌"③,这个看法是很合情合理的。

楚地的荆江洪水神话中,驱赶洪魔的活动体现了先民与洪水抗争的顽强精神。在楚地歌谣中,还有一首与洪水有关,名为《江有汜》。其诗为:"江有汜,之子归,不我以。不我以,其后也悔!江有渚,之子归,不我与。不我与,其后也处!江有沱,之子归,不我过。不我过,

---

① 高有鹏:《神话气象〈山海经〉的文化世界》,海燕出版社 2015 年版,第 97 页。
② 转引自蔡靖泉:《楚文学史》,湖北教育出版社 1996 年版,第 218 页。
③ 蔡靖泉:《楚文学史》,湖北教育出版社 1996 年版,第 218 页。

其啸也歌!"①这首歌谣被记载在《诗经·召南》之中,后世多将此诗解读为弃妇的怨辞。② 不过,蔡靖泉认为这首歌谣是记述荆江一带洪水泛滥,人们与洪魔顽强斗争的一段歌辞。诗中的"汜""渚""沱",便是指荆江流域的水系,其中的"子"是指楚地水魔。他认为此诗应是荆江流域的先民们在天降暴雨、洪水滔天之时,驱赶水魔的一段"咒语"。③ 在楚地流传已久的这首神话歌谣,后来为周朝官方所收集,并收入《诗经》中的《国风》,以供周天子了解四方民众的生活和思想。于是,官方按其所采集的方位,将此歌谣并入《召南》,使其成为当时的正统之作,并演化为后世宣扬思想的文字工具。

这首歌谣中的"江有汜""江有渚""江有沱",表达了人们强烈希望漫地洪水尽快退去的愿望。荆江洪水神话"神北行""江有汜",与北方"鲧禹治水"的洪水神话传说,都是我国上古神话的内容。"神北行""江有汜"反映了上古荆江一带先民治理洪水的史实。不过,这首南方歌谣经过周朝官员的采集和改编,已并非如《神北行》那样具有上古歌谣的面貌,后世对此诗的解读也受到了汉代诗经学的影响。

荆江流域一带还有息壤、地肺和海眼的传说。在清乾隆《江陵县志序》中,据荆州地方文人记载,荆江一带"水有三湖三海之壮阔,地有息壤地肺海眼之瑰异"④。关于息壤、地肺和海眼,在其他不同时期的荆州方志文献中,也有一些零星的记载。这些神话承载了古代荆江一带人们治理荆江水灾的美好愿望。

息壤是荆江洪水神话的重要载体。清代地方史志文献中,追述和总结了地方百姓对荆江洪水神话的历史记忆,息壤神话也极有可能是产生

---

① 程俊英、蒋见元:《诗经注析》(上册),中华书局1991年版,第51~52页。
② 程俊英、蒋见元:《诗经注析》(上册),中华书局1991年版,第51页。
③ 蔡靖泉:《楚文学史》,湖北教育出版社1996年版,第224页。
④ 湖北省人民政府文史研究馆、湖北省博物馆整理:《湖北文征全本》(第8卷),湖北人民出版社2014年版,第129页。

并流传于荆江一带的神话。鲧窃息壤的神话故事,在荆江流域一带有着广泛的流传空间。《山海经·海内经》记载:"洪水滔天。鲧窃帝之息壤以堙洪水,不待帝命。帝令祝融杀鲧于羽郊。鲧复生禹,帝乃命禹卒布土以定九州。"①这段记载的行文如论史实,人物真切,事迹明晰,读来令人感到惊心动魄。另外,文献中所提到的祝融,也是楚人所祭祀的祖先,也更体现出荆江历史文化的悠久和神秘。

  荆州息壤的神话传说在荆江流域得到广泛流传,并在后世形成了丰富的"息壤"文化主题。早在先秦时期,楚人的文献就对息壤有所记述,如屈原的《天问》《惜诵》等。至唐朝时期,江陵一带的人们仍高度认可并接受息壤文化。据唐代文献《溟洪录》记载:"江陵南门有息壤焉,隆地如伏牛马状,平之则一夕如故。"②在这段文字中,所描写的江陵息壤,如"伏牛马状",被铲平一天之后,又会重新生长出来。北宋时期,荆州仍有与息壤相关的景点。苏轼至荆州后,来到南门外的息壤景点进行游览。他在此写道:"今荆州南门外,有状若屋宇,陷入地中,而犹见其脊者,旁有记云不可犯。畚锸所及,辄复如故,又颇以致雷雨。岁大旱,屡发有应。"③北宋时的荆州息壤,"状若屋宇,陷入地中",还能看到"屋脊",并且还立碑警示时人不可冒犯。由此可见,此时期荆州市民对息壤仍有着高度的敬畏之情。苏轼在此还写下了《息壤诗》,其中也充满了神话的想象。他将息壤神话故事用于文学创作,其诗写道:"帝息此壤,以藩幽台。有神司之,随取而培。帝敕下民,无敢或开。惟帝不言,以雷以雨。惟民知之,幸帝之怒。帝茫不知,谁敢以告。帝怒不常,下土是震。使民前知,是役于民。无是坟者,谁取谁

---

  ① 袁珂校注:《山海经校注》,巴蜀书社1993年版,第536页。
  ② 转引自(清)倪文蔚等修,顾嘉蘅等纂:《荆州府志》(一),台湾成文出版社1970年版,第81页。
  ③ (宋)苏轼著,邓立勋编校:《苏东坡全集》(上),黄山书社1997年版,第363页。

干。惟其的之，是以射之。"①苏轼对鲧窃息壤的神话进行改编，更增添了息壤神秘文化的色彩。他对荆州息壤文化的解读，丰富了宋代荆州息壤文化的内涵。

直至清朝时期，荆州地方对息壤神话仍有着极高的敬畏之情。地方文献对息壤也有十分生动形象的记载："康熙元年，荆南大旱，土人请掘息壤。出荆州南门外堤上，掘不数尺，有状若屋而露其脊。复下尺许，启屋而入，见一物正方，上锐下广，迫视非木非土，非金非石，其纹如篆。士人云：'此即息壤也！'急掩之，其夜暴雨不止。历四十余日，大江泛溢，遂决万城堤，几陷荆州。"②这段记载看起来相当真实。康熙年间，为平定大旱，荆人掘动息壤，以致后来还引发了荆州的大水灾。

康熙二十二年(1683 年)，荆州设立八旗驻防，并成为清朝时期荆江流域唯一的一处八旗驻防地。与此同时，大量满族、蒙古族人因军事驻防也迁徙至此定居。此后，荆江文化对满族、蒙古族的旗人也产生了深刻的影响。光绪时期的满族旗人来福，是荆州驻防旗人平民诗人的代表，他对荆江文化有着充分的了解，他的诗作对息壤也有着具体的描述，并提出了一些疑问："洪钧鼓铸息壤成，似土非土石之类。覆盂如屋觚剩传，得非扶舆精气所荟萃。黯淡奇古识者谁？洵矣崇伯之子称大智！埋来江陵穴春雷，怪风欻雨鬼神闼。光气往往烛天升，冯夷阳侯望而生惊悸。"③由此看来，息壤文化神秘的特质，引得后世众多文人的探索，具有很强的文化吸引力。以上这些文献，还充分反映了息壤神话在荆州一带有着两千多年的流传时间。

---

① (宋)苏轼著，邓立勋编校：《苏东坡全集》(上)，黄山书社 1997 年版，第 363 页。

② (清)倪文蔚等修，顾嘉蘅等纂：《荆州府志》(一)，台湾成文出版社 1970 年版，第 82 页。

③ (清)希元原注，林久贵点注：《荆州驻防志》，湖北教育出版社 2002 年版，第 309 页。

地肺也是上古荆江神话的重要内容。相传,地肺即在荆江一带,地肺与洪水也有着不解之缘,蕴含着荆江古代先民治理洪水的美好愿望。"地肺"之名在楚地周围区域中多有使用,可证明楚地即其传说的衍发中心。梁元帝萧绎在江陵称帝,他所作的《金楼子·志怪篇》中,记载了很多奇怪的事情,其中就包括荆州的地肺:"地肺,荆州济江西岸安船处也。洪潦常浮不没,故云地肺。"①从该记载来看,魏晋时期荆州一带的人们认为,地肺是一处从来不会遭受水灾的地方,此处可以停泊船只,就算是发生了洪水,也不会被洪水淹没。萧绎还记载说,此地肺的土地上,还住着一些人,他们"足骨无节解,身有毛"②,这些倒可看作无稽之怪谈,算不上史实。但是,这些记载却为荆江文化增添了很多神秘的色彩。至明朝时期,公安袁中道《菩提寺(其二)》写道"三旬藏地肺,一水隔天涯"③,诗句后自注说,荆州即有地肺之名。清代荆州地方志文献记载:"玉路口天王寺后有土两片,色微紫,坚凝如石,斫之始剥,俗谓地肺,缭以石阑。"④因神话流传时间较长,清代荆州地肺则变得更加具象化,这反映了人们在认识事物时思维上的局限性。这段文献中的地肺被具体化为石头,其形似肺,因而被当时的人们称为地肺。不过,人们对地肺的神话传说多有附会之事,这也充分反映了生活在荆江一带的古代人们,对地肺怀有很高的敬畏之情。

海眼也是荆江一带富有神秘色彩的神话传说。古人认为,海眼是泉水与地下江海的相通之处。海眼,又作尾闾,意思是指海水的最终归宿。宋代《太平广记》中的"江陵书生"这则文献中,就引用了一段《息壤记》,似乎是一段流传已久的神话故事。这个故事说:"禹堙洪水,兹

---

① (梁)萧绎:《金楼子》,中华书局1985年版,第94页。
② (梁)萧绎:《金楼子》,中华书局1985年版,第94页。
③ (明)袁中道:《小修诗注》,崇文书局2014年版,第18页。
④ (清)倪文蔚、(清)舒惠原著:《万城堤志·万城堤续志》,湖北教育出版社2002年版,第301页。

有海眼，泛之无恒。禹乃镌石，造龙宫之宫室，置于穴中，以塞其水脉。"①说的是大禹治水时，有海眼不断涌出海水，大禹于是造宫室以塞海眼。清陆凤藻在《小知录》中，认为海眼与大禹治水有关，并将大禹镌石造龙宫以堵海眼之事的地点，设定在荆州境内。② 可见，到了清朝时期，地肺已自然而然地成为荆州一带本土的神话传说了。当然，从地理上来看，荆州属内陆，海眼位于此处并不太符合人们的认知逻辑。事实上，荆州绝对不可能是海水的归宿，这个记载只能是大致反映了荆江一带上古历史时期多有洪水泛滥的史实。

第二节 文思奥府

　　水是万物生命之源，也是文学艺术创作灵感之源。不同地理、流域空间都能产生特殊的文学艺术形态。荆江作为长江独特的一段，其文化具有复杂性、神秘性和多样性。在荆江流域所产生的文学，也就具有上述特点。在先秦时期的荆江流域，楚文学艺术瑰丽浪漫。楚国的文学以楚辞为代表，楚辞对中国后世文学发展有着极为深刻的影响。另外，自先秦时期始，楚人的民歌创作也独步南北，楚民间艺术形态有着良好的发展土壤。楚地的民歌与北方秦晋、南方吴越等地的民歌有所不同，具有自身独特的艺术特色。

　　楚辞的本义，是指在楚地产生并流传的歌辞，或者可以说是产生于荆江流域的歌辞。自秦汉时期始，因为楚辞的艺术内容和形式都十分独特，故而大行其道，为后世人所欢迎。后来，"楚辞"一词就用来特指以屈原的文学创作为代表的一种新诗体。从文学地理上来看，楚辞文学与荆江地理环境有着密切的关系，因为楚辞作品的创作地点，大多是在

---

① （宋）李昉：《太平广记》（第四册），中华书局1961年版，第1481页。
② （清）陆凤藻辑：《小知录》，上海古籍出版社1991年版，第41页。

荆江之北的纪郢；楚辞的创作内容也大多与楚地、楚国有关；楚辞的文学意象，也大多与荆江流域的地理水系、人文风情、楚国政治以及楚人思想情感有关。因此，楚辞具有浓郁的荆江文化特色。

屈原是世人所熟知的楚国名人。他生于荆江之侧，长于荆江之侧，荆江文化赋予了他百折不屈、特立独行的内在人格精神。据《史记·屈原贾生列传》记载，他是春秋初楚君蚡冒的后裔，他掌管昭、屈、景三姓的管理工作，为这些姓氏的楚贵族后裔定族谱，并为楚国发掘良才。他对内举贤授能，对外一心向楚，谋求霸业，为楚国作出了不可磨灭的贡献。但是，屈原性格相当耿直，对楚国旧贵族而言，屈原简直就是他们的"眼中钉"。后来，屈原不仅遭到了楚国旧贵族势力的排挤，还遭到楚王的多次流放。在楚郢都被秦人攻破之后，他在湖南汨罗投江自杀。

屈原的作品，一般认为有《离骚》《九歌》《天问》《九章》《远游》《卜居》《渔父》《大招》，其中《九歌》共有11篇，《九章》共有9篇。这些作品大多是在荆江流域一带创作的，是荆江文化的重要文学载体。屈原生活于荆江之畔，他的诗作中有很多关于水的意象。这些意象都与他高尚的人格精神相关联，荆江对其文学创作产生了深远影响。在汉水以北流传着《渔父歌》，这也应是流传于长江、汉水一带的楚歌："沧浪之水清兮，可以濯吾缨；沧浪之水浊兮，可以濯吾足。"①屈原在被放逐时，听到楚地渔民唱这首歌。对于渔夫而言，这只不过是打鱼生活中的消遣而已。但对屈原而言，此歌被赋予了特殊的隐含意义。他将"渔父"之歌辞付诸笔端，并赋予其人生哲理，以江水清浊，来比喻社会的光明与黑暗。同时，沧浪之水又可以类比人的品性优劣。在屈原看来，这沧浪之水与楚国纪郢的荆江之水，亦有着内在的精神联系。

屈原借物抒情，往往以水作喻，使荆江之水更具有了人的性情和悲

---

① 吴广平：《楚辞全解》，岳麓书社2008年版，第280页。

欢。如《离骚》中就写道:"朝搴阰之木兰兮,夕揽洲之宿莽。"①在《抽思》的尾声中他又写道:"长濑湍流,溯江潭兮。"②屈原在被放逐之际,从荆江到汉水,又溯汉水而上。此时的汉水,又让诗人想起荆江了吧!只不过此时的他离故乡越来越远,也与楚国的复兴之路越来越远。从文学创作的角度而言,这些意象都是具有象征性的,而并非写实。因此,屈原很有可能是将此场景设于荆江之侧的纪郢一带。草木的凋零、江水的无情,都使诗人内心有所触动。自己渐趋衰老,楚王又不能很快振作起来改变楚国的命运,更使他内心忧伤,黯然神伤。此中"木兰""宿莽"是诗人精神的寄托和象征,诗中所隐含的创作环境即指荆江,这也是诗人的生命所在和灵魂所牵。

屈原所著的《河伯》篇,实际上也算作祭祀荆江之神的一首歌辞。春秋时期,荆江流域仍遗留着楚族早期在黄河流域祭祀河神的习俗。至战国时期,楚人心中的"河神"便与荆江之"江神"合而为一了。诗开篇就写道"与女游兮九河,冲风起兮横波",这一段描写所倚重的想象空间,即是以荆江作为其创作的"蒙太奇"背景:"乘水车兮荷盖,驾两龙兮骖螭。登昆仑兮四望,心飞扬兮浩荡。日将暮兮怅忘归,惟极浦兮寤怀。鱼鳞屋兮龙堂,紫贝阙兮朱宫,灵何为兮水中?乘白鼋兮逐文鱼,与女游兮河之渚,流澌纷兮将来下。子交手兮东行,送美人兮南浦。波滔滔兮来迎,鱼邻邻兮媵予。"③其后,诗人又神游于幻境,"乘水车""驾两龙"而登昆仑之上。天色已晚却不归家,只思念那遥远的水乡。诗人将河神送至南方的水滨而与之告别。巫和水神共游于水府之中,建立了良好的友谊。人们讨得江神的欢娱,并希望以此祈求江神不要发怒,更不要引发水患,为百姓祈求安居乐业。这也充分暗含了战国时期楚地人们对治理水患的愿望表达。

---

① 吴广平:《楚辞全解》,岳麓书社 2008 年版,第 6 页。
② 吴广平:《楚辞全解》,岳麓书社 2008 年版,第 204 页。
③ 吴广平:《楚辞全解》,岳麓书社 2008 年版,第 92 页。

荆江成为屈原内心一个重要的楚地符号，寄托了他的爱国之情。长江中的荆江段，对于屈原而言，就代表着楚国和他的故乡。他的《涉江》篇写道："哀南夷之莫吾知兮，旦余济乎江湘。"①又在《哀郢》中写道："去故乡而就远兮，遵江夏以流亡。"②诗人一旦离开了荆江，也就意味着要离开自己的国家了！这荆江之水、湘沅之水，更流淌出了屈原内心的愤懑和悲伤。这些诗句中也蕴含着诗人思念国家、思念故乡的一片深情。"夏水""洞庭""湘江""沅江""汉水"等水系流域，与楚地长江有着很大的不同，但也正是这些错综复杂的水系，阻断了诗人回归楚国的道路。他过长江至鄂渚，又到了湘、沅一带，最终被流放到了溆浦这个地方。宋代楚辞学家洪兴祖在《楚辞补注》中，评价了屈原的《涉江》篇，他说："此章言己佩服殊异，抗志高远，国无人知之者，徘徊江之上，叹小人在位，而君子遇害也。"③从荆江流域到湘江、沅江，这是屈原被放逐他处的代指。

宋玉（约前290—前223年），战国时鄢城（今湖北宜城）人，青年时期生活于荆州，他生活的年代略晚于屈原。宋玉的文学成就较高，善于辞赋，因此后世人们将他与屈原并称为"屈宋"。《汉书·艺文志》记载，宋玉共存有16篇赋。《隋书·经籍志》著录有《宋玉集》。

《九辩》是宋玉的代表作品，该篇是一首抒情诗，也是荆江流域具有特色的楚辞体诗歌。"九辩"是一个很古老的乐调。据楚地文献《山海经》记载，这个乐调"开上三嫔于天，得《九辩》与《九歌》以下"④。既然为楚人所记载的楚地歌谣，那就应是产生于荆江流域的古乐辞。此诗借用古调，表面是写自然景观，但其实是写诗人远离家乡的穷困，抒发内心真挚的情感，表现了他高尚的品行，是我国古代悲秋主题的不朽名

---

① 吴广平：《楚辞全解》，岳麓书社2008年版，第177页。
② 吴广平：《楚辞全解》，岳麓书社2008年版，第187页。
③ （宋）洪兴祖注，卞岐整理：《楚辞补注》，凤凰出版社2007年版，第112页。
④ 袁珂校注：《山海经校注》，巴蜀书社1993年版，第473页。

篇。其诗曰:"悲哉,秋之为气也!萧瑟兮草木摇落而变衰。憭栗兮若在远行,登山临水兮送将归。泬寥兮天高而气清,寂寥兮收潦而水清。"①全篇以悲秋切入诗情,"秋景""秋寒""秋空""秋悲",一系列与秋相关的意象,引发人们的想象。这一片荆江秋景有着空灵和寂静之感,其天高而气清,其水清而平静。诗人借景抒情,抒发他不得志的悲切之感。秋冬之交、寒霜冬至,也象征着他自己悲惨的命运。与此同时,他还敏锐地感受到了楚国衰败的气象,也预料到了楚国国势衰微,政治上无力回天的悲惨结局。诗人长期生活于纪郢,楚国大江大河、山川名胜,给他的文学创作带来了无比丰富的文学意象。楚顷襄王好游历而不问国事,宋玉仕途受阻,于笔端倾泻诗情,国家衰败亦成为诗人内心巨大的痛楚。悲秋者,实为悲人、悲国。依宋玉当时的生活进行想象,"登山临水"怕是他在楚国做得最多的一件事情了。登高而望远,看荆江东去,感受到楚国风雨飘摇。诗作写成之时,伤离别而近水:流逝的江水啊!正如楚国的荆江,总会带走我内心的悲伤吧!

后世对楚辞的文学成就也给予了很高的评价。近代楚地学者刘永济用"文采纵横,亦轹古笼今,百世无匹"之语,② 来赞美楚辞。他还细致地评价了楚辞中的诸篇,并认为:《离骚》丽雅,《东皇》典则,《湘君》缥缈,《山鬼》灵奇,《天问》环诡,《九章》明切,《九辩》凄缛。③《楚辞》的确是我国文学史上一座不可逾越的艺术高峰。值得一提的是,与前人相比,楚辞作家们在文学创作方式上开始有了本质的转变。生活于荆江一带的屈原、宋玉,以及唐勒、景差等楚国文学家,都是个人从事文学创作的先驱。这也意味着从《楚辞》开始,个人走向文学创作的中心。从创作地点的分析来看,《楚辞》中作品的创作地点,也大多与荆

---

① 吴广平:《楚辞全解》,岳麓书社2008年版,第307页。
② 刘永济:《十四朝文学要略(上古至隋)》,黑龙江人民出版社1984年版,第67页。
③ 刘永济:《十四朝文学要略(上古至隋)》,黑龙江人民出版社1984年版,第67页。

江流域有着内在的文化联系。楚辞作家都十分注重发挥自己独特的艺术想象力和创造力，充分利用楚地的水、楚地的名物进行文学创作，形成了独特的文学形式。楚国独特的自然环境、独具个性的荆江文化元素，都是文学创作的来源。由此创作的作品，辞藻华丽、想象奇特，可读性很强，艺术创作方法也具有了浪漫主义的基本特征。

第三节 西曲民歌

　　西曲歌是南朝清商曲的一类，产生于荆江、汉水以及珠江流域一带。其句法结构多样、句式灵活、语言直率而真实，大多反映了不同流域中以水上交通为情感表达主体场域的离情别意。传世的西曲歌，主要有《那呵滩》《三洲歌》《莫愁乐》《采桑度》《青阳度》《石城乐》等。从艺术形式上来看，又可分为舞曲和倚歌两类。在舞曲中还大多伴随有集体式的歌舞活动。

　　先秦时期，楚地的一些歌谣是后世西曲歌的文化源头，也可称作楚歌。楚歌与荆江早已内在地形成了相似的文化基因。楚人辗转而南迁，止于荆江之侧，换言之，楚歌就是流行在以荆江流域为中心的区域内的楚地歌谣。楚人自认为长江、汉水、沮水、漳水是楚国政治、军事力量所能到达之处，亦是楚文化的核心区域。因此，荆江流域、汉水流域、沮漳河流域，都是楚歌流传的大致范围。

　　《诗经》中《周南》《召南》中的诗篇，大概是产生并流传于荆江、汉水流域内。这些广泛流传的楚地民歌，大多体现了楚国人民对爱情的执着、对自由的向往以及对幸福的追求。如《汉广》篇，就表达了男子追求女子而不得的失望之情。生活在荆江一带的女子，大多具有独立自主的个性，她们对爱情的表达直接而热烈。如《摽有梅》中，楚地女子就直接要求男子抓紧时间来求婚，不要耽误了时机；再如《殷其雷》中的楚地女子，高声唱出了她对服役在外的丈夫的思念之情，要他快点回家。他们情感真挚,让人真切地感受到荆江一带先民们内心丰富的情感世界。

东晋以后,江陵成为北方士族南迁聚集之地。在此之前,荆州作为长江中游重要的城市,已有了较为深厚的文化积淀。南朝时期,以江陵为中心,荆江一带的民歌也逐步受到后世文人的看重。《乐府诗集》中就记载说:"西曲歌出于荆、郢、樊、邓之间,而其声节送和与吴歌亦异。"①郑振铎认为,西曲歌具有羁旅的情怀,与吴歌相比,西曲歌有着贾人和思妇的情趣,而吴歌更富有一种家庭的旨趣。② 江南的吴歌有独特的江南艺术风貌,荆江一带的江陵民歌则有着更具地域特色和艺术感染力的文学风格。"西曲歌"成为对江陵一带民歌的代称,其内容大多是商贾的水上生涯及商妇的离情别意。《江陵乐》和《哪呵滩》就是西曲歌的代表作品。

江陵乐,亦歌亦舞,具有多重的艺术表现形式,具有楚文化的特色,更体现了南朝时期荆江一带民歌艺术的风格。在大江南的地理环境中,江陵乐与吴歌相互呼应。《古今乐录》载:"江陵乐,旧舞十六人,梁八人。"③《徐献忠诗话》中的"江陵乐"条又说:"其乐有四,蹋蹀、戏场、蹋春、看花是也。"④由此可见,江陵乐是配合舞蹈的乐歌。在后世《乐府诗集》中所录的文字,仅仅只是其音乐的乐辞。

《江陵乐》所描述的内容是一位江陵女子思念她的意中人。《江陵乐》(其一)诗曰:"不复蹋蹀人,蹑地地欲穿。盆隘欢绳断,蹋坏绛罗裙。"⑤这一曲《江陵乐》,充分展示了荆江一带众人共同歌舞的场景。舞蹈的主要动作为"蹋蹀",即为踢和踏的组合动作,踢踏很有力道,

---

① (宋)郭茂倩编:《乐府诗集》,中华书局1979年版,第689页。
② 郑振铎:《中国俗文学史》,上海古籍出版社2013年版,第67页。
③ 转引自王青等编著:《两汉魏晋南北朝民歌集》,南京师范大学出版社2014年版,第222页。
④ 吴文治主编:《明诗话全编》,江苏古籍出版社1997年版,第3072页。
⑤ 王青等编著:《两汉魏晋南北朝民歌集》,南京师范大学出版社2014年版,第222页。

故诗云"踏地地欲穿";舞蹈的道具有很多,如"盆""绳";舞者的服饰也很艳丽,为"绛罗裙"。江陵乐的乐声震天,歌者歌唱,舞者以足踏地,产生自然节奏,并以此为歌者伴奏,表现了歌舞者自由、欢快的心情。众多观看表演的人,也参与其中。江陵女子也与心爱的意中人在乐舞之中相会,心生情愫。

《江陵乐》(其二)诗曰:"不复出场戏,蹑场生青草。试作两三回,蹑场方就好。"①明徐献忠对江陵乐的四种分类中的"戏场",即是此诗所描述的民歌类型。《太平广记》中所描述的舞蹈——"有诸男女,或歌或舞,饮酒作乐,或结伴蹋蹄。有童子百余人,围不疑马,踏蹄且歌"②,也是宋代江陵乐的表演形式。此时参与人数更多,表演场面更为宏大。

《江陵乐》(其三)诗曰:"阳春二三月,相将蹋百草。逢人驻步看,扬声皆言好。"③通过《魏氏乐谱》卷一的古乐谱,可对此乐曲产生更为直观的音乐和艺术感受。阳春二三月,天气晴好,众人皆踏春而观景,成为城市娱乐民俗中的一道亮丽风景。在这样的城市盛景中,又不知勾起了多少俊男少女的爱慕之情。

《江陵乐》(其四)中,一位女子深情委婉地唱着:"暂出后园看,见花多忆子。乌鸟双双飞,侬欢今何在。"④这位痴情的女子,因歌而生情,因舞而生思,故有"侬欢今何在"的无奈感叹,体现了荆江一带男女对爱情的深切向往和执着之情。这种集体歌唱和舞蹈的民间娱乐习俗,至唐代仍在楚地有所传承。唐刘禹锡的《踏歌词》,即是写这种江陵乐的娱乐习俗。

---

① 王青等编著:《两汉魏晋南北朝民歌集》,南京师范大学出版社2014年版,第222页。
② (宋)李昉:《太平广记》(第8册),中华书局1961年版,第2953页。
③ 王青等编著:《两汉魏晋南北朝民歌集》,南京师范大学出版社2014年版,第222页。
④ 王青等编著:《两汉魏晋南北朝民歌集》,南京师范大学出版社2014年版,第223页。

"那呵滩"也是产生于荆江流域的楚地民歌。那呵滩是荆江上的一处江滩,是长江行船的一处必经之地,是人们远离江陵的起点,也就成为承载人们爱情和思念的文化场所。郭茂倩的《乐府诗集》共收集了6首《那呵滩》,属《清商曲·西曲歌》,郭氏将之归入"清商曲辞"。萧涤非等人认为,这6首诗作之名"那呵",也是江陵方言"奈何"之意,本身就充满着离别之情。①《那呵滩》写出了贾客与江陵女子的悲欢离合。

南朝时期,荆州是长江中游一处重要的物资集散地,荆江也有着便利的航道。荆江自古上通巴蜀、下达吴越,其间贾客往来,络绎不绝。《徐献忠诗话》写道:"贾客上下往来女郎所留恋,故其道路所由,虽有那呵之险不能忘情,而上下其间也。"②在这往来的贸易中,贾客与爱人往往要分隔东西,而又归期未明,真可谓有"君住长江头,妾住长江尾"的哀怨和思念。不管是随船远行的船夫,还是行商坐贾,在此离别本身就充满着未知数。他们在此与亲人和爱人道别,更增添了一丝凄然之情。

《那呵滩》一共有6首。其一:"我去只如还,终不在道边。我若在道边,良信寄书还。"其二:"沿江引百丈,一濡多一艇。上水郎担篙,何时至江陵。"其三:"江陵三千三,何足持作远。书疏数知闻,莫令信使断。"其四:"闻欢下扬州,相送江津湾。愿得篙橹折,交郎到头还。"其五:"篙折当更觅,橹折当更安。各自是官人,那得到头还。"其六:"百思缠中心,憔悴为所欢。与子结终始,折约在金兰。"③从内容来看,《那呵滩》最有可能是男女的唱答之曲,表现了男子与送别女子的离别之情,是男女对唱之辞。由配合的16人一起舞蹈,合唱或男女对唱。这唱辞中,写出了远行的情郎与所爱之人在那呵滩的分别之苦,表达了

---

① 萧涤非等:《汉魏晋南北朝隋诗鉴赏词典》,山西人民出版社1989年版,第1796页。
② 吴文治主编:《明诗话全编》,江苏古籍出版社1997年版,第3073页。
③ 王青等编著:《两汉魏晋南北朝民歌集》,南京师范大学出版社2014年版,第228~229页。

分离之人悲痛欲绝的情感。

第一首开唱了，其中的男子便说道：我这就要去扬州了，一路全在水路之上，只好等到登岸了才能写一封家书给你，你也要记得给我写信。这其中一位痴情的江陵女子，对远去的郎君有着深切的呼唤：还是希望你天天在身旁吧，既然不能如愿，那也不能让书信就此中断。她们看着长江上那些远去的白帆，遥想郎君的归期。"上水郎担篙，何时至江陵"，顺水而下是很容易的事情，可逆水行舟，何时才能重新回到江陵呢？"闻欢下扬州，相送江津湾"，直接描写了荆江之侧的"江津"，即后世的"沙头""沙市"。女子的情郎欲东下扬州，两人在沙市依依不舍。天真和执着的女子，居然希望她心仪的男子所乘之船的橹马上就断掉，这样就可以不用分别了。

荆江女子的痴情、执着、天真和浪漫跃然纸上。在离别的最后时刻，女子仍然无法改变男子离开的事实，于是她的歌唱声中体现出更为坚决的态度——"百思缠中心，憔悴为所欢"，她坚信只要二人同心，无论相隔多么遥远，爱情都不会被距离所阻断。"金兰"之约亦表现了江陵女子对爱情的执着。

第四节　独抒性灵

明代中晚期，文学和思想的主倡者和领导者，多出于湖广或客居于湖广。思想界有李贽居于麻城，文学界有公安派和竟陵派，犹如北斗星辰，引导着中晚明的文学和艺术的创作。

公安派的主力军，即"公安三袁"，袁宗道、袁宏道、袁中道的居住地就处于荆江流域。生于荆江流域之人，多受水之福祉，多受水之浸润，同时又饱受洪水之灾。从他们的文化性格上来说，灵活而多变，浪漫而多思；从文学创作而言，文字多奇巧瑰丽。生于荆江流域的"公安三袁"不若北方的文学大家四平八稳，文多举时事，亦多台阁应酬之作,他们独抒性灵、文从心出。可以说,他们的文学艺术之所以能引导时代文学艺术的潮流,是与荆江流域的地理环境和人文氛围分不开的。

袁宗道(1560—1600年),字伯修,号石浦,明湖广荆州府公安县人。万历年间进士,后来他担任了翰林院编修、右庶子等职。他为人稳健,心态平和,为官清廉。身为大明官吏,至死而无余财,还几乎不能归葬故里。他著有《白苏斋集》二十二卷行世。袁宗道为家族之长子,其行多为传统所束缚,在文学创作上,其性灵之实践,并未能比肩其弟袁宏道。

袁宏道(1568—1610年),字中郎,号石公,是公安派的引导者。他曾任吴县县令、吏部主事、吏部考功员外郎等职。他一生多次入官而请辞,最终又归于荆江之故乡,体现了他深厚的故乡情结和荆江情怀。袁宏道的著作便刊刻于荆江之畔。万历三十四年(1606年),袁宏道的著作在家乡公安刊刻出版。他在后来的文章中记述说:"近日刻瓶花、潇碧二集,几卖却柳湖庄。计月内可成帙,然不能寄远,以大费楮墨也。"①其中所提到的"瓶花"即《瓶花斋集》,是袁宏道在北京任教官时期所写的诗文集;"潇碧"即《潇碧堂集》,是他休官家居时所写的诗文集。为了让毕生的诗文著作刊行于世,袁宏道几乎变卖了别墅柳浪馆的全部田地和房产。

袁中道(1570—1624年),字小修,自幼有文才,爱好佛道,有出世之意。受佛教出世思想的影响,他并无科举之意。青年时期,他与其兄一同至麻城拜访李贽,他们之间既结下了深厚的友谊,又在学术上有所共鸣。在佛、儒思想的多重影响下,他在入世与出世中徘徊,后任徽州府教授,后迁国子监博士,任南京礼部主事等职。

"公安三袁"中,袁宏道的文学理论具有独创性,作为公安派文学的指导理论,其生发于荆江之畔,体现了诗人与荆江的一种内在文化联系。首先,他认为文章要随时代而变化,就是要反对盲目模仿古代诗

---

① 袁宏道:《袁宏道集笺校》(下),上海古籍出版社2008年版,第1272页。

文。其次，他主张写诗作文要去伪存真，抒写真正的性灵。他在评价自己弟弟袁中道的诗歌时提出了"独抒性灵，不拘格套"的说法，也自然而然地形成了"性灵说"。从自然环境而言，性灵之说与明代荆州一带的地理环境有着直接的联系，明代荆州府东南而多平原、西南而多丘陵。袁宏道所居公安县，与荆州府隔江而望，其地多平坦，水系十分发达，水患亦十分频繁。为保荆州府之江陵县、沙市镇，府治官吏之治水，多"以邻为壑"，荆江洪水暴发之时，多固北岸之堤而保城市，多决南岸之堤以排洪而至于公安县。在这样的时代文化背景下，在此地居住的人们，往往多迁居所而避水灾，其共通性格中，就有着灵活、多变、活跃的文化个性。最后，主张"无心"或"童子之心"，而得文章之趣韵。他认为，"夫趣得之自然者深，得之学问者浅"①。这与袁宏道同李贽的学术思想交流有关，与李氏所主倡的童心说极为相近。

袁宏道的作品多样而富有特色，他的诗歌反对前后七子拟古之风，对粉饰之辞、模仿之作嗤之以鼻，而对"性灵"之诗句则持之以恒，其性灵之倡，对晚明的文学创作产生了重要的影响。其诗歌体裁丰富，是晚明文学改良运动的重要诗歌文献。其散文特色鲜明，清新自然。有的长篇而大论，有的简凝而活脱，诙谐幽默、自然而为。他的各类随笔作品也十分丰富，题材多样，意趣盎然。

荆江流域的城市以及居住于此的市民，都是袁宏道诗笔下的描写意象。明中后期以来，荆州城市发展十分迅速，这也彻底改变了袁宏道笔下的诗歌内容及创作的方式。袁宏道诗文"主情"，疏远政教伦理而主张个性。其诗文凸显审美功能，展示真正的才情意趣。袁宏道诗文中荆江流域的城市元素，从楚式建筑到荆州市民，都成了荆楚文化的精神载体。他在明代文坛中所主倡的文学创作之风气，也与荆江城市有着极大的关系。

---

① （明）袁宏道著，钱伯诚点校：《袁宏道集笺校》（上），上海古籍出版社1981年版，第463页。

"荆江情结"在袁宏道诗文创作中贯穿始终。早在其少年时期,袁宏道至荆州府参加考试,就写出了《古荆篇》。初出县城的少年,一到江陵就为长江和荆江大堤的壮丽所倾倒,其中数句即是以荆江大堤作为描写对象的:"年年三月飞桃花,楚王宫里斗繁华。云连蜀道三千里,柳拂江堤十万家。"①袁宏道对楚国故地荆州最初的印象就是荆江了。在这里长江一望而无际,江堤上种着一排排杨柳,堤上住着数十万的居民,荆江的水和城市在诗人的笔下更显诗意。在外为官,其心高洁,内心又坚守着儒家士子的一份纯真与执着。这其中的孤寂,实难排遣,内心的荆江情结也就更明显了。至万历三十年(1602年),袁宏道至荆江大堤,在此他才感受到了生命的平静。他在诗中说:"斑发今来是老成,缁衣聊复大堤行。见僧每忆年多少,观水因悲物变更。率尔扣门常误姓,偶然题壁不书名。章台寺里曾游处,古棘丛篁绕地生。"②他对荆州的眷恋之情油然而生。后来,袁氏兄弟都居于沙头,袁宏道还在荆江大堤上建了卷雪楼作为别墅。在袁宏道人生的熙熙攘攘之中,他最为钟爱的还是荆江的水、荆江的城市和故乡的人。

荆州城市依江而建,水赋予了城市生命力。明朝时期的公安堤,上接江陵,下接石首杨林口,堤岸离县城最近处不过三五十丈。堤岸必须每岁修筑,但地方官吏侵蚀堤款,弊蠹盘踞,大堤未坚,每遇大水,更给荆江两岸的人们带来了无尽的灾难。荆江之水多情而又无情,这一切都被记在"公安三袁"的笔下,成为那个时代人们对荆江的历史记忆。"公安三袁"在他们的人生之中,因多居于荆江一带,对荆江有着深刻的认识。公安地势较低,很容易产生水患。水也多次出现在他们的笔下,萦绕在他们的梦中。"三袁"的诗文对长江水患多有描写,荆州城市水患也成了荆州市民的一般记忆。袁宗道《苦雨(其二)》表现了他对

---

① (明)袁宏道著,钱伯城点校:《袁宏道集笺校》(上),上海古籍出版社1981年版,第2页。
② (明)袁宏道著,钱伯城点校:《袁宏道集笺校》(下),上海古籍出版社1981年版,第885页。

家乡水患的忧虑:"今春多骤雨,委巷绝经过。"①大雨时至,公安县内常为水所淹没,令诗人担忧。万历年间,公安多次遭受水灾。袁宏道也在《江涨》一诗中写道:"滟滪二冬雪,潇湘五月波。疾流翻地转,远势触云过。县尉临江祭,巴人下水歌。世平无孟琪,父老恨如何。"②他又在《江崩及城》一诗中写道:"城郭荒如许,迁来得几时?江通夔子国,潮打武侯祠。六代余封在,三分故里疑。焉知深谷底,不有万山碑?"③这些诗作充分反映了明代荆江文化的丰富内涵,同时也写出了明代荆江两岸人民的苦与悲。

第五节 大江绝唱

荆江犹如绸缎,蜿蜒曲折,澄白似练,千古不息。大江东去,自古以来,其豪气、其险峻、其浪漫、其多情、其多变,更引发了无数文人墨客的青睐与称颂。他们在此留下了无数动人的诗篇,或于荆江之侧借景抒情,或写荆江以怀古幽思,为荆江增添了浪漫的气息,亦为荆江留下了丰富的文化遗产,共同汇集成一曲大江绝唱,千古流传。

一、汉魏六朝诗人咏荆江

自古以来,荆江流域的城市,大多是兵家必争之地,荆州即是其代表。由于荆江一带的军事活动频繁,加强城市防御成为最重要的军事活动之一。自汉代以来,为了维持荆州城的安全,主事于此的官员们,不

---

① (明)袁宗道著,钱伯城标点:《白苏斋类集》,上海古籍出版社1989年版,第32页。
② (明)袁宏道著,钱伯城点校:《袁宏道集笺校》(上),上海古籍出版社1981年版,第20页。
③ (明)袁宏道著,钱伯城点校:《袁宏道集笺校》(上),上海古籍出版社1981年版,第86页。

断加强江陵的城市防御。至魏晋时期,荆州城池得到了进一步的扩建和加固,其军事地位更得到了提升,江陵遂发展成为长江中游最为重要的经济和军事重镇。魏晋时期,萧绎在江陵称帝,也促进了荆江流域经济和文化的发展。桓温之子桓玄,齐和帝萧宝融,梁元帝萧绎,西梁萧詧、萧铣等,都看中了荆江之侧江陵的富庶和坚固,并都以此作为他们称王称帝的根据地。

梁元帝萧绎刚至江陵,就为江陵的美景和城市盛况所震撼。他写下了《赴荆州泊三江口》的美妙诗篇:"涉江望行旅,金钲间彩斿。水际含天色,虹光入浪浮。柳条恒拂岸,花气尽薰舟。丛林多故社,单戍有危楼。叠鼓随朱鹭,长箫应紫骝。莲舟夹羽旄,画舸覆缇油。榜歌殊未息,于此泛安流。"①此诗作于萧绎至荆州之时,当时他才19岁,还是一位初出茅庐的青年,出为使持节、都督六州军事,并担任荆州刺史一职。翩翩少年,意气风发,至三江口见洞庭诸水汇流入江,不免诗情满怀。全诗由远处着笔,写水天一色,虹光入浪,其中的柳条、花色、舟船、朱鹭以及画舸等意象,唯恐不能入诗,其色全、其味足、其象齐,写出了荆江一带荆楚地域的独特景色。

荆江之水,往往还承载了人们的离别之情,诗人们于是把这种离别写进了他们的诗作里。萧绎在江陵之时,手下也聚集了一批贤能之士,其中有位诗人叫阴铿。阴铿,字子坚,甘肃武威人,是南朝陈代的文学家。他在江陵为官,对长江的美景有着很深的印象。有一次,他去沙市送他的好友刘孺离开,还没有赶到,好友已经乘船离开了。他于是在长江之畔写下了《江津送刘光禄不及》,以此来怀念他的好友,其诗写道:"依然临江渚,长望倚河津。鼓声随听绝,帆势与云邻。泊处空余鸟,离亭已散人。林寒正下叶,钓晚欲收纶。如何相背远,江汉与城闉。"②诗人立于"江渚","鼓声""帆势""离亭"拉开了他和友人之间的距离。

---

① 曹旭等选注:《齐梁萧氏诗文选注》,上海古籍出版社2015年版,第448页。

② (清)沈德潜选:《古诗源》,中华书局1963年版,第329页。

看着远去的帆影,心中的落寞与孤寂相伴。此时的荆江,承载着诗人的惆怅和对友人的思念之情。刘孝绰,南朝梁人,号为神童的他,文章出众,后来为梁武帝所看重,并委任以官职。在长江边的沙市,他同样表达了与好友之间的离情别意。他在《江津寄刘之遴》一诗中写道:"与子如黄鹄,将别复徘徊。经过一柱观,出入三休台。"①在此,他忆起与好友在荆江一带同游的经历,荆江也见证了他与好友之间深厚的友谊。

二、唐朝诗人咏荆江

唐朝时期,荆州是长江中游的一处军事和经济重镇。据《太平寰宇记》记载:"自至德后,中原多故,襄、邓百姓,两京衣冠,尽投江、湖,故荆南井邑,十倍其初。"②安史之乱以后,荆州外迁人口的骤增成为农业、手工业及商业繁荣的重要推动力量。③ 唐杜佑认为,"荆楚风俗,略同扬州,杂以蛮左,率多劲悍。南朝鼎立,皆为重镇。然兵强财富,地逼势危,称兵跋扈,无代不有"④。在这样的历史经济和军事背景下,荆州成为唐朝时期较为重要的长江中游城市,同时在全国也具有重要的经济和军事地位。

关于荆江的地理形势,唐代诗人陈子昂《渡荆门望楚》、李白《荆门浮舟望蜀江》《渡荆门送别》,都形象地描绘了唐代长江至荆江段的自然形胜。长江流至峡谷,受山脉约束,出峡之后,犹如脱缰的野马,奔腾而下。在平原地段,河道蜿蜒,江水流入荆江之后,清江、沮漳河又汇入长江,使此处常有溃堤的险情。李白的"江色绿且明,茫茫与天平。逶迤巴山尽,摇曳楚云行"⑤,是讲处于峡江宜都市境内的荆门山。诗

---

① 中共江陵县委宣传部:《江陵吟》,中国文联出版公司1987年版,第44页。
② (宋)乐史撰,王文楚等点校:《太平寰宇记》,中华书局2007年版,第2832页。
③ 林立平:《唐代荆州经济述论》,《中国社会经济史研究》1988年第3期。
④ (唐)杜佑:《通典》,中华书局1988年版,第4892页。
⑤ (清)王琦注:《李太白全集》,中华书局1977年版,第1019页。

人顺江而下，不远即进入了荆江，并于此感受到了与巴蜀一带不一样的长江风貌。陈子昂诗篇中的"巴国山川尽，荆门烟雾开"①，以及李白诗中的"山随平野尽，江入大荒流"②，诗意境大有不同，但都描写出了荆江段长江干线水系的特点。

张九龄（678—740年），字子寿，韶州曲江（今广东曲江）人。他在开元二十五年（737年）被贬至荆州为长史，并在荆州写下了很多诗篇。这些诗篇多创作于荆江之侧的江陵府，写景阔大、气势恢宏，忧思深重，人格精神于诗文之中真实可感。登上荆州城远观江景，他在此写下了《登荆州城望江》诗。他所看到的长江，穿江陵城南而过，蔚为壮观。其诗写道："滔滔大江水，天地相终始。经阅几世人，复叹谁家子。东望何悠悠，西来昼夜流。岁月既如此，为心那不愁。"③张九龄被贬荆州，其内心的郁闷可想而知。登楼远望荆江，江水滔滔，天地一色，从西至东，昼夜不停，荆江的水更引发了诗人时不我待的感叹与伤感。荆江的风光、古楚的人物，此情此景使他内心与楚地先贤产生了内在的精神共鸣。

荆江的水就是如此多情，引得他处的诗人文客，描写荆江，歌颂荆江。孟浩然（689—740年），唐代襄阳人，田园诗人。张九龄镇荆州之时，他为其从事，在其幕府下任职，在荆州生活过一段时间。他于荆州作《陪张丞相自松滋江东泊渚宫》："放溜下松滋，登舟命楫师。讵忘经济日，不惮冱寒时。洗帻岂独古，濯缨良在兹。政成人自理，机息鸟无疑。云物凝孤屿，江山辨四维。晚来风稍紧，冬至日行迟。猎响惊云梦，渔歌激楚辞。渚宫何处是，川暝欲安之。"④诗人在荆州，所看"云

---

① 陈元生等主编：《历代长江诗选》，长江文艺出版社1993年版，第244~245页。
② （清）王琦注：《李太白全集》，中华书局1977年版，第739页。
③ （清）彭定求等编：《全唐诗》（第二册），中华书局1960年版，第608~609页。
④ （唐）孟浩然撰，李景白校注：《孟浩然诗集校注》，巴蜀书社1988年版，第182页。

物""江山",有猎响之声,有渔歌互答,荆江一带尽显古楚文化的特色。孟浩然诗主田园,至荆州后,看到荆江浩荡,其诗一改其平淡的诗风,立马也具有了楚人之浪漫,深得荆江之水的浸润。他对荆江的历史文化了然于心,"濯缨""洗帻"均指楚国典故,"渔歌""楚辞"均为楚地乐辞,在此诗人充分感受到了荆江和楚地的人文风情。

刘禹锡(772—842年),字梦得,唐洛阳人,唐中晚期著名诗人。他多次被贬官南方,对南方的地理和民歌有着较为深入的了解。刘禹锡的才华和志向都受到了王叔文的器重,贞元二十一年(805年),他被任命为屯田员外郎。受到重视的刘禹锡,意气风发,和柳宗元一道很快就成为当时革新集团的成员。后来,王叔文集团失败,改革宣告结束,刘禹锡也遭到贬谪。他行至江陵之时,写下了《自江陵沿流道中》《荆州乐》等诗歌。这些诗歌对荆江有着十分艺术化的描写,这其中也表现出了诗人用艺术来治愈自己政治失意的心灵之痛,荆江也理所当然地成为他行旅途中一个温暖的港湾。他在《自江陵沿流道中》写道:"三千三百西江水,自古如今要路津。月夜歌谣有渔父,风天气色属商人。沙村好处多逢寺,山叶红时觉胜春。行到南朝征战地,古来名将尽为神。"①此时的诗人,被贬南方而行至楚地的荆江之上,月夜于此栖息,楚地歌谣似乎有《渔父》之唱。屈原一心向国,却受楚怀王多次放逐,刘禹锡于此,何尝不是真切地感受到屈原被放逐之时与渔父对话时的内心世界呢?其《荆州歌二首》亦歌曰:"渚宫杨柳暗,麦城朝雉飞。可怜踏青伴,乘暖着轻衣。今日好南风,商旅相催发。沙头樯竿上,始见春江阔。"②在此诗人见荆江一江春水,江上舟船往来,风景秀美,热闹非凡。诗人也忆起荆江之侧楚国的渚宫,并以渚宫意象引入诗歌。沙头镇的商旅来往,十分繁华,沙头码头上的船只相拥,一派和谐的荆江人水之景。其《堤上行》三首诗,就是诗人漫步于荆江之侧,对荆江大堤进

---

① (唐)刘禹锡:《刘禹锡集》,上海人民出版社1975年版,第380页。
② (唐)刘禹锡:《刘禹锡集》,上海人民出版社1975年版,第235页。

行细腻观察之后的描述——"酒旗相望大堤头，堤下连樯堤上楼"①，唐时的荆州府人民，为了防止水患，有将房舍建于大堤之上的建筑习俗，因而有"堤下连樯堤上楼"的诗句。

唐代著名诗人杜甫也与荆州、荆江有着不解之缘。杜甫至荆州后，对荆江有过一段十分精彩的描述，其《送王十六判官》诗写道："客下荆南尽，君今复入舟。买薪犹白帝，鸣橹已沙头。衡霍生春早，潇湘共海浮。荒林庾信宅，为仗主人留。"②该诗的写作时间或不可考，但此诗所指的"沙头"即沙市，其写作的内容即是以荆江作为意象空间的。吴来蜀往的各类船只，一般都停留在荆江的沙头镇，在此休整和补给物资，这里也是百货的中转站。

荆州的历史人物，也给杜甫的诗增添了很多荆楚地域特色。大历初年，杜甫胞弟杜观在荆州，他欲至江陵探望，在未到江陵之时，就写下了《江陵望幸》这首诗："雄都元壮丽，望幸欻威神。地利西通蜀，天文北照秦。风烟含越鸟，舟楫控吴人。未枉周王驾，终期汉武巡。甲兵分圣旨，居守付宗臣。早发云台仗，恩波起涸鳞。"③此时的诗人听闻唐代宗将要巡视江陵，内心无比喜悦，在全诗中充满了对皇帝驾幸江陵的期盼，也希望他可以与皇帝在江陵不期而遇，并因此可以施展自己的才华，从而得到恩泽。此诗中"地利西通蜀，天文北照秦""风烟含越鸟，舟楫控吴人"诗句，多为后世文人和学者所引用，不仅写出了荆江地理位置的重要性，还具体地写出了江陵上通巴蜀、下达吴越、北引秦晋的便捷交通体系，这也是对荆江交通的一种写照，反映了江陵作为当时中国交通枢纽的重要历史地位。

大历三年（768年）春天，杜甫出峡而到江陵。其后，他又作《送李

---

① （唐）刘禹锡：《刘禹锡集》，上海人民出版社1975年版，第238页。
② （唐）杜甫著，（清）仇兆鳌注：《杜诗详注》，中华书局1979年版，第1595页。
③ （唐）杜甫著，（清）仇兆鳌注：《杜诗详注》，中华书局1979年版，第1052页。

功曹之荆州充郑侍御判官重赠》诗云："曾闻宋玉宅,每欲到荆州。此地生涯晚,遥悲水国秋。孤城一柱观,落日九江流。使者虽光彩,青枫远自愁。"①此诗是诗人在四川夔州时所作。在此,诗人向东而遥望楚地,感到无比的悲痛,荆江之水、荆江之景、荆江之落日以及纵横交错的水系,都给诗人以深刻的印象。由于荆江水域众多,诗人甚至直接把江陵比作"水国",在这一望无际的"水乡"里,承载了他深切的忧国忧民之愁。

三、宋元诗人咏荆江

宋元时期,荆江一带垸田兴起,加之长江诸支游水利灌溉及堤防工程的发展,提高了荆江一带的粮食产量。以江陵为中心的区域,是当时全国重要的产粮区。据《宋史》记载："江陵大府,雄踞上流,表里襄、汉,西控巴蜀,南扼湖、广,兵民杂处。"②《太平寰宇记》载："江左大镇,莫过荆扬,若非时望名贤,不居此郡。"③宋元时期的江陵成为全国闻名的商业城市,与当时的扬州、杭州、广州、益州等城市并列。

作为长江中游的重要城市,江陵"东界鄂渚,西接溪洞,南抵五岭,北连襄汉"④,纵连南北、贯通东西,因而文人豪客、坐贾行商多经此处。宋代苏轼刚到荆州之时,就对荆州的商业文化有着深刻的印象。他到荆州之时,诗情如泉涌,故以"荆州"为名,共作诗10首,或描写城市,或怀古感时,或观景咏物,大多援引楚史典故,吟咏楚地风情。其中以"荆江"为诗歌意象的诗作,更显其艺术魅力。苏轼《荆州十首(其一)》："游人出三峡,楚地尽平川。北客随南贾,吴樯间蜀船。

---

① (唐)杜甫著,(清)仇兆鳌注:《杜诗详注》,中华书局1979年版,第1594页。
② (元)脱脱等:《宋史》(第三十八册),中华书局1977年版,第13258页。
③ (宋)乐史撰,王文楚等点校:《太平寰宇记》,中华书局2007年版,第2831页。
④ (元)脱脱等:《宋史》(第七册),中华书局1977年版,第2201页。

江侵平野断，风卷白沙旋。欲问兴亡意，重城自古坚。"①在此诗之中，苏轼先是写了江汉平原的地理面貌，"楚地尽平川"，是为远观。在诗中又看到了"北客""南贾"，在荆江之上，又有"吴樯""蜀船"，好一派荆江风光。

江陵古城坐落于荆江北岸，坚不可摧。苏轼于此寓居之际，还寻访了楚国渚宫、汉代的降帐台、魏晋湘东苑等城市遗址。这些遗址是荆江的重要历史文化资源。苏轼在此发挥其历史想象和文学创作才能，怀楚而为《渚宫》之诗。该诗生动地描绘了位于荆江之侧的巍峨宏伟的楚王行宫——渚宫："当时郢人架宫殿，意思绝妙般与倕。飞楼百尺照湖水，上有燕赵千蛾眉。临风扬扬意自得，长使宋玉作楚词。"②楚国渚宫是楚成王时期所建的行宫。苏轼依史志及前人之记载，于荆州寻访渚宫，在此描绘了一幅金碧辉煌、美女如云的楚王行宫图。但是，此时的渚宫早已不见踪影，空余荆江悠悠。苏轼于此转而怀古，感叹楚国衰亡，抒发了对楚国历史由盛而衰的惋惜之情。

北宋时期，以荆江作为直接吟咏对象的，得数刘敞的《入荆江》一诗了。刘敞（1019—1068年），北宋临江新喻（今江西新余）人，字原父，号公是。他学问渊博，为官清廉。该诗对荆江有着长篇的吟咏，其诗云："此江自岷山，浩瀚浮西极。中为三峡束，壅阂气愤激。崩腾得平地，千里怒未息。虽投洞庭阔，争道犹逼窄。触岸皆倒流，势兼万牛力。浑黄不可鉴，咫尺瞢玄白。颇似昆仑流，泄源下积石。逶迤屡屈折，九曲乃大直。始信柱渚歌，至今犹悽恻。中流忽沙沸，惨惨半江黑。俄倾成丘陵，方舟渡安得。坤仪理专静，何故辄损益。多异真穷乡，所逢岂中国。墨生忍黔突，孔子不暖席。贤圣亦远游，吾宁倦行

---

① （宋）苏轼著，邓立勋编校：《苏东坡全集》（上），黄山书社1997年版，第545页。
② （宋）苏轼著，邓立勋编校：《苏东坡全集》（上），黄山书社1997年版，第524页。

役。"①诗作以"荆江"为描写对象,诗首先言荆江的源头为岷山,出三峡而气愤激,奔投洞庭湖,水道多狭窄,气势如万牛之力,因水势湍急,水如同高坡而下,湍急而多曲折,写出了荆江水道的基本特点和面貌。此外,其诗还反映了荆江从峡州奔腾而下,因其携带泥沙,水由清变浊的现象。诗人还描绘了荆江的走势,将之描述为"九曲""逶迤"之态。

范成大(1126—1193年),字致能,自号石湖居士,苏州平江府(今江苏苏州)人。宋淳熙四年(1177年),他离开成都东下,这是他人生中第二次来到荆州。此时辛弃疾在此担任江陵知府,范成大与他共游渚宫故地,十分高兴,于是赋诗《荆渚中流,回望巫山,无复一点,戏成短歌》,其诗曰:"千峰万峰巴峡里,不信人间有平地。渚宫回望水连天,却疑平地元无山。山川相迎复相送,转头变灭都如梦。归程万里今三千,几梦即到石湖边。"②范成大到达荆州之时,功业未成,仕途略为坎坷,又因他思乡心切,故乡石湖成为他最想到达的心灵港湾。此时,诗人见荆江一带一马平川的地势,于是又发出了"山川相迎复相送,转头变灭都如梦"的感叹,也更暗示了他对国家命运和前途的担忧之情。

陆游(1125—1210年),字务观,号放翁,越州山阴(今浙江绍兴)人。他生活于北宋生死存亡、与金抗争的关键时期。他对外主张抗金,对内与秦桧投降派作坚决的斗争。他为官清廉,多为百姓着想,为官之际亦多有善政,为当世和后世所看重。

乾道六年(1170年),陆游至荆州,在此短暂停留,荆江美好风光、城市的繁华,使他的心灵得到了暂时的"栖息"。他在荆州所作诗歌有:《哀郢》(二首)、《江陵道中作》、《石首县雨中系舟戏作短歌》、《初寒》、《醉歌》、《秋风》、《塔子矶》、《重阳》、《早寒》、《公安》、《沙头》、《大寒出江陵西门》、《江夏与章冠之遇别后寄赠》、《题江陵村店

---

① 刘敞:《公是集》(2),商务印书馆1935年版,第93~94页。
② (宋)范成大:《范石湖集》(上),上海古籍出版社1981年版,第274页。

壁》、《马上》、《水亭有怀》、《移船》、《将离江陵》、《六言》、《江上》、《旅食》、《沧滩》、《松滋小酌》(二首)、《晚泊松滋渡口》(二首)等。① 这其中的一些诗作,有的直接作于荆江之上,也可以看作是荆江文化的重要资源。一入荆江流域,陆游的诗作便打上了楚文化、荆江文化的烙印。江水也好,城市也好,都被陆游的忧家、忧国之情所浸染。

陆游的《泊公安县》就以荆江为创作场景,写出了他初入荆江的感受:"秦关蜀道何辽哉!公安渡头今始回。无穷江水与天接,不断海风吹月来。船窗帘卷萤火闹,沙渚露下蘋花开。少年许国忽衰老,心折舵楼长笛哀。"②此诗写于宋淳熙五年(1178年),诗人对当时的朝廷有着太多的不满,不过作为一位爱国士人,又无法摆脱内心道德的束缚。朝廷举棋不定,也让他内心十分苦恼。在离开荆州时,陆游又回到公安渡头,此时的荆江为诗人赋予了精神动力。"秦关蜀道何辽哉!公安渡头今始回",大江东去,又观"无穷江水与天接,不断海风吹月来"的景致,诗人掩饰不住内心的伤感情怀——"少年许国忽衰老,心折舵楼长笛哀",一心报国还未成,未想此身已衰老。而此时"无穷江水""萤火闹""沙渚""萍花"等具有荆江特色的意象组合,更为诗人营造了一个伤感和悲切的情感空间。

荆江的浪漫、楚地的繁华,让陆游对此地产生了深厚的情谊。诗人至荆州时,沙头夜雨,遥想旧楚渚宫,有"萧萧沙市雨,淡淡渚宫花"(《初到荆州》),③ 沙市的雨和楚国的渚宫,超越时空融入诗句之中。他再一次来到沙头,于此买酒,又对江而饮,于是写下了"持酒江头到

---

① 钱仲联等主编:《陆游全集校注》(1),浙江教育出版社2011年版,第109~122页。
② 钱仲联等主编:《陆游全集校注》(2),浙江教育出版社2011年版,第196页。
③ 钱仲联等主编:《陆游全集校注》(2),浙江教育出版社2011年版,第194页。

夕霏,愁城顿觉解重围"(《醉归》);① 又或于大堤观荆江之盛景,又有"天低垂旷野,风壮撼高城"(《大堤》)。② 此年离开荆州之时,陆游又作《初发荆州》,恨不得写尽荆江沙头镇一带的所有风光:"淋漓牛酒起樯干,健橹飞如插羽翰。破浪乘风千里快,开头击鼓万人看。鹊声不断朝阳出,旗脚微舒宿雨干。堪笑尘埃洛阳客,素衣如墨据征鞍。"③

后来,在离开荆州多年以后,他还多次忆起荆江的风景。淳熙八年(1181年),当他回到山阴家乡时,仍然深情地回忆起他在荆州的时光。其中,最具有代表性的是《忆荆州旧游》:"射麋云梦最乐事,至今旷快思楚天。"④到淳熙十四年(1187年),陆游至严州做官,此时他离开荆州已有九年了。他仍用李白的旧题《荆州歌》以怀荆州之地:"楚江鳞鳞绿如酿,衔尾江边系朱舫;东征打鼓挂高帆,西上汤猪联百丈。伏波古庙占好风,武昌白帝在眼中。倚楼女儿笑迎客,清歌未尽千觞空。沙头巷陌三千家,烟雨冥冥开橘花。峡人住多楚人少,土铛争饷茱萸茶。"⑤此诗中的荆江意象十分丰富,有荆江的"高帆""朱舫",有"伏波古庙""沙头巷陌",荆江古镇沙头的"清歌"和"东征鼓",又似乎听到了沙头女子所唱的优雅曲调。巷陌三千人家,烟雨濛濛的城市风景尽收诗人笔下。从诗歌性质来看,其诗为宋乐府诗,既有古题又有新意,似竹枝词。清人翁方纲在《石洲诗话》中评价说:"放翁荆州歌七古,俨然竹

---

① 钱仲联等主编:《陆游全集校注》(2),浙江教育出版社2011年版,第194页。
② 钱仲联等主编:《陆游全集校注》(2),浙江教育出版社2011年版,第195页。
③ 钱仲联等主编:《陆游全集校注》(2),浙江教育出版社2011年版,第196页。
④ 钱仲联等主编:《陆游全集校注》(2),浙江教育出版社2011年版,第429页。
⑤ 钱仲联等主编:《陆游全集校注》(3),浙江教育出版社2011年版,第246页。

枝。"①陆游的荆州诗别具特色,具有荆楚地域文化的色彩。在荆江流域,诗人不仅感受到了荆江文化的无限魅力,而且不自觉地吸收了楚文化元素进行文学创作,使其诗歌更具诗趣。

四、明清诗人咏荆江

明清时期,荆州仍然是政治和军事重镇。明朝辽藩分封于荆州,至嘉靖时期,嘉靖皇帝为了不让荆江北岸遭受水灾,保护安陆皇陵,将江北的穴口全部堵塞起来。此时,宰相张居正因怕洪水冲破北堤,于是在长江南岸掘太平口,加重了荆江南岸的水患。至清朝康熙时期,荆州设立八旗驻防,清廷于此设重兵。但是,自唐以来,荆州多行筑堤以挡水。荆江多有水灾,特别是人与水争地,使得荆江一带的水灾更为频繁。

荆州地方的诗人对荆江的情感更为复杂,多敬畏之情。孔自来,字伯靡,明末清初荆州人,为明辽简王八世孙朱俨靡,有《江陵志馀》传世。他生活于江陵,而江山易主后,他不得不改名换姓,苟活于此。他所作的《江津怀古》,即是在荆江大堤上构思和写就的:"江津之水何弥弥,惊涛远接镇流砥。吴舸蜀艇候好风,椎牛酾酒沙头市。江渎庙前花乱红,行人指点章台宫。谁家游女吹玉笛,一曲未终啼向壁。华亭唳鹤巫山猿,半夜犹闻哀怨繁。五两不鸣百丈断,贾客征人尽撩乱。美酒香传竹叶春,红茶黑枣惯留宾。青楼歌舞渡头水,昨日西川今日秦。"②孔自来对荆江的描写,犹如一幅明末清初的荆江画卷。在这幅画卷中,有"吴舸""蜀艇"汇集于此,沙头的"酒肆""江渎庙""章台宫""青楼",构成了荆江大堤的整体建筑风貌。此处的"游女"伴着玉笛之声,其中又有着悲切之情。荆江百货群集,有"美酒""红茶""黑枣",让南来北

---

① (清)翁方纲著,陈迩冬校点:《石洲诗话》,人民文学出版社1981年版,第140页。

② 张虎成编著:《古荆州名胜诗钞》,湖北人民出版社2007年版,第136页。

往、上下荆江的百客云集于此而流连忘返。这繁华的荆江城市，却早已改旗易帜。

张圣裁，清代乾隆时期贡生，荆州府沙市镇人，官至武昌训导，著有《鄂游集》。道光年间，荆州水患不断，民不聊生。诗人登望江亭，看荆江东去之势，水势浩大，灾情较为严重，于此伤怀而忧民："江陵自昔称泽国，全仗长堤卫江北。咫尺若少不坚牢，千里汪洋只顷刻。朝廷特设水利官，民间土费随粮完。土若归堤堤身固，积久何难成丘山。争奈我官鲜廉吏，依样葫芦援前例。高坐卫斋懒查看，铲草见新等儿戏。前年打破郝穴东，田庐飘荡已成空。可怜疮痍尚未起，平地又复起蛟龙。吁嗟乎！此方之人命何苦，五年两遭阳侯怒。携妻负子走他乡，只恐将来没归路。"①此诗首句言明了荆江的重要性，荆江大堤守卫江北，是荆州城的生命线。至清朝中后期，清廷政治腐败，所主持的水利工程亦多有弊病，时代呼唤廉吏。但诗人发现，当时的荆州府更多的是"高坐卫斋"的地方官员，对荆江大堤的修筑一点儿也不关心，对大堤的检查与修葺更如同儿戏。一波又一波的荆江水患，给此时期的江陵带来了巨大的灾难。诗人忧心忡忡，在此感叹江陵的百姓，颠沛流离而至往他乡；在短短五年之内，荆州府的百姓多次遭受水灾，他们所受之苦，诗人感同身受。他在此诗中，也表明了对朝廷的腐败和地方官员治水不利行为的痛斥。

王柏心（1799—1873 年），字子寿，又字冬寿、坚木，号螺洲子，清代荆州府监利县（今属荆州洪湖）螺山人。其先祖为明代的文政公，为江西丰城的商人，后徙居于监利县螺山之下的百柱堂。道光二十四年（1844 年），王柏心与魏源同科会试，成进士，授刑部主事，然于次年即告归乡里。后来，他在荆州府江陵县荆南书院主讲达 20 余年。他博通经史，能文善诗。王柏心于荆州多次眼见荆江洪水的泛滥，他专门著

---

① 荆州市长江河道管理局：《荆江堤防志》，中国水利水电出版社 2012 年版，第 734 页。

文为荆江洪水治理出谋划策。著有《导江三议》,具体言明了江、湖关系以及荆江分洪的指导思路,为后世荆江流域水灾的治理提出了很好的建议。另外,他在荆南书院主讲多年,于此也多有诗歌。他对荆江描述的代表作品,当为《登沙市浮图》,其诗曰:"沧洲孤塔耸云端,绝顶高凌俊鹘盘。风卷天声横野厉,沙沉日气压江寒。愁来出世谈何易,老去惊人句总难。苦忆东南戈未息,不堪极目倚危栏。"①诗作题名中的沙市浮图,即荆江沙市镇江畔的明代万寿宝塔。诗人于此登临塔顶,时为冬季,气候较为寒冷,看荆江之上"风卷天声横野厉",荆江之水势浩荡、水流紊乱。这又让诗人想起了清廷东南一带内忧未定、外患未平的复杂时势,不免无心倚栏东望,转而内心惆怅。此时的荆江之水,总能勾起诗人的忧国之情。

至清乾隆中后期,荆江的水患更为突出,加之平时工程监管不力,导致了乾隆五十三年(1788年)荆江罕见的大水,也引起了地方官员的极大重视和反思。毕沅(1730—1797年),字秋帆,自号灵岩山人,江苏镇洋(今江苏太仓)人。乾隆时期进士,官至湖广总督。荆州引发大水之时,城内死伤无数,湖北省以及荆州府的官员为之震惊,朝廷震怒。乾隆皇帝在短短数十天内,发多道圣旨专门清查核办此事,并责令地方官员大力修葺万城大堤,并由民修变为官修,加强了对荆州府城的水利防御体系的建设。

作为当时的湖广总督,毕沅对荆州大水有着极大的恐慌之情。此情此景,惊魂未定,无奈之下,他以《荆州水灾》为题,一举写下了数篇诗歌,体现了他对荆江洪灾的极大关注和恐惧之情。举其中的一首:"景光泽洞去妖螭,巫峡云涛忽倒垂。浪蹴半天沉鹤泽,城湮三版作鱼池。室家荡析鲜民痛,精魄沦亡溺鬼痴。闻得白头父老说,百年未见此

---

① 《荆江大堤志》编纂委员会:《荆江大堤志》,河海大学出版社1989年版,第316页。

灾奇。"①毕沅的这一组诗歌，每首都以荆江水灾为描写对象，写江水之大、写地方官员之应对、写受灾之严重等。经毕沅查看，荆江的水灾十分严重，"景光泽洞去妖螭，巫峡云涛忽倒垂"，又有"浪头高压望沙楼，眷属都羁水府囚"，实为荆江罕见的一场大水。这一场水灾使得荆州城内百姓死伤无数，荆州城垣也受到了大面积的损坏。毕沅在清廷的委派下，对大堤的修筑、水灾产生的原因都进行了追查。"修诸中央宛溯洄，田园庐舍此中开"，"沙抱洲环占地阔，芦深苇密截江回"，他认为人与水争地，才是引发长江重大水灾最为直接的原因。

彭玉麟(1816—1890年)，字雪琴，湖南衡阳人。为清朝湘军水师将领，光绪年间任兵部尚书，谥号刚直。有《彭刚直公诗稿》等传世。光绪年间，他受光绪皇帝的委派，至长江中游段鄂州樊口一带勘查堤防，并主张建闸以控长江水势。彭玉麟舟行荆江，"阻风荆江"，观荆江之水情，有感而发，作《荆江》诗二首。其一为："荆江泛滥少舟行，浊似黄河总不清。九十九洲洲下水，流成终古不平鸣。"其二为："瞿塘滟滪浪花堆，涌出荆江一道开。得此建瓴东下势，英雄淘尽许多来。"②彭氏至此阻风于荆江，见荆江泛滥，水流湍急而舟行甚少，长江之水患也多因其河道淤阻所致。此时的清朝，内忧而外患。彭氏在此亦感受到苏轼"大江东去"的豪迈之气，并认为此时也是一个英雄尽出的时代。

大江东去，浪淘尽千古诗情画意。时至今日，荆江仍一路奔腾而至于大海。生于斯、长于斯的荆楚之地的人们，仍在受着荆江的滋润，仍在感受着悠久、浪漫的荆江历史和文化，也必将代代相传、经久而不息。

---

① 转引自毕义星等：《毕氏进士》(下)，山东人民出版社2013年版，第864~865页。
② (清)彭玉麟著，梁绍辉等整理：《彭玉麟集》(中册)，岳麓书社2003年版，第63页。

第五章 水神信仰

荆江洪水灾害频发，是荆江流域水信仰产生的直接原因。洪水带给人们的痛苦磨难，以及人们与水患的长期抗争，是荆江流域水信仰产生的心理根源。洪水灾害使人们对洪水产生了持久的敬畏心理。同时，人们在抗洪过程中所形成的抗争意识和忧患意识，是荆江流域独特的水信仰文化的内在特征。除了自然环境因素以外，荆江流域水信仰的产生还与当地政治、经济和文化因素有关。

由于荆江河段地势西高东低，至荆州而遇江汉平原，一旦上游江水流量增加，就极易引发荆江流域的洪灾。从古至今，荆江流域的百姓都面临着洪水的威胁，为了应对周期性的洪水，人们一方面兴建水利工程，以达到兴水利、除水患的目的；另一方面，受认识水平限制，人们更把洪水视作一种超自然的力量，并为其蒙上一层神秘的面纱。面对洪灾，在无法解释其产生原因的认知情况下，人们认为洪水可能是水中某种怪兽或神兽在兴风作怪，因而古代居民就开始对"水中神灵"，尤其是水神产生崇拜。荆江流域水信仰的崇拜对象主要为本土水神，如沮漳神、阳侯等；另外还崇拜外来的神祇，如晏公、萧公和天妃等，以及与水相关的灵物，如天井、海眼和雷毂等。

第一节 水神崇拜

远古时期，原始居民的生活条件有限，生产工具也不发达，古代先民们为求得生存，就将希望寄托在神灵的庇佑上。他们向上天祈祷，并崇拜天地和自然，这在出土的甲骨卜辞和简帛文献中可以找到充足的证据。自古以来，荆江一带就极易产生洪灾，生活于此的人们，时常遭受洪水侵袭，因无力抵抗洪灾，于是将洪水视作一种超自然的力量，从而产生了水信仰。

古人相信"万物有灵"，因而相信水中也是有神灵存在的，并将这些"水中神灵"统称为"水神"。荆江流域的水信仰对象，主要分为四类：自然水神、人格化水神、历史人物水神和神话动物水神。自然水神主要包括江神、江渎神、沮漳神；人格化水神主要有阳侯、湘君、湘夫人等；历史人物水神，如大禹、柳毅、赵昱、许旌阳、刘琦等；神话动物水神，是人们所崇拜的与水有关的神话动物，如龙等。

一、自然水神

一般认为，自然水神的崇拜起源于原始宗教。原始宗教的显著特征就是相信万物有灵。自然神崇拜的主要表现形式为人们对自然力的崇拜、对自然物的崇拜和对灵魂的崇拜。荆江流域水域众多，生活于此的上古先民们，在见识过洪水的巨大毁灭力之后，就很自然地对洪水产生了恐惧心理。但是，水是生命之源，人们又离不开水。原始人们对水的复杂感情，最终形成对自然水神的崇拜。荆江流域对自然水神的崇拜，主要表现为对河流神的崇拜，如江渎神和沮漳神。

江渎神是我国的四大河神之一，在荆江流域也是具有代表性的神灵。据文献记载，早在尧舜禹时期，人们就在荆江流域进行过江神祭祀的民俗活动。春秋时期，荆江流域的先民仍然有着祭祀江神的民俗习惯。据《左传·哀公六年》载："初，昭王有疾……王曰：'三代命祀，祭不越望。江、汉、雎、漳，楚之望也。'"[1]春秋时期楚地的人们，主要祭祀的是本国水神，这也给荆江流域的水信仰文化打上了鲜明的楚文

---

[1] 蒋冀骋点校：《左传》，岳麓书社2006年版，第343页。

化烙印。另外,不仅先秦时期官方重视祭祀江神,而且后世历朝历代也都很重视祭祀江神的民俗活动。

江渎神庙的营建始于秦代。秦代以后,专门祭祀江渎神的庙祠得到了广泛的建立。至汉代,国家还专门设置了"四渎"祭祀制度,江神即被列为"四渎"之一。江渎神祭祀在历代都得到了尊崇和传承。北宋康定元年(1040年),国家下诏将江渎封为广源王。① 宋代著名诗人陆游在入蜀之前,经过江陵府时,受当地江渎神信仰文化的影响,专门至江渎庙祭祀江神,江渎庙当时位于沙市的东三四里处。他还详细记录了祭祀的过程,指出祭祀江渎神时,需要酒和特豕作为祭品。《入蜀记》中还特别强调了江渎神的重要地位,指出神被封为"灵乎应威惠广源王",是四渎之一,是最符合祭祀的。② 由此条文献的记载来看,江渎神祭祀文化,在宋朝时期的江陵一带,是十分兴盛的。至清朝时期,江陵一带的江神庙,位于杨林几箭堤上,是在乾隆五十四年(1789年)奉旨运用国库的资金修建的。清朝历代皇帝为其赐额,"高宗御赐额曰:恬流普卫。宣宗御赐额曰:岷源永靖。穆宗赐额曰:安流福佑"③。清朝历代皇帝对江神庙极为重视,赐额上所题之名,饱含了清朝朝廷对长久治理长江水患的愿景,并希望通过修建庙宇、祭祀河流神的活动,达到庇佑百姓、安邦定国的作用。

江渎神在民间信仰中具有长久和持续的重要地位,还与古代国家政权机构的重视有关。在古代发生水灾之时,朝廷甚至还会派遣官员去江神庙祈福,希望可以获得神灵的庇护,免除洪水的威胁。清同治九年(1870年),长江发生了一场大洪水,荆江河段江水暴涨,几乎都要漫过万城堤了,情形十分危险。荆州地方官员不得不亲自去江神庙进行祈祷,并希望可以借助神灵的力量来平息水患,最终"仰赖神灵默佑,化

---

① (元)脱脱等:《宋史》,中华书局1985年版,第2488页。
② (宋)陆游:《陆游集·渭南文集》,中华书局1976年版,第2449页。
③ (清)文蔚等修,(清)顾嘉蘅等纂,荆州市地方志办公室校勘:《荆州府志》,湖北人民出版社2006年版,第684页。

险为平"。幸免于难的地方官员于是向朝廷上书,"奏神灵显应请颁匾额"①,以此来答谢神灵的保佑。由此可见,江神在地方官员乃至皇帝的心目中,都有着极其重要的地位。祭祀江神的民间信仰,还留下了宝贵的民俗文献,可为佐证。记载于地方志中的《祭江神文》,其中写道"奠安南服,惠我黎元"②,即是表达人们对河流之神的敬仰,并希望河流之神可以福佑百姓。

沮漳河是长江的重要支流,生活于荆江流域的人们也崇拜沮漳河神。沮漳河的水流量大,由北向南进入长江主道。在进入汛期之后,时常会有暴雨,暴涨的河水威胁着古代江陵城的安危,人们对沮漳河产生了恐惧和敬畏的心理,最终则表现为对沮漳河神的崇拜。南宋思想家张栻在江陵为官时,就在城西寸金堤首建楚望,"祀汉、沮、漳之地"。③由此可见,南宋时期,荆江流域的人们就已开始祭祀沮漳河神了。

至清朝时期,沮漳神崇拜的民间信仰仍有着广泛的文化生存空间。据清代荆州方志文献记载,"宣庙二十三年诏祀沮漳神"。④ 并且还专门修建了祭祀沮漳神的场所。方大湜(出生年份不详,卒于 1886 年),清湖南巴陵(今湖南岳阳)人。同治五年(1865 年),他在荆州任官,至拜谒沮漳神,发现祭祀沮漳神的专门场所仅存遗址,"沮漳神附祀其侧,蛛网紫缀,黯然尘封,询其祠在江神祠左,倾圮已久,仅存遗址"⑤。次年,他在原址上重修了沮漳神祠。沮漳神祠"在江神庙左。穆宗赐额

---

① (清)倪文蔚、(清)舒惠原著:《万城堤志·万城堤续志》,湖北教育出版社 2002 年版,第 39 页。

② (清)倪文蔚、(清)舒惠原著:《万城堤志·万城堤续志》,湖北教育出版社 2002 年版,第 268 页。

③ (宋)王象之:《舆地纪胜》,中华书局 1992 年影印本,第 64 页。

④ (清)倪文蔚、(清)舒惠原著:《万城堤志·万城堤续志》,湖北教育出版社 2002 年版,第 249 页。

⑤ (清)倪文蔚、(清)舒惠原著:《万城堤志·万城堤续志》,湖北教育出版社 2002 年版,第 249 页。

曰：金隄保障"。① 从沮漳神祠御赐的匾额名称来看，朝廷寄希望于沮漳神，希望通过沮漳神的力量来保护万城大堤的安全。

二、人格化水神

人格化水神的产生，其实是人们认识转变的产物，是自然水神向人物水神过渡的文化现象。水被赋予人的特征，使其具有人的思想感情和喜怒哀乐，从而水神被人格化。荆江流域的不少水神，都具有人格化的特点。

1. 湘君、湘夫人

湘君和湘夫人，是有浪漫神话背景的水神。起初，湘君和湘夫人两者为姊妹神，属于湘水之神，是舜的两个妃子，即娥皇和女英。据《史记·秦始皇本纪》记载："(秦始皇)浮江，至湘山祠。逢大风，几不得渡。上问博士曰：'湘君何神？'博士对曰：'闻之，尧女，舜之妻，而葬此。'"②可见，西汉时期，人们就已将舜的二妃统称为湘君。刘向《列女传》也将娥皇和女英统称为湘君，《河图玉版》指出湘夫人是帝尧的女儿，湘君是指尧的两个女儿，舜的妃子。可见湘君和湘夫人这两个名称，都是指帝尧的两个女儿。这几则文献都认为湘君和湘夫人是姊妹神。

战国时期，湘君、湘夫人开始由姊妹神转化为配偶神。两者与舜及其二妃也没有关系，屈原《离骚·九歌》中有《湘君》篇，也有《湘夫人》篇，如果二者为姊妹神，为什么不将其合为一篇，而是分列两篇呢？据屈原《九歌》所说，湘君和湘夫人应该是两个单独的神灵，湘君应为湘水或湘山男神，而湘夫人为其配偶。明末清初，王夫之对东汉王逸提出的湘君即水神，而湘夫人即舜的两个妃子，或者是娥皇为湘君，女英为

---

① （清）文蔚等修，（清）顾嘉蘅等纂，荆州市地方志办公室校勘：《荆州府志》，湖北人民出版社2006年版，第684页。

② （汉）司马迁：《史记》，中华书局1959年版，第248页。

湘夫人的说法有异议。他指出《九歌》中其实没有这个意思，而"湘君者，湘水之神，而夫人，其配也"①。他明确指出湘君即湘水之神，而湘夫人是湘水之神的配偶，二者为配偶神。董运庭也说："湘君和湘夫人，他们本是一对湘水配偶神。"②由此可见，湘君和湘夫人已经由一对姊妹神转变为配偶神。在屈原的《湘君》《湘夫人》篇中，明显体现出神灵具有人格化的特点，具有思慕的情感，不再是高高在上的神灵，而是同人一样具有思想感情。

后世的文献大多记载舜涉方而死，娥皇和女英都跟随着他，都溺死于湘江的传说，为此将娥皇和女英称为湘夫人。对为何称湘君和湘夫人，韩愈在《黄陵庙碑》中考证说："尧之长女娥皇，为舜正妃，故曰君。其二女女英，自宜降曰夫人也。"③认为尧的大女儿娥皇当了舜的正妃，所以称为君；而尧的二女儿女英也嫁给了舜，应该自降称为夫人。这一说法在宋明时期影响较大，洪兴祖、朱熹均从其说。宋元丰五年（1082年），岳州知州郑民瞻，屡次向湘水之神祷告并得到应验，因而向皇朝请封，并封湘水之神为"渊德侯"。今湖南君山上还建有湘君庙，庙里的额匾上题有"渊德侯"。

2. 波涛神

波涛神，又称为阳侯。相传阳国侯溺死于水而化为波涛神。"阳侯"之名，最早见于屈原《九章·哀郢》："凌阳侯之泛滥兮，忽翱翔之焉薄。"④又据《战国策·韩策二》载："塞漏舟而轻阳侯之波，则舟覆

---

① （清）王夫之：《楚辞通释》，上海人民出版社1975年版，第31页。
② 董运庭：《楚辞与屈原再考辨》，中国社会科学出版社2005年版，第218页。
③ （唐）韩愈著，马其昶校注：《韩昌黎文集校注》，上海古籍出版社1986年版，第496页。
④ （清）萧云从原绘，（清）门应兆补绘，董楚平译文：《刻画雅辑 离骚全图》（下），上海古籍出版社2016年版，第295页。

矣。"①可见，在春秋战国时期人们的心目中，波涛之神可掀起惊涛骇浪，如果轻视他，就会导致船只覆灭。所以，居住于水边的人们在水上行舟之时，就会对阳侯进行祭祀，以此来确保行船安全。

关于阳侯为什么会成为波涛之神，主要有两种说法。一种说法是，阳侯是古代的诸侯，因为有罪，所以就选择投江自尽，最终成为波涛之神。此说是汉代应劭提出来的。据《汉书·扬雄传》记载："阳侯，古之诸侯也，有罪自投江，其神为大波。"②另一种说法是，阳侯本来是古陵阳国的国侯，溺水而亡，后人为纪念他而称为波涛之神。据《淮南子》卷六《览冥训》记载："阳侯，陵阳国侯也。其国近水，溺水而死。"③他的神能是可以掀起惊涛骇浪，所以人们又将他兴起的波浪称为"阳侯之波"。

后世人们还把因洪水而引起的灾难或祸患称为"阳侯之患"。清道光年间，荆州李埠修建了一座镇水铁牛，牛背上刻有铭文"势戡阳侯"。在人们的心里，阳侯是可以引发水灾的神灵，因此才需要铸造铁牛来"势戡阳侯"。

三、历史人物水神

历史人物水神，是指古代人们对治水有功或与水相关的历史人物进行祭祀和崇拜而逐步形成的水神。荆江流域的历史人物水神众多，主要有大禹、柳毅、赵昱、许旌阳、刘琦等。他们有的曾担任过地方官员，造福于一方百姓，有的直接参与治水，如大禹、刘琦。另外，在神话传说中，赵昱、许旌阳都有入水斩蛟的经历，柳毅则为洞庭水君的女婿。

---

① （汉）刘向编集，贺伟，侯仰军点校：《战国策》，齐鲁书社2005年版，第308页。
② （汉）班固撰，（唐）颜师古注：《汉书》，中华书局1962年版，第2362页。
③ （汉）刘安等编撰，（汉）高诱注：《淮南子》，上海古籍出版社1989年版，第62~63页。

1. 大禹

大禹作为水神的出现，可追溯到三皇五帝时期。《山海经·海内经》有这样一段记载："洪水滔天。鲧窃帝之息壤以堙洪水，不待帝命。帝令祝融杀鲧于羽郊。鲧复生禹，帝乃命禹卒布土以定九州。"①这段文字记载了大禹用息壤治水的故事，另外《淮南子·地形篇》《时则》也记载了这段故事。大禹用息壤治理洪水，寄托了人们的美好愿望，但后世水患仍然不断，难以根治，人们于是对大禹产生了崇拜的心理。

荆江流域的居民一直将大禹作为水神来祭祀。有人还专门写了一篇《祭禹王文》，其文写道："惟神祗承二帝，道冠百王。随山刊木，力辟洪荒。嶓冢导漾，岷山导江。咸则三壤，成赋中邦。龙蛇远遁，橘柚垂芳。元圭是锡，赤填生香。疏凿之绩，源远流长。仰怀明德，报之烝尝。"②这篇祭文指出和肯定了大禹的功绩，人们因感激其恩德而对其进行祭祀。由此可见，大禹作为水神，在荆江流域一带的影响还是极为深远的。

2. 柳毅

柳毅是唐高宗时期的人，对于他遇见龙女的事情，李朝威还专门写了《柳毅传》。柳毅之所以被认为是洞庭湖神，是因为传说他娶了洞庭水君的女儿，做了洞庭水君的女婿，后来还继承了洞庭水君的神位。

历史文献对洞庭湖神有较多的记载。据《述异记》记载，洞庭湖神"以一手遮额，覆目而视；一手指湖旁。从神亦然。舟往来者，必致祭。舟中人，不敢一字妄语，尤不可以手指物及盖额；不意犯之，则有风涛之险"。③ 人们在过洞庭湖的时候，不能说不吉祥的话，还不能用手指物体或者遮着额头，否则就会有风浪和波涛之险。相传，洞庭君觉

---

① 袁珂校注：《山海经校注》，巴蜀书社1993年版，第536页。
② （清）倪文蔚、（清）舒惠原著：《万城堤志·万城堤续志》，湖北教育出版社2002年版，第269页。
③ （清）陶澍、（清）万年淳修纂，何培金点校：《洞庭湖志》，岳麓书社2003年版，第98页。

得柳毅面貌太过文雅，不能够震慑和慑服水中的妖怪，于是就让柳毅戴着一个鬼面具。他于是一整天都只能戴着面具，只有在晚上才能将其取下。时间一长，柳毅忘记在夜晚摘下面具，鬼面具就和柳毅原来的面容合而为一了。地方志文献对他的面容还有一些记载，如《巴陵县志》对柳毅的长相也有提及，"其神像赤面獠牙朱发，狞于夜叉"①。人们还相传，柳毅有一天照镜子，看到了自己丑陋的面容，觉得自己非常丑陋。于是，每当他到洞庭湖上出巡时，就很忌讳别人看到自己的脸。当行人在洞庭湖泛舟之时，用手指物体，柳毅就觉得他们是在指自己。行人用手摸前额，柳毅就猜疑他们是在嘲笑他丑陋的面容。当人们这么做时，他就开始兴风作浪，因而许多船只都被淹没在洞庭湖中了。因此，凡是初次登船在洞庭湖上泛舟的人们，船家都会告诫他们不要用手指物体，也不要用手遮着额头。如果不小心违反禁忌，就需要准备牲畜投入水中，并向柳毅进行祭拜，这样才能确保安然渡湖。古代湖南一带还有着这样的传说：郴州人在过洞庭湖时，虽然会遇到风浪，但没有不安然渡湖的，这是因为郴州一带建有柳王祠，相传柳毅就是郴州人。以上这些记载和历史传说，极大地丰富了古代荆江一带人们对柳毅的神话和信仰记忆。

因这些民间传说太过于真实，清代蒲松龄还将其收集起来，作为《聊斋志异》小说创作的重要素材。②另外，文献还记载了洞庭湖神显灵、百姓不祭祀湖神而招致杀身之祸等传说，这些都促进了洞庭湖信仰的流传。《异闻录》中就记载了"守洲船"的传说，洞庭湖每年冬天都有船被困在水中浅滩之上，人力不能将其移开，只能等到第二年，任湖水自流，船才能移动。人们认为是洞庭湖神显灵，称"湖神出巡，敕令守

---

① 转引自张晓兰等编著：《岳阳民间传说集锦》，中国戏剧出版社2009年版，第31页。

② （清）蒲松龄：《聊斋志异》，新疆人民出版社1995年版，第389~390页。

洲"①，这些船被称为"守洲船"。船夫晚上住在船上，听见风声和波涛声，发现水流湍急，船帆和船楫像飞了一样，但船仍停留在原处。这样的事情被认为是大吉，对做买卖的客商尤其有利。等到了移船的日子，照着船的模样，再造一艘小船献给洞庭君，以此来报答洞庭湖神的恩情。清代王士禛的《池北偶谈》中还记载了洞庭湖神显灵的一些传说。另外，关于百姓因不诚心祭祀洞庭湖神而招致杀身之祸的传说，石首王启茂所著的《松窗忆录》中也有详细的记载。这些文献记载充分说明洞庭湖神在湖广一带有着很广泛的流传空间。

洞庭神在历代都受到朝廷的重视，在很多朝代受到了赐封。唐天祐二年（905 年），洞庭龙君被封为"利涉侯"；② 后晋高祖天福二年（937年），洞庭湖神又被加封为"灵济公"；③ 据《元史》记载，致和元年（1328 年）四月，洞庭神被改封为忠惠顺利灵济昭祐王④。

今湖南岳阳君山上，还建有柳毅传书井和传书亭的人文景点。据清代所修《洞庭湖志》记载，柳毅传书井和传书亭在《杂摭》及《艺文志·君山记》中均有相关记载。传书井又被称作柳毅井，古代将其称为橘井，它坐落于君山龙舌根部。柳毅井于 1979 年进行了重修。

3. 赵昱和许旌阳

江陵县有清源君庙和许仙观，其中清源君庙在郡城新东门内，许仙观在郝穴。清源君庙敬奉的神灵为赵昱，许仙观信奉的神明为许旌阳。清源君庙又叫清源真君祠，最早修建于唐代。嘉靖《湖广图经志书》云："清源真君祠在新东门内。唐时，神除害救民，因立祠祀之。"⑤明朝洪武年间修建，弘治年间清源真君祠被毁，正德初再次重修。人们之所以

---

① （清）陶澍、（清）万年淳修纂，何培金点校：《洞庭湖志》，岳麓书社 2003 年版，第 186 页。
② （后晋）刘昫等撰：《旧唐书》，中华书局 1975 年版，第 835 页。
③ （清）秦蕙田：《五礼通考》，商务印书馆 2005 年版，第 377 页。
④ （明）宋濂等：《元史》，中华书局 1975 年版，第 683 页。
⑤ 嘉靖《湖广图经志书》，书目文献出版社 1990 年影印版，第 527 页。

祭祀赵昱，是因为赵昱能除害救民。清源真君祠的位置一直在江陵城的新东门内，从唐代到清代都没有变化。

许仙观是南宋咸淳年间（1265—1274年）在江陵县郝穴修建的。明嘉靖《湖广图经志书》称"晋许逊修炼于此，遗迹犹存"①。明末崇祯时，郝穴江岸发生了坍塌，许仙观被毁，遂移至郝穴镇唐家湾重建。②清代人们认为，许仙观修建的原因不是因为此处是真君修炼的地方，而是因为许旌阳捕斩蛟蜃有功，为纪念他而修建的。

黄芝岗认为，赵、许两人的"神迹"之说，源自《水经注·江水篇》中的"李冰化牛斗江神"的传说。③他们两人之所以被认为是水神，主要有两个原因：第一，两人都担任过地方官员，曾造福于一方百姓。赵昱在"隋炀帝起为嘉州太守"④，许旌阳"太康元年为蜀旌阳令"⑤。第二，相传两人都有入水斩蛟的经历。宋《方舆胜览》和光绪《荆州府志》都记载了赵昱入水除蛟的故事。《方舆胜览》中具体描述了赵昱入水除蛟的过程，称隋炀帝起用赵昱担任嘉州太守，当时犍为的水潭中有老蛟危害百姓，赵昱率领数千名士兵夹江鼓噪。赵昱持刀进入江水中，过了一会儿，江水就变成了红色。赵昱左手提着老蛟的头颅，右手拿着刀，踏着波浪从江中出来。⑥而光绪《荆州府志》仅是记载了其除蛟这件事，称"曾握剑入江斩蛟寻"⑦。早在唐代，就流传着许旌阳斩海昏大蛇的传说，《方舆胜览》记载"永嘉末，海昏大蛇断道，遂仗剑斩之"⑧。到了清代，顺治《江陵志馀》称："旌阳捕斩蛟蜃，往来江上，有功于民也。"

---

① 嘉靖《湖广图经志书》，书目文献出版社1990年影印版，第525页。
② 光绪《续修江陵县志》，江苏古籍出版社2001年影印版，第622页。
③ 参见黄芝岗：《中国的水神》，上海文艺出版社1988年版，第28~43页，第53~65页。
④ （宋）祝穆撰，祝洙增订：《方舆胜览》，中华书局2003年版，第941页。
⑤ （宋）祝穆撰，祝洙增订：《方舆胜览》，中华书局2003年版，第342页。
⑥ （宋）祝穆撰，祝洙增订：《方舆胜览》，中华书局2003年版，第941页。
⑦ （清）文蔚等修，（清）顾嘉蘅等纂，荆州市地方志办公室校勘：《荆州府志》，湖北人民出版社2006年版，第690页。
⑧ （宋）祝穆撰，祝洙增订：《方舆胜览》，中华书局2003年版，第342页。

这里也记载了许旌阳捕斩蛟蜃的故事。除此之外，赵昱成为水神还有一个原因：当时嘉州的江水泛滥，对当地的百姓造成了极大的伤害，他平定了水患，造福一方。

4. 刘琦

巴陵县北十五里城陵矶有明代修建的刘公庙。庙中供奉的刘琦，在当地被奉为水神，也被称为城陵矶水神。清陶澍和万年淳修纂的《洞庭湖志》有这样的记载：刘公庙位于巴陵县(治所在今湖南岳阳)北十五里的城陵矶上，是明代修建的，祭祀和供奉的是被奉为水神的宋代刘琦。刘琦为宋高宗时人，担任过东京副留守提举江湖，后来又管理潭州，治理荆南军，多次建立功勋。但是"其为水神，颠末未详，然岳属多祀之"①。《宋史》有《刘锜传》，刘锜在宋高宗绍兴十年(1207年)，充东京副留守，之后又指出命令刘锜管理潭州，加太尉，同时掌管荆南府。二者担任的官职和担任时间一致，可见刘琦即刘锜。二者为同一个人，这也为刘琦被尊奉为水神的原因提供了证据。

关于刘琦被奉为水神的原因，主要有两点：第一，刘琦在地方为官，造福百姓，同时他又是当时的抗金名将，为一介忠臣，受人尊崇。第二，在刘琦担任潭州太尉时，江陵县东边有一个黄潭，南宋建炎年间，有司为了防御盗贼，选择将黄潭挖开来引入江水。从此以后，每年的夏秋季节，黄潭水就会暴涨溢出，荆州、衡州一带都遭受了水患。刘琦到任后，就下令堵塞黄潭上挖开的地方，这样就开拓出了几千亩肥沃的土地，几千户因受水灾而流亡的百姓拥有了自己的土地。为表彰他治水有力、抗金有功，所以奉他为"水神"，现在岳州很多地方还在祭祀他。明代大学士严讷为其撰写祭文，祭文写道："惟神正气，禀于乾坤。英灵钟于海岳，祠控大江而洋洋显，化位临巨浸而浩浩扬。休昔奉使经行，荷神到舟，定卜托梦，护持有赫，今兹具，仪虔伸祭悃尚享。"②祭

---

① (清)陶澍、(清)万年淳修纂，何培金点校：《洞庭湖志》，岳麓书社2003年版，第117页。

② (明)钟崇文纂修：隆庆《岳州府志》卷九，明隆庆刻本。

文指出，神灵充满正气，自己奉命出使经行，幸得神灵托梦，才护持有赫。于是他祭拜神灵，从这可见刘琦作为水神在官员中也是有影响的。

四、神话动物水神

荆江流域信仰的水神中还有很重要的一类，便是神话动物水神。在荆江流域集中表现为对龙神的信仰。

荆江流域的龙神信仰最为典型。古人之所以对龙神产生崇拜，主要有三个原因。首先是因为，人们认为龙可以兴云布雨，降下甘霖，缓解旱情。其次是因为龙神可以消除灾难，平息洪水。人们认为，如果在干旱或者发洪水的情况下对其进行祭祀，就可以免受干旱的影响和洪水的侵袭。荆江流域常年水患不断，更加深了人们祭祀龙神的想法。最后，因为人们认为龙会带来灾祸，从而产生了敬畏心理。

古代人民相信有龙的存在。光绪《荆州府志》记载，江陵县在隋开皇中期于纪山之巅修建了纪山寺，纪山寺内有反掌祖师塔，纪山寺后有白龙潭。白龙潭的石头颜色黯黑，传说白龙潭里有伏龙，人们只要在这里祈雨，就会应验。[1] 从这则记载可以看出当时的人民相信有龙存在，并相信它可以为百姓降雨。文献还记载，松滋县有星辰洞，在离县城四十里处，洞内有龙潭，深不可测，等到每年干旱的时候，祈雨即应。此地还有传闻说龙潭县东十里有龙。《枝江舆图记》指出，枝江县西南三十里的地方有罗劳洞，罗劳洞里有龙潜伏，等到每年干旱的时候，在罗劳洞下祈祷，雷电会变成水从洞口溢出。[2]《岳郡志》记载，元至正十九年（1282年），岳州下了大雨，在雨中出现了群龙。大雨接连下了八十天，洞庭湖群龙变化而去者无数。明世宗嘉靖二十九年（1550年），洞

---

[1]（清）文蔚等修，（清）顾嘉蘅等纂，荆州市地方志办公室校勘：《荆州府志》，湖北人民出版社2006年版，第747~748页。

[2]（清）王世爵修，（清）锺彝纂：《乾隆枝江县志》卷九《艺文志》，清乾隆五年刻本。

庭湖上又出现了五条龙。① 这些传说和记载使人们相信龙的存在,还相信只要在干旱的时候向龙神祈祷,就能带来雨水并缓解旱情。

唐代江陵的沙市镇有龙堂寺。关于龙堂寺有一个传说,相传梁大同二年(536年),江津地有一空洞,上面漂浮着云气,久而久之就有龙从中腾空而出。唐太和年间,江津地区发生大旱,造成了灾难,有司请澧州龙潭悟性禅师祷雨,在此地结坛。等到禅师到的时候,隐约发现空中出现了云与龙。随后禅师祈雨,雨水从天而降,因在此建寺,所以称为龙堂寺。元末发生了红巾之乱,"残毁市居,寺独以雷雨解。明景泰间重葺之。旧有九井今亡其六"②。可见,龙在江陵一带人们的心中有着行云布雨的作用,可降雨水。

清代荆江流域的龙神信仰有着更为广泛的民间接受空间。据史料记载,清代荆江流域已有不少祭祀龙神的场所。人们为了向龙神祈求庇佑,修建了大量的龙神祠和龙王庙。乾隆四十四年(1779年)夏天,江陵发生大洪水,洪水漫上堤坝,泰山庙堤发生溃堤,洪水逆流而上,淹没了江陵城,城周围的庄稼也都被洪水淹没了。为此,当时的知县汤廷芳在县治西修建了龙神祠。乾隆五十三年(1788年)六月,长江进入了汛期,长江上游的四川各地连降暴雨,又导致荆江水位上涨,万城大堤多处发生溃决,田地房屋尽被淹没,是百年一遇的大水灾。龙神祠在此时再次得以重修。人们除了与洪水作斗争之外,更希望借助神灵的力量平息水患。

清代荆州府下辖诸县,也多有修建龙神祠祭祀龙神的。公安县城东南有一座龙神祠,还在莱公祠东北修建了龙王庙;③ 石首县也修建有与

---

① (清)陶澍、(清)万年淳修纂,何培金点校:《洞庭湖志》,岳麓书社2003年版,第207页。

② (清)文蔚等修,(清)顾嘉蘅等纂,荆州市地方志办公室校勘:《荆州府志》,湖北人民出版社2006年版,第751页。

③ (清)文蔚等修,(清)顾嘉蘅等纂,荆州市地方志办公室校勘:《荆州府志》,湖北人民出版社2006年版,第697~698页。

龙神信仰相关的庙宇，一座是由邑人王六卿募修的青龙庙，在距县三十五里的地方，另一座是同治三年（1864年）修建的龙王庙；① 松滋县虽然没有建龙神祠，但"邑无专祠，神牌供武庙东庑"②；枝江县与其情况类似，"龙神无专祠，附祀水府庙"③，但在枝江县西十六里有龙王洞，当地的人在龙王洞口建龙王祠，相传向其祷雨立马就灵验；监利县"龙神祠在小东门外，知县劳光泰建"④。从各地修建的祠庙来看，不管是官方还是民间，都祭祀龙神；除了官方修建龙神庙，百姓也修建龙神祠祭祀龙神。由此可见，龙神作为水神，在荆江一带基层社会也得到了广泛的认同。

五、外来水神

荆江流域的外来水神主要有三个，即天妃水神、晏公水神和萧公水神。外来水神信仰的传入，丰富了荆江流域的信仰民俗。

1. 天妃水神

天妃本不是荆江流域本土的水神，原为福建一带人们的信仰对象。学者研究认为，12世纪后，天妃水神信仰开始从福建向其他地区传播。⑤ 在宋代，天妃这一海神信仰就传入了荆江流域。

相传天妃是唐代末期杨林山人，姓萧。据光绪《荆州府志》记载说：

---

① （清）文蔚等修，（清）顾嘉蘅等纂，荆州市地方志办公室校勘：《荆州府志》，湖北人民出版社2006年版，第708~709页。

② （清）文蔚等修，（清）顾嘉蘅等纂，荆州市地方志办公室校勘：《荆州府志》，湖北人民出版社2006年版，第722页。

③ （清）文蔚等修，（清）顾嘉蘅等纂，荆州市地方志办公室校勘：《荆州府志》，湖北人民出版社2006年版，第728页。

④ （清）文蔚等修，（清）顾嘉蘅等纂，荆州市地方志办公室校勘：《荆州府志》，湖北人民出版社2006年版，第711页。

⑤ ［美］韩森：《变迁之神：南宋时期的民间信仰》，包伟民译，浙江人民出版社1999年版，第144~147页。

"相传神姓萧，唐末杨林山人。从父宦溺于江，屡著灵异，邑人祀之。"①她跟随父亲仕宦生涯迁徙，途中溺江而亡，之后因其"屡著灵异"，邑人就修庙祭祀她。在距离石首县七十里的地方，建有天妃庙。

关于天妃的出生地，明清时期的文献有较多记载。明《万历野获编》记载称："盖妃生宋哲宗元祐时，莆田人，姓林氏。"这里指出天妃出生于宋哲宗元祐时，为莆田人，姓林。明谢肇淛《五杂俎》指出："天妃是莆田林氏女。"明郎瑛《七修类稿》卷五十《奇谑类》也记载："天妃，莆田林氏都巡君之季女。"清李调元《南越笔记》也认为："皆以天妃为林姓云。"明清学者的看法基本是一致的。

关于为何被称为天妃，主要有三种说法。第一种是因为在宇宙之中，首属天最大，其次是地。因此将天称为皇，将地称为后。海的地位次于地的地位，所以称为妃。这种说法在《南越笔记》卷四中有所记载。第二种说法是《易经》中指出兑为沼泽，而沼泽可以通天，所以叫作天泽；认为海很大，所以叫作天池。而沼泽为少女，所以称之为妃。而山之男被称为地公侯，所以泽之女就被称为天妃。这种说法是清屈大均在《广东新语》卷六《神语》提出的。第三种说法是因为天妃的功德可以与天相配，所以称为天妃。谢肇淛的《五杂俎》是这样认为的。

天妃信仰在宋代全国的流传与当时的政治、交通等有着密切的关系，顾颉刚对此在《天后》一文中有一段精辟的论述。进入元代后，朝廷更加重视海运，元朝的皇帝也相信，有天妃的庇佑，国家的海运和漕运才能得以平安。明代因天妃"显灵"，朝廷对其册封。清代也屡次对其加封致祭。

从宋代起，统治者不停对天妃举行册封。据史料统计，从宋代到清代，对天妃一共册封了38次。其中，宋代有14次，元代有6次，明代有4次，清代有14次，宋代和清代对天妃加封的次数最多。

---

① （清）文蔚等修，（清）顾嘉蘅等纂，荆州市地方志办公室校勘：《荆州府志》，湖北人民出版社2006年版，第715页。

从历朝历代帝王为天妃册封的封号来看，天妃经历了"夫人—妃—天妃—天后"的转变，可见天妃的地位在逐步提高。宋代天妃由夫人晋爵为妃，元代被册封为天妃，清康熙二十三年（1684年），天妃更是由妃变成后。这样的转变，表明统治者对天妃越来越重视，民间信仰在不断地加深，其影响也在不断地扩大。同时，从册封的称号来看，天妃的神能也进一步扩大，至清同治年间，官方的重视程度也达到了顶峰。

由于宋、元、明、清以来的皇帝都奉天妃为海神而加以崇拜和祭祀，多次对其册封，并认为天妃有着救旱、抗地、保佑海运和漕运等神能，使得民间百姓对她更加信奉，有着广泛的信仰接受空间。

2. 晏公水神

晏公，名戍仔，是荆江流域外来的信仰神祇。

对于晏公的身世与姓名，主要有三种说法。其一，晏公叫作晏北海，宋元祐年间晏坊人。据明谈迁《枣林杂俎》记载："晏真人，名北海，宋元祐时晏坊人。"（《归化县志》）其二，其姓名为晏敦复，为宋代江西抚州人士。其三，晏公叫晏成仔或者晏戍仔，于十月初三诞生，是江西临江府清江人士。明王士性《广志绎》中记载："晏公名成仔，亦临江府之清江镇人也。"①《搜神记》、《三教源流搜神大全》、《古今图书集成·常州府祠庙考》、《武昌府志》、明罗懋登《三宝太监西洋记通俗演义》、道光《重修仪征县志》、光绪《荆州府志》等文献均从其说。

元代初叶，晏公应选入宫，为文锦局堂长，即负责供应宫廷织锦，因病而归，登船就忽然离世。乡人看见他出门时所带的骑马的侍从归来，才知道离他去世已经过去一个月，打开棺材发现一无所有，所以立庙来祭祀他。光绪《荆州府志》有记载："元为文锦堂局长，登舟尸解，立庙。"②《续通考》称临江府清江镇原来有晏公庙，在明朝初间，其被

---

① （明）王士性撰，吕景琳点校：《广志绎》，中华书局1981年版，第86页。
② （清）文蔚等修，（清）顾嘉蘅等纂，荆州市地方志办公室校勘：《荆州府志》，湖北人民出版社2006年版，第691页。

封为"平浪侯"。① 晏公的神通主要体现在他可以平复海浪、修堤坝和助战事。

晏公本是江西一带的地方神祇，怎么就成为明代全国都信奉的水神了呢？这得归功于明太祖朱元璋。相传，晏公成为全国水神，可能与两件事情有关。第一件事是晏公帮助朱元璋，使其免于灾难。张士诚等人占据毗陵，徐达多次都攻打不下。明太祖朱元璋亲自率领冯胜等十人装扮为商贾，前往支援，坐船顺流而下。但是江面上刮起了大风，船将要沉没，明太祖于是惊恐地向神灵乞求，忽见有一个穿着红色袍子的人将船挽到了沙上。太祖问道："救我的人是谁？"听见回答说："晏公！"

第二件事是晏公教人捕猪婆龙。朱元璋平定天下以后，有一天，江岸崩塌，在其下发现了猪婆龙，江岸就不能修筑。有一个老渔夫教人们用炙猪为饵来钓猪婆龙，清代文献记载了这个故事："瓮贯缗而下，瓮罩其项，其物二足，推拒不能爬于土，遂钓而出，岸乃可成。"②众人问这个老渔夫的姓名，他回答说："我姓晏。"然后就不见了。朱元璋听说了这件事，恍然大悟说："这就是之前把我从覆舟上救上来的人！"于是，他把晏公封为"神霄玉府晏公都督大元帅"，并命令有司去祭祀他。明王圻的《稗史汇编》和清姚福均的《铸鼎余闻》均记载了晏公的这个故事。

晏公信仰能传到荆江流域，除了跟明朝廷的重视有关，还跟"江西填湖广"的人口迁徙活动有关。清代魏源记载说："当明之季世，张贼屠蜀民殆尽，楚次之，而江西少受其害。事定之后，江西人入楚，楚人入蜀，故当时有江西填湖广、湖广填四川之谣。"③这主要是指以江西为主的长江下游人口向中游地区迁徙的移民运动。这次移民活动主要是江西人口迁移到湖广。在这次人口的大迁徙中，人们把信仰晏公的习俗从

---

① （清）赵翼：《陔馀丛考》，商务印书馆1957年版，第774页。
② （清）赵翼：《陔馀丛考》，商务印书馆1957年版，第774页。
③ （清）魏源：《魏源集》，中华书局1976年版，第388页。

江西传播到了湖广一带。据地方志文献记载，清代荆州府也建有晏公庙，主要分布在沙市镇和监利县一带，这也暗示了迁徙至湖广一带的移民在荆州居住地的大致分布范围。

3. 萧公水神

萧公，名伯轩，宋新淦人，明代受封为"水府灵通广济显应英佑侯"。萧公原来也是江西地方神祇，成为全国性的水神也得助于明太祖朱元璋。元顺帝至正癸卯（1363年）秋七月，明太祖朱元璋与陈友谅在鄱阳湖决战，朱元璋的船搁浅不能动，差点被陈友谅捉住当俘虏。夜里朱元璋做了一个梦，梦见有叫萧公的神灵说愿意助他一臂之力。第二天，陈友谅的部下张定边来攻击朱元璋的船，正在危急之间，风水大发，使朱元璋的船顺流而退，躲过了敌军的袭击。之后朱元璋休整部队再与敌军作战，获得全胜。等到他当上皇帝，就册封萧公为"天下都水神"，命令沿江的州和县都要立庙来祭祀他。针对此事，明代《垄起余闻》有详细的记载。董市水府庙就是在这个背景下，于洪武八年（1375年）开始兴建的，距今已有640余年。

萧公在明代传入荆江流域，也跟"江西填湖广"的历史人口迁徙有一定关联。在沙市和监利县的江上也有萧公庙。萧公名叫萧伯轩，有着龙眉蛟发和整齐的胡须，面如少年。其为人刚正，自控力强，不苟言笑，不管是善事还是恶事，他都能看出事情的本质。他死后，乡民在江西临江府新淦县太洋洲修建庙宇并纪念他。元朝，据传因为萧伯轩的儿子萧祥叔去世之后而有灵，于是就把父子两人一起供奉在同一座庙里。光绪《荆州府志》记载，监利县萧公庙"在江上。按：萧公，名伯轩。宋末新淦人。其子祥叔。元人孙天任，永乐时人。并为神。敕封水府通灵广济显应英佑侯"①。关于江陵县的萧公庙，光绪《荆州府志》指出：

---

① （清）文蔚等修，（清）顾嘉蘅等纂，荆州市地方志办公室校勘：《荆州府志》，湖北人民出版社2006年版，第717页。

"神姓萧,名伯轩,宋末新淦人。明封水府通灵广济显应英佑侯。"①

清代荆州府一带,也有着一些关于萧公的文献记载,证实萧公信仰在荆江的接受与传播历史。光绪《荆州府志》有两处关于萧公的记载,一处是说萧天任被封为"水府通灵广济显应英佑侯",还有一处说是萧伯轩被封为"水府通灵广济显应英佑侯",这两处记载中必有一处是错误的。据明谈迁《枣林杂俎》记载:"大洋洲人萧伯轩,宋咸淳间死为神,立庙,元朝以其子祥叔合祀,本朝遣官谕祭。永乐中,其孙天任卒,屡著灵异,亦祀于此,诏加封水府灵通广济显应英佑侯。"这与清代荆州府监利县萧公庙的记载是一致的。由此可见,萧公即萧伯轩,其孙萧天任在永乐年间被加封为"水府灵通广济显应英佑侯",清代荆州地方志文献把他们祖孙给混淆了。今枝江市黄龙岗还屹立着董市水府庙,庙中就供奉着水神萧公。

三、灵物崇拜

灵物崇拜(fetishworship,fetishism)的原名"fetish",原系葡萄牙语,意为"法物"。这种崇拜的对象常系琐屑的无生物,信者以为有不可思议的灵力,可由此获得吉利或躲避灾祸,因而加以虔敬。② 灵物崇拜的显著特征就是,只要人们可看见的,在直觉上认为它们有灵,就会对其进行祈祷和祭祀。如果人们所求能够如愿,那么神物便会受到酬谢,否则神物就会被毁坏或丢弃等。

宋代以后,我国古代城市发展进一步加快,人与水争地,洪水自然灾害频繁发生,人们于是采取大力修筑堤防来阻挡洪水。荆江流域一带,逐渐出现天井、海眼和雷毂等被人们认为具有神能的实物,大多为人们附会所致。这些被认为具有神能的物体,折射出灵物崇拜的文化现

---

① (清)文蔚等修,(清)顾嘉蘅等纂,荆州市地方志办公室校勘:《荆州府志》,湖北人民出版社2006年版,第691页。
② 林惠祥:《文化人类学》,上海古籍出版社2013年版,第222页。

象。如人们崇拜天井，因天井具有降雨的神能；人们还崇拜海眼，因海眼具有连通大江的神能；另外，雷毅神崇拜也是荆江流域灵物崇拜中较具代表性的。以上这些"灵物"的出现，跟荆江的治水防水有着密不可分的联系，同时也反映出人们治水观念的转变。

1. 天井和海眼

荆江流域关于天井和海眼的传说，流布空间主要在江陵县一带。相传，在上古时期，由于大地沦陷，地面上的漏眼渗进洪水，招来水患，因而需要"镇海眼"。① 有关"天井"的记载，最早出现在晋盛弘之的《荆州记》中。北宋《太平寰宇记》与南宋《舆地纪胜》中也有天井的相关记载。明清时期，嘉靖《湖广图经志书》、顺治《江陵志馀》中也有相关的记载。

值得注意的是，在宋代有关天井的传说中，天井的功能有所变化。北宋《太平寰宇记》记载，在天井台的东边，天井周边二里左右的地方深不可测。中间有一处潜室，人们经常可以看到，看见的人"则见兵寇，祈之多验"②。宋朝时期，天井传说主要还是与兵寇有关。《太平御览》记载说："江陵城东二十里有天井，周回二里，其深不测，旱而祷之，大雨时至。"③在此，天井的职能有所不同，由"兵寇祈之"转变为"旱而祷之"，进而转变为向上天祈求雨水降临的神圣之地，"天井"也开始由实物转化为一种水神。

至明清时期，天井的传说中还增添了"海眼"元素。"海眼"在宋李昉《太平广记》中早有记载："禹湮洪水，兹有海眼，泛之无恒。"④人们认为，洪水可通过海眼不断地泛滥，给人带来灾难。明清时期，人们并没有将天井传说与海眼传说进行严格的区分，而是将两者结合起来。明

---

① 黄芝岗：《中国的水神》，上海文艺出版社1988年版，第140~152页。
② （宋）乐史：《太平寰宇记》，中华书局2007年版，第2835~2836页。
③ 谢承仁编：《杨守敬集》（第5册），湖北人民出版社1977年版，第1060页。
④ （宋）李昉：《太平广记》（4），哈尔滨出版社1995年版，第1579页。

代以后的文献记载指出,天井有了海眼,可与大江相连通。嘉靖《湖广图经志书》称:"八角井在县东,相传井底有海眼通江。"①清朝时期,人们认为海眼既然可以通江,那么就可以用石来封住海眼,使其不能与江水相通,在洪水来临时,就可以减轻水患、缓解灾情。顺治《江陵志馀》称:"八角井在城东下有海眼通江,观采水之增减识江流之消长,后人作石塔镇之。"②康熙《湖广通志》中记载,人们用石塔来镇"海眼"。光绪《续修江陵县志》也记载:"双井在鹤穴,彭家城南里许,两井相距仅数尺。旧传泉与江通,江涨时瀹然涌腾,土人惧浸溢田禾,用二大石封之。"③人们用大石代替石塔以封住"海眼"。

　　天井和海眼传说结合,主要原因是明清时期荆江流域洪灾较前代更为严重。据相关文献记载,明清时期,荆江流域发生过 230 多次洪水,荆州万城大堤发生决堤也不在少数,尤其是当地的郝穴与江陵以东地区的水患越来越严重。明清时期,荆州府十分重视堤防的修筑工作,将工作重点放在沿江堤防上。而江陵城东的堤防与荆江堤防相比,在地位上和数量上都不占据优势。因此,当江陵城东发生洪水时,堤防工程并不能抵挡,农田村舍都变成了一片湖泽。特别是在明中叶以后,沿江堤防连成了一线,河湖关系也逐渐失衡,百姓时刻承受着溃堤的风险。在明清时期,荆江流域的天井传说添加"海眼"的文化因素,从一个侧面反映了当时人们希望彻底根除长江水患的美好愿望。

　　2. 雷毂

　　荆州监利县一带流传着雷毂神的传说。雷毂,又被称为"毂神",雷毂神崇拜的实质是对雷神的崇拜。在古人的眼里,雷神具有水神的神格,因其致雨,所以将其祀为水神。《淮南子·天文训》记载:"季春三

---

①　嘉靖《湖广图经志书》卷六《荆州府·山川》"八角井"条,湖北省图书馆藏明嘉靖元年(1522)刻本。
②　《江陵志馀》,江苏古籍出版社影印 2001 年影印版,第 412 页。
③　光绪《续修江陵县志》,江苏古籍出版社 2001 年影印版,第 553 页。

月，丰隆乃出，将其雨也。"①丰隆是雷神的名字，楚人认为雷神驾雷车前行，故命雷神为"丰隆"，取其音"轰隆"之意。汉代人认为，雷神丰隆是一位普降春雨的神灵。"毂"是车的重要部分。雷毂崇拜因崇拜雷神，又神化其车及其部件而来。

关于雷毂神传说的文献记载最早见于明代，但传说中的内容，却可上溯到宋代。明嘉靖《湖广图经志书》卷六记载了雷毂神的传说：在监利县东三十里的地方有车水湾，在宋代由于江水涨溢，堤岸被反复冲刷，形成决口，忽然有一夜雷雨大作，第二天有司前往查看，在堤上得到了雷车毂木，"水势籍卫，堤不颓坏"②。康熙《监利县志》对其进行了改编，记载说宋末发了大水使堤岸被水冲开，当天夜晚下了大雨，第二天在堤上得到了雷车毂，这与明嘉靖《湖广图经志书》大体一致，但是故事的后面发生了变化称："邑人循毂迹为堤，至今赖之……堤傍有龙渊、鳝穴。"③光绪《荆州府志》的记载又有些变化，称宋代在监利县东的江堤上建有雷毂庙，当时"江水决堤，忽怪风夜作，雷雨交至，次日得雷车毂木于其处，遂因毂迹成隄，立庙祀之"④。明代杨述笋的《雷毂庙诗》写道："江堤亘百里，势若蜿蜒伏。巨浸忽奔冲，蛟鼍起平陆。夜闻风雨声，霹雳撼林屋。居人旦出视，乃获雷车木。岂惟资障护，尤能免修筑。於焉崇庙祀，岁岁祈嘉毂。"⑤从这首诗中可以看出，明朝监利县百姓十分崇拜雷毂神，对其进行祭祀，希望上天可以每年赐予嘉毂，也就是雷毂。

从以上文献记载可以看出，雷毂的传说主要产生于宋代。传说讲的是，当时有大水决堤，晚上又天降大雨，第二天人们在堤上就发现了雷

---

① （汉）刘安：《淮南子》，河南大学出版社2010年版，第194页。
② 嘉靖《湖广图经志书》，书目文献出版社1990年影印版，第495页。
③ 康熙《监利县志》，海南出版社2001年影印版，第55页。
④ （清）文蔚等修，（清）顾嘉蘅等纂，荆州市地方志办公室校勘：《荆州府志》，湖北人民出版社2006年版，第715页。
⑤ （清）文蔚等修，（清）顾嘉蘅等纂，荆州市地方志办公室校勘：《荆州府志》，湖北人民出版社2006年版，第715页。

车毂木。据上引明代的文献记载，当时的堤防靠着雷车毂木的力量，没有出现颓坏；而清代地方志文献则记载了当时邑人循着毂迹筑造堤防的史实，光绪《荆州府志》还专门指出，宋代江陵即已修建雷毂庙来祭祀雷毂神。从传说中还可以看到，明清时期监利县堤防筑造产生了很大的变化，也体现了统治者对荆江沿岸堤防建设十分重视的史实。

第二节　神庙祭祀

荆江流域的人们总是希望通过崇拜和祭祀取悦水神，从而达到天下安澜的目的。他们主要通过修建水神庙和举行水神祭祀仪式来表达对水神的崇拜。

一、水神庙的修建

据《万城堤志》记载，在荆江一线上，曾经就修建了许多庙宇，如得胜寺、镇堤关庙、老来福寺、关帝庙、新来福寺等。[①] 其中有很大部分庙宇就是专门用来祭祀水神的。

从地域分布来看，自古以来，荆江流域一带所修建的供奉水神的庙宇相当多。江陵县官方修建的水神庙有禹王宫、沮漳神祠、江神庙、江渎宫、龙神祠、清源君庙等，还修建了龙堂寺和纪山寺；沙市有萧公庙、禹王庙和晏公庙；公安县建有龙神祠、龙王庙、江渎庙和法官庙；石首县民间修建有禹王宫、镇江宫、水府庙、龙王庙、杨泗庙和天妃庙；监利县官方修建有龙神祠，民间修建有欧阳将军庙来祭祀水府之神，以及天妃庙、雷毂庙、萧公庙、晏公庙与禹王宫，还修建有铁牛寺；松滋县官方修建有龙神祠，而民间修建了禹王庙、雨坛庙；枝江县

----

① （清）倪文蔚、（清）舒惠原著：《万城堤志》，湖北教育出版社2002年版，第90~91页。

民间修建有水府庙、江渚庙、杨泗庙；湖南岳阳建有洞庭君庙、湘妃祠、刘公庙等。

可见，荆江流域不管是官方还是民间，都修建了大量的水神庙，并通过对各类水神的祭祀来表达人们的崇拜与敬仰之情，同时希望借助神灵的力量来保佑一方免受洪水的威胁。以下选取几个具有代表性的庙宇进行简要说明。

1. 禹王庙

"大禹治水"在我国古代有着极高的文化"知名度"，历史上荆江流域就建有许多禹王庙来供奉禹王。

明万历年间，荆州府江陵县南纪门外就建有禹王宫，当时人们认为此地是古息壤所在地。清乾隆五十七年(1792年)知县杨玠又重修了禹王宫。光绪元年(1875年)，荆州知府倪文蔚为禹王宫捐建享殿，接砌石台，并在此写下了《息壤口大禹庙碑记》。道光二十二年(1842年)夏季，荆州连降大雨，沮漳河水位急遽上涨并突发洪水，又加上迅猛而下难以阻挡的长江洪水，荆江一带水祸连连。在洪水的猛烈冲击下，江陵县张家场堤决堤，大水直逼荆州城西。数日后，文村夹堤也发生了决堤，南岸萧石嘴、马渡民堤也接连出现了溃堤现象。时任候补道查炳华在虎渡口修建禹王庙，希望可以通过神灵的力量来平息水患。

另外，清朝荆州府下辖各县，也多建有禹王庙，反映了清朝时期荆江流域各县人们对治理荆江水患的强烈愿望。如石首县所建的禹王宫在城外，是湖南商人所建；① 监利县在郝家垱一带也修建了禹王宫；松滋县在文公山前也修建了禹王庙。

2. 湘妃祠、洞庭君庙

今湖南岳阳的君山上还有湘妃祠，所供奉的神灵为湘水之神，也即湘君和湘夫人。湘妃祠还被称为湘妃庙、湘山祠。君山上的湘妃祠历史

---

① （清）文蔚等修，（清）顾嘉蘅等纂，荆州市地方志办公室校勘：《荆州府志》，湖北人民出版社2006年版，第707页。

悠久,《史记·秦始皇本纪》就记载了秦始皇"浮江至湘山祠"的史实,可见,在秦代前君山就已建有湘妃祠。庙里祭祀的神祇为舜之二妃,娥皇和女英,死后称为湘水之神。但唐代修建的庙宇并不称湘妃庙而作湘君庙,唐巴陵令李密思著有《湘君庙记略》。可见,唐代湘妃庙亦叫作湘君祠,或湘君庙。人们在天气干旱之时,会至此向湘水之神祈祷。嘉定十一年(1218年),改建湘君祠。明弘治五年(1492年),通判李士修重修了湘妃庙,扩大了庙宇规模。中间为庙宇大殿,后为懿范宫,前为门,四周有围墙。明嘉靖初年,知府韩士英又重新修建了湘妃庙,庙旁还建有二妃墓。朱子《韩文考异》称,湘君、湘夫人墓在岳州君山。①

古代湘妃祠多次被摧毁,又多次被修建。现存的湘妃祠是在1986年重新修缮而成的。在君山上供奉湘水之神的庙宇,除了湘妃庙之外还有洞庭君庙。据《岳州府志》记载:"祀典于君山庙行礼,而朔望于此行香。考君山,旧祀湘妃庙。"②洞庭君庙之前所供奉的神灵为湘水之神,也是湘君和湘夫人。清朝时将洞庭君庙封为"汇渊水府第一尊"。清乾隆三十一年(1766年),乾隆皇帝御书洞庭湖君山神庙"灵昭楚望"四字匾额,并且派遣大臣前往君山祭祀。

3. 江渎庙、江神庙

对江渎的崇拜,在秦朝之前或早已有之。秦统一天下后,就开始封禅名山大川,江渎就已位列其中。但专建庙宇以祭祀江渎,却是秦代封禅之后的事了。秦汉之际,就开始修建专门庙祠祭祀江渎了。

在宋代,江陵府沙市镇就有专门祭祀江渎的场所。宋范成大《吴船录》中记载说:"发江渎庙。七十里,至公安县。"著名诗人陆游在入蜀前就曾去江陵府祭拜江渎庙,可见,宋代的沙市镇也建有江渎庙。至南

---

① (清)陶澍、(清)万年淳修纂,何培金点校:《洞庭湖志》,岳麓书社2003年版,第114页。

② (清)陶澍、(清)万年淳修纂,何培金点校:《洞庭湖志》,岳麓书社2003年版,第116页。

宋嘉定六年(1213年)，沙市镇仍存江渎宫。① 在江渎宫的大殿中立有一块石碑，石碑上题有《重修江渎宫记》，碑文记载说，江渎宫相传为三闾大夫屈原的故宅，还说江渎宫重修于南宋嘉定六年(1213年)，是古人祭江水神的庙宇。又据明代荆州的地方志文献记载，江渎宫还在明永乐年间得到了重修。至清雍正八年(1730年)，荆州地方又对此宫进行了重修。由此可见，沙市江渎宫存在的时间也相当长。

20世纪90年代，地方政府还对江渎宫进行了重建，宫内有"天问阁"，因屈原曾在此写下《天问》而得名。今江渎宫的建筑仅存有正殿部分，殿内供奉屈原塑像和《重修江渎宫记》碑。又据康熙《湖广通志》卷七十八记载，江陵县还有江渎观。除此之外，公安县鲁陂里也建有江渎庙。② 枝江县江渎庙在唐家楼一带。③

荆江流域的江神祠和江神庙修建于清代。乾隆五十四年(1789年)，在杨林几箭堤，奉旨运用国库的资金修建了江神庙。④ 同治五年(1866年)，方大湜去拜谒江神祠，发现其"栋宇庳隘，梁桷赤白，陊剥不治。江神祠而右至修防公所，数椽欹侧，不葺将颓"⑤。于是，第二年他重修江神祠。其修筑过程在《江神沮漳神祠碑记》有具体记载，而光绪《荆州府志》其中指出江神庙在"同治五年，署知府方大湜重修"⑥。可见其记载有误，应该是在同治六年(1867年)得到重修的。

---

① （清)文蔚等修，(清)顾嘉蘅等纂，荆州市地方志办公室校勘：《荆州府志》，湖北人民出版社2006年版，第684页。
② （清)文蔚等修，(清)顾嘉蘅等纂，荆州市地方志办公室校勘：《荆州府志》，湖北人民出版社2006年版，第703页。
③ （清)文蔚等修，(清)顾嘉蘅等纂，荆州市地方志办公室校勘：《荆州府志》，湖北人民出版社2006年版，第732页。
④ （清)文蔚等修，(清)顾嘉蘅等纂，荆州市地方志办公室校勘：《荆州府志》，湖北人民出版社2006年版，第684页。
⑤ （清)倪文蔚、(清)舒惠原著：《万城堤志·万城堤续志》，湖北教育出版社2002年版，第249页。
⑥ （清)文蔚等修，(清)顾嘉蘅等纂，荆州市地方志办公室校勘：《荆州府志》，湖北人民出版社2006年版，第684页。

4. 洞庭神庙

洞庭神庙，坐落在岳阳的君山秋月岭山麓，所供奉的洞庭神即柳毅。该庙于宋嘉定年间修建，元末毁于战乱，明洪武二十五年（1392年）又得到了重修。抗日战争时期，古庙又被战火摧毁，1997年重建。在洞庭神庙的大殿中央还屹然竖立着洞庭湖神的神像，神像为一尊黑脸大王。

二、水神的祭祀仪式

荆江流域的人们会在固定的时间举行祭祀水神的仪式，表达对水神的敬仰。在进行水神祭祀之时，对祭祀方式和祭品都有着严格的规定。随着朝代的更迭，祭祀仪式也越来越复杂，至明清时期，荆江流域人们的水神祭祀民俗事象最为丰富。

祭祀是儒家礼仪的重要组成部分。祭祀是一种以物的形式向神灵表示敬畏、感受和祈求的宗教行为。[1]《礼记·祭统》中云："凡治人之道，莫急于礼；礼有五经，莫重于祭。"[2]古人重视祭祀，因祭祀是为求神赐福。在进行祭祀时，往往有一套严格的程序，根据祭祀对象的不同，所用的贡品也有所不同。为什么要进行水神祭祀呢？据清代方志文献记载，这是因为"凡神之庙食于一方者，必其功在生民，利及百世，有以浃洽夫人心，然后建祠宇以奉，明禋崇德报功之念"[3]。之所以要进行祭祀，是因为神庙受一方生民的供奉，其产生的功德也有利于生民，福佑百世，可以普遍沾润人心，所以要建立祠堂和庙宇来供奉神灵，进行明洁诚敬的献享来尊崇和酬报神灵。

荆江流域一直有祭祀水神的民俗传统，并形成了系统和复杂的祭祀仪式。早在商周时期，这个地区的人们就开始祭祀水神了。由于荆江流

---

[1] 徐文武：《楚国宗教概论》，武汉出版社2001年版，第9页。
[2] 崔高维校点：《礼记》，辽宁教育出版社2000年版，第165页。
[3] （清）陶澍、（清）万年淳修纂，何培金点校：《洞庭湖志》，岳麓书社2003年版，第116页。

域特殊的地理环境、天气异常，时常会有洪水发生，人们为了免除洪水的危害，就向神灵进行祈祷，但是又害怕神灵不庇佑，就进行专门的祭祀仪式来向神灵表示虔诚、乞求、敬畏之意。

荆州一带有关考古材料证明，早在西周时期，祭祀水神的习俗就已开始产生。江陵江北的农场曾经出土数件西周中期的青铜器和鹿角等文物。考古发掘者认为："这些器物被沉于湖底，就是用以祭祀山川、河湖。"①先民祭祀山川、河流之神时，将青铜器和鹿角作为祭品，采用沉入湖底的方式进行祭祀。西周先民采用的这种祭祀方式称为"沉祭"，即将祭品沉在江河之中。《湘君》中描述说，"捐余玦兮江中，遗余佩兮醴浦"②，这里是将玦和佩沉入水中来祭祀神灵。汉代对江渎神进行祭祀也采用沉祭的方式，主要是将牛、羊、猪和圭沉入水中，正如《史记·封禅书》所记，"四渎用三正牲，沉圭，有车马绀盖也"。《风土记》记载，在岳阳君山上有龙虎洞，夏秋水涨即没，冬春水落始露。朝廷曾经派遣人向这里投放龙，等到一年干旱的时候，邦人往往来龙虎洞祈祷，这里采用的祭祀方法也是沉祭。从上述材料可以看出，古人进行沉祭时所采用的祭品通常为动物牺牲（如牛、羊、猪）、玉佩、青铜等。

除此之外，早期先民祭祀水神的还采用浮祭。所谓浮祭，是将祭品浮于水面的一种祭祀方法。《湘夫人》中有"捐余袂兮江中，遗余褋兮澧浦"③。对湘夫人进行祭祀时所采用的祭祀方式就是浮祭，将袂和褋飘浮于水面来达到祭祀神灵的目的。沉祭所采用的祭品则是如衣帛等能够飘浮于水面的物品。这两种祭祀方法的目的都在于报答和祭祀神灵。

荆江流域的人民在进行水神祭祀时有一定的仪式，对祭祀地点、祭祀时间、祭品数量、祭祀人员、祭礼、祭辞等都有明确的规定。荆江流

---

① 何驽：《湖北江陵江北农场出土商周青铜器》，《文物》1994年第9期。
② （战国）屈原等著，陈书彬译注：《楚辞》，山西古籍出版社2003年版，第40页。
③ （战国）屈原等著，陈书彬译注：《楚辞》，山西古籍出版社2003年版，第44页。

域的水神祭祀的主要对象为江神、龙神和江渎神。荆江流域的水神祭祀，有典祀和民祀之分，典祀是官方祭奠，而民祀是民间祭奠。典祀的对象主要为江神、龙神和洞庭湖神，对待这些神灵的祭祀，官方有一套专门的规定和仪式，《湖广通志》中即有明确的记载。而民祀的对象复杂多样，包括自然水神、人格化水神、神话动物水神、历史人物水神，甚至是外来神祇。荆江沿线各个地区的民间祭祀对象都不相同，各有特色。

1. 江渎神祭祀仪式

对江渎神的祭祀，在汉代主要采用沉祭的方法，所用的祭品是三正牲、沉圭和车马绀盖。到了唐初，祭祀江渎神时，所采用的祭品为牛、羊、猪、四笾和四豆，并且对祭祀人员还有明确规定，指出由当界都督刺史来充当祭祀人员（《旧唐书·礼仪志》）。后来对祭品又有了新的规定，变为"笾豆十、簋二、簠二、俎三"（《新唐书·礼乐志》）。祭祀频率为一年一祭，在"五郊迎气日"进行。宋太平兴国年间，祭祀江渎神时仅用羊和猪。元中统二年（1261年），开始实行代祀制度。清顺治三年（1646年），对江渎神实行祭祀，需要一名官员前往，致斋一日，需要二跪六拜，行三献礼。纵观对江渎神的祭祀礼仪，呈现出由简到繁的特点，到了清代，礼仪最为完整和复杂，其中对祭品、祭日、祭祀人员、祭服都有明确的规定，可见官方从古至今对江渎神的重视。

2. 龙神、江神祭祀仪式

对龙神和江神的祭祀，在明清时期最为完善。明清时期，龙神祭祀仪式与江神祭祀仪式相同。祭祀仪式主要分为三个阶段。第一阶段是仪式准备阶段，即选择祭祀地点、祭祀时间，祭品准备和祭祀人员准备。龙神的祭祀在龙神祠进行，江神的祭祀在江神庙进行。祭祀的时间一般选在每年的春秋仲月戊日，也就是每年的阴历二月和八月戊日进行。在进行祭祀仪式之前，祭官需要去祭祀的地点进行省牲，即主祭及助祭者需要对祭祀用的牲畜进行审察，来向神灵表示虔诚。

祭祀仪式一般选在黎明进行，祭祀需要准备一头羊、一头猪、爵

三、香盘和炉镫作为祭品。在黎明到来之时，担任赞礼的人和主祭官需要进入龙神祠或者江神庙内的盥洗所浇水洗手。洗完之后进入殿内行礼处立，主持礼仪的人以及进行赞礼的人要各司其事，最终进行赞礼的祭官和主祭官就位。主持礼仪的人和进行赞礼的祭官宣布迎接龙神或者是江神的到来。第二阶段是仪式举行阶段。这个阶段主要是主祭官向神灵进献祭品，读祝辞。主祭官在进献祭品之前需要在神位前跪着上香，并且还需要行二跪六叩礼。祭祀仪式需要向神灵献酒三次，首先为初献礼，初献礼需要向神灵进献帛和爵，之后向神灵表示对人对事的美好愿望，读祝辞。读完祝辞后请神灵享用酒食，叩兴复位。其次，为亚献礼，跟初献礼仪式一致。最后为三献礼，跟亚献礼仪式一致。等到祭祀完毕，主持赞礼的祭官饮食供神的酒肉，接受胙肉来求神赐福。之后叩兴感谢神灵的胙行，行一跪三叩礼，礼完复位，最后撤去食物。第三阶段为送神礼。送神要行二跪六叩礼，之后执事者要捧祝帛，诣沉帛所赞引，引承祭官至江边，揖复位，礼毕退。

3. 洞庭湖神祭祀仪式

对洞庭湖神的正规祭祀，始于清代。康熙十八年（1678年），湖广总督蔡毓荣向康熙皇帝上书说，坐船到新祥时，突然遇到了暴风。因为向君山龙神祈祷，才能幸免于难，于是向康熙皇帝请旨将君山龙神封为"洞庭湖之神"。同年七月二十日，康熙皇帝派遣官员到洞庭湖去举行祭祀仪式，并且将君山龙神封为"洞庭湖神"，派遣礼部主事鲍复业携带香帛前往祭祀洞庭湖神。翰林院负责撰写祭文，太常寺负责预备香帛。雍正三年（1725年）四月二十二日，雍正皇帝敕封洞庭湖神，加"涵元汇利"四字，立洞庭神庙。湖广常德府派遣官员进行祭祀，祭祀所用的祭文和香帛由该地地方官准备。乾隆二年（1737年），乾隆皇帝下谕称："洞庭湖神，福佑一方。君山神庙载在祀典，其春秋祭品照湘江江神之例，动用正项钱粮以昭礼敬。"乾隆十六年（1751年），乾隆皇帝又再次赐洞庭湖神祀典，给总理事务王大臣下谕称："洞庭湖神。福佑一方。灵应显著。君山神庙。载在祀典。所有春秋祭品礼仪。理应动用正项钱粮办理。着照湘江江神之例。一体开销。以昭敬礼明神至意。"乾隆三十一年(1766年),赐额"灵昭楚望"。①

从康熙、雍正、乾隆三代皇帝对洞庭湖神的册封,可以看到官方对其的重视。在对洞庭湖神的祭祀活动中,也规定了祭祀时所用的祭品规格和祭祀的礼仪,以彰显人们对神灵的尊重。至雍正时期,对洞庭湖神的祭祀由中央祭祀转变为地方祭祀。但是到了乾隆时期,又由地方祭祀变成了中央祭祀。由此可见水神在人们心中的地位是有所变化的。

在进行水神祭祀的过程中,人们书写了大量的祭文。在荆江流域还留下了许多这样祭祀水神的文章,从中可以看出人们对水神的崇拜和敬畏。这些祭文和祭辞所涉及的祭祀对象,主要有江神、沮漳神、大禹和龙神、洞庭湖神、湘君和湘夫人。现存的关于江神、沮漳神、大禹和龙神的祭文主要有唐代张说的《祭江神文》《祭江神文》《祭沮漳神文》《祭禹王文》,以及王柏心的《祭龙神祠文》;而对湘水之神、洞庭湖神的祭文较多,文人骚客为其留下了不少篇章。

祭文内容首先表达对神灵的敬意,指出和肯定神灵的功绩,其次向神灵祈祷,最后对神灵进行祭祀。以唐代张说的《祭江神文》为例,在祭文中指出大江之神的功绩,即"发源岷山,驾福来臻。率此荆土,明灵是主。已成嘉谷,垂败霖雨"。之后又向神灵发出祈祷,希望其可以"听我虔祈,福我农亩。既暵既获,既场既庾"。最后答谢神灵,进行祭祀,"忻忻众心,愿答神祜。洁牲明酌,寅奠江浦"。② 除此之外,在荆江流域也留下不少关于水神的传说,例如守洲船、洞庭湖神显灵等,这些无不显示出当地人们对水神的虔诚与崇敬之意。

---

① (清)陶澍、(清)万年淳修纂,何培金点校:《洞庭湖志》,岳麓书社2003年版,第24页。
② (清)倪文蔚、(清)舒惠原著:《万城堤志·万城堤续志》,湖北教育出版社2002年版,第268页。

三、端午祭水神探源

端午节是中国的传统节日。相传，端午节是专门纪念自沉汨罗江的诗人屈原的节日。在这个节日中，人们会举行一系列的纪念活动，并形成了一些具有特色的民俗事象，如包粽子、赛龙舟、采艾等。

1. 屈原的神格——水神

屈原是战国时期楚国伟大的诗人和政治家，是楚武王熊通之子屈瑕的后代。屈原是我国历史上首位爱国诗人，也是我国浪漫主义文学的奠基人。他是"楚辞体"的开创者和杰出代表，开创了"香草美人"的文学传统，在中国古代文学史上具有重要的影响。

屈原在公元前278年前自沉汨罗后，被楚人祀为水神。东晋王嘉《拾遗记》有记屈原死后被祀为水仙的记载，其文称："楚人思慕，谓之水仙，其神游于天河，精灵时降湘浦，楚人为之立祠，汉末犹在。"①这是屈原作为水仙的最早的文献记载。人们在纪念他的同时，将其神化，把他看作水神，还为其建祠进行祭祀。后梁肖振在《楚三闾大夫昭灵侯庙记》中，有"灵官与鬼将争趋，海若共波神并侍"②的溢美之词，指出屈原是和海神、波神一起被人们供奉的。海神和波神都是水神之属，将三者并列，可见是将屈原归为水神一类。荆江流域，人们也多将屈原作为水神来供奉。据《康熙湖广通志》卷七十八记载，在江陵县城有江渎观，在沙津有江渎宫，宋嘉定中期修建，宫内祭祀屈原。江陵的江渎宫中，有专祀屈原的民俗，可见屈原是荆江流域重要的水神。另外，清代郁永河《裨海纪游》指出："水仙王者，洋中之神，莫详姓氏。或曰：帝禹、伍相、三闾大夫，又逸其二。帝禹平成水土，功在万世；伍相浮鸱夷，屈子怀石自沉：宜为水神，灵爽不泯。"从这则记载可以看出，屈原因怀石自沉而被奉为水神。又清代黄叔璥的《台海使槎录》卷二《祠

---

① （晋）王嘉撰，（南朝梁）肖绮录，齐治平校注：《拾遗记》，中华书局1981年版，第235页。

② 刘石林：《汨罗江畔屈子祠》，湖南人民出版社2003年版，第127页。

庙》载:"水仙宫并祀禹王、伍员、屈原。"①蔡相恽在《台湾的祠祀与宗教》一书中考证指出,到清朝,在清雍正初年,屈原被认为是民间的水仙。② 据以上文献所述,可以看出清代荆江流域一带的人们,仍然是将三闾大夫屈原看作"水仙",认为他是水中的神灵。

当今,我国台湾地区仍盛行信奉屈原为水仙的民俗。陈惠龄《南台湾水仙宫探究》、赖恒毅《水仙尊王与台北屈原宫》、苏慧霜《从游仙到水仙——屈原生命意象的自觉超越与永恒信仰》等都将屈原看作水仙。余光中在阴历五月初五祭祀屈原时,写出了《汨罗江神》,称"你已成江神,不再是水鬼"。这些都可以表明,屈原的神格为水神,已经深入人心。

2. 端午节的实质——祭祀水神的宗教活动

人们选择在屈原投江的阴历五月初五那天,进行祭祀"水仙"屈原的活动。祭祀"水仙"屈原本是一项宗教活动,之后逐步转变为端午节习俗。端午节还要进行龙舟竞渡的活动,它是用来祭祀水神的一项宗教仪式,这一观点在学术界已取得共识。端午节和龙舟竞渡活动在屈原之前就已存在,只不过在屈原之后,端午节才变成全国性的纪念屈原的节日。

针对端午节和龙舟竞渡活动,闻一多在《端午考》《端午节的历史教育》中考证说,端午节是"古代吴越民族一个龙图腾团族举行图腾祭的节日,简言之,一个龙的节日"③。国内大多数学者都认为,端午节和龙舟竞渡跟龙神祭祀有关。龙神在人们的观念里,有着施云布雨的神能,龙神的神格也被定位为水神。因端午节是祭祀龙的节日,龙的神格为水神,因此也可以说端午节是祭祀水神的节日。如文崇一提出,龙舟竞渡是祭祀水神的活动,水神在人们的观念中逐渐演变成龙神,因龙神

---

① (清)黄叔璥:《台海使槎录》(一),台湾艺文印书馆1966年版,第41页。
② 蔡相恽:《台湾的祠祀与宗教》,台原出版社1989年版,第147页。
③ 闻一多:《闻一多全集》,湖北人民出版社1993年版,第11~14页,第31~46页。

掌管雨水，因而有了赛龙舟向龙神求雨的活动。① 随着竞渡习俗的不断传播与发展，端午节又有了更多的附加功能，例如消灾、逐疫和祈福等。刘晓峰在《端午节与水神信仰》一文中，指出端午节与水神祭祀有关，为了表明自己的观点，他还引用了《年中行事抄》这本日本古代的岁时专书来作为强有力的证据，在此书中有这样一段记载："昔高辛氏子乘船渡海，急逢暴风，五月五日没海中。其灵成水神，令漂失船。或人五月五日，以五色丝茎缠投海中。茎缠变化成五色鲤龙，海神惶隐。敢不成害。"②这段史料表明，五月五日是祭祀水神的节日，端午节的产生跟水神祭祀有关，并且在五月五日将五色丝投入海中，有避害的作用。这些都说明了端午节和龙舟竞渡活动跟水神有关，端午节的产生跟水神祭祀有关，而龙舟竞渡活动是祭祀水神的一项宗教仪式。

在我国的有些地方，也有端午节到水神庙祭祀龙神的习俗。清光绪《善化县志》记载，在五月五日，当地的水神庙会供奉龙头，鼓乐游街，更将船造成龙的形状。清末民初徐珂编撰《清稗类钞》，说在青浦朱香经有月宁侯水神庙，每年端午节要来临的时候，衙署胥役就敛资赛会，将水神迎进城，祭祀前或进行仪式前清心洁身，准备祭祀的物品来斋之，举办赛龙舟活动。这些都说明了端午节的产生跟水神祭祀有关。现在端午节之所以祭祀屈原，一方面是因为屈原的神格被认为是水神，而端午节是祭祀水神的节日；另一方面，屈原的崇高品质为后世人们所敬仰，他在端午投江，使端午节演变为纪念屈原的节日。在汉代，端午节就已发展为相当盛大的节日了，人们在五月初五这一天，要进行一些专门的民俗活动来纪念屈原。

前已述及，端午节中的龙舟竞渡活动，原本是祭祀水神而举行的一种宗教祭祀仪式，之后才发展成纪念屈原的竞技活动。《荆楚岁时记》

---

① 文崇一：《九歌中的水神与华南的龙舟赛神》，《民族学研究所集刊》1961年第11期。

② 刘晓峰：《端午节与水神信仰——保存于日本典籍中有关端午节起源的一则重要史料》，《民俗研究》2007年第1期。

记载称，端午节龙舟竞渡习俗的产生是因为："俗谓是屈原死汨罗日，伤其死所，并命将舟楫以拯之，至今为俗。"宋代梁克家的《淳熙三山志》卷四十"土俗类"云："楚人以吊屈原，后四方以为故事，是日竞渡以为戏。"明代张岱《夜航船》卷1"天文部"指出，屈原在五月五日投江而死，楚人用船和楫来救他，这种行为叫作竞渡。又说，五月五日在江中投角黍来祭祀屈原，但是害怕蛟龙把角黍夺走，就用龙舟来驱逐蛟龙。明末的西昌人程登吉《幼学琼林》卷一"岁时"条记载，端阳节竞渡的习俗，是为了祭祀溺水的屈原。根据上述文献可知，竞渡是为了祭祀屈原，之所以是用龙舟竞渡，是因为害怕蛟龙夺走祭祀屈原所用的角黍，用龙舟来驱赶蛟龙。

在端午节还要包粽子、带栋叶和五色丝，其实也是在祭祀水神。包粽子是端午节最具代表性的习俗。《续齐谐记》记载，屈原在五月五日投沉汨罗江而死，楚人哀怜他，每到五月五日的时候，就用竹筒把米贮藏起来，将其投入水中来祭祀屈原。① 相传在东汉建武年间，长沙有一个名叫区曲的人遇见一位士人，这个人自称他是"三闾大夫"。他对区曲说："我听说你要来此祭祀我，非常好。之前祭祀我所用的粽子常年被蛟龙所偷，今天你如果想要对我有恩惠，就将栋叶包在粽子上，并且用彩丝将其缠上。因为这两种东西是蛟龙所害怕的东西。"区曲就按照他所说的话对屈原进行祭祀。所以现在端午节时要做粽子，并且粽子还要带栋叶和五色丝。日本古代的岁时专书《年中行事抄》也指出，五月初五用五色丝将荃缠起来投入海中。用五色丝缠完的荃变化为五色鲤龙，海神会惶隐，就不敢害人了。《风俗通》说，五月五日用五彩丝系在手臂上的人，可以躲避战争和鬼魂，不生病，这都是因为屈原。又称：五月五日用五彩丝系于臂上，可以延长寿命。五彩丝又名五色缕、五色丝、朱索，或称长命缕、续命缕和辟兵缯。又有条达等织组杂物，

---

① （清）陶澍、（清）万年淳修纂，何培金点校：《洞庭湖志》，岳麓书社2003年版，第99页。

来互相赠送。上述文献分析了五色丝的民俗含义。

第三节　镇水习俗

镇水习俗是水患频繁地区普遍存在的一种民俗现象。荆江流域镇水习俗传承历史悠久。在宋代罗泌《路史》一书中，有"禹治水自岷至荆，定彼泉流之穴，爰以石屋镇之"①的记载，虽然以石屋镇水始于大禹之说不尽可信，但至少可以说明荆江流域镇水习俗由来已久。在湖北江陵凤凰山8号汉墓中，曾经出土过一件装有泥土的竹筒，登记殉葬器物的"遣册"将其称为"溥土"。李家浩指出："该墓出土的'溥土'，实际上就是'息土'。'息土'或作'息壤'。该墓把'溥土'与绘有禹、契的神像的龟盾同置于椁室之内，显然其用意是镇治水。"②这是荆江流域在汉代已有镇水习俗的一个证据。荆江流域还有以石塔镇水的习俗。清孔自来《江陵志余》记："八角井在城东下有海眼通江，观采水之增减，识江流之消长，后人作石塔镇之。"③八角井在江陵城东，古人相信此井通达大海，故而以石塔来镇海眼，以防其通水。在岳州府城南洞庭湖边，古代建有兹氏寺塔，据《风土记》记，建造此塔的目的正是为了"镇洞庭水孽"④。元至元六年（1340年），今沙市观音寺建有幢来镇制江水，主要是为了保护堤坝。明末熊汝学的《重修尊胜宝幢记》记："是幢也，建于

---

①　今本《路史》无此条。引自（清）陈康祺《郎潜纪闻四笔》，中华书局1990年版，第146页。

②　李家浩：《江陵凤凰山八号汉墓"龟盾"漆画试探》，《文物》1974年第6期。

③　（清）孔自来：顺治《江陵志余·志水泉》"八角井"条，江苏古籍出版社2001年影印版，第412页。

④　（清）陶澍、（清）万年淳修纂，何培金点校：《洞庭湖志》，岳麓书社2003年版，第109页。

元至元六年,荆苦江水啮堤。"①清乾隆中王昶《使楚丛谭》也有相关记载。

此外,还有通过建造寺、庙、庵等宗教建筑来镇水的。如清代仅在荆江流域范围内,松滋县纸厂河北修建有镇江寺,枝江县羊角洲修建有镇江庙,江陵县沙市江岸建有镇江庵,石首县万寿宫南建有镇江宫等。

一、铁牛镇水习俗

在荆江流域诸多的镇水习俗中,尤以铁牛镇水习俗最为典型。文献记载的荆江镇水铁牛最早出现在宋代。据光绪《荆州府志》载,宋代在监利县西六十里修建有铁牛寺,因寺前有护堤铁牛而得名。清嘉庆年间,由于堤溃寺圮,监利铁牛沉入渊潭之中。至清代,荆江连年洪水泛滥,为了镇压洪魔,人们开始大量铸造铁牛安放在荆江沿岸,以求江水安澜。

1. 清朝所铸镇水铁牛

乾隆五十三年(1788年)六月,长江上游的四川各地连降暴雨,导致荆江水位上涨,万城大堤多处发生溃决,冲溃荆州多处城墙,城内顿成泽国。据《荆州万城堤志》记载,万城到御路口这一段大堤有22处决口,洪水从荆州西门、水津门两路冲进城中,官吏办公的房屋和百姓居住的房子都被冲塌,仓库里积累的物资都漂流一空,水渍有一丈多高,过了两个月洪水方才退去,万余名士兵和百姓都被淹死。②时任湖广总督毕沅作诗记录了荆州的受灾情况:"饥鼠伏仓餐腐粟,乱鱼吹浪逐浮尸","云梦苍茫八九吞,半皆饿口半游魂"。③乾隆皇帝在惊悉荆州水

---

① (清)蒯正昌、(清)吴耀斗修,(清)胡九皋、(清)刘长谦纂:《光绪续修江陵县志》2,江苏古籍出版社2001年版,第431页。

② 转引自《江陵堤防志》编写组:《江陵堤防志》,江陵县志编纂委员会1984年版,第13页。

③ (清)倪文蔚、(清)舒惠原著:《万城堤志·万城堤续志》,湖北教育出版社2002年版,第278页。

灾后，下旨命令湖广总督毕沅在荆州万城堤及沙市等形势险要处所放置铁牛。是年十一月，乾隆皇帝颁发"谕旨"，在要求加固荆江堤防的同时，还指令铸镇水铁牛消弭水患。毕沅遵从乾隆皇帝的诏令，于乾隆五十三年(1788年)十二月开始铸造铁牛，一共铸造了九具铁牛。在修建的时候，铁牛的大小、形状、样式都有着严格的规定："每具半身，自额至尾长九尺，肩至蹄高五尺，额宽一尺八寸，肩宽三尺，角二支在额之中；前角长八寸，后角长一尺二寸；尾右盘，长三尺。头身俱空，余俱实，背有铭，载艺文。"①这些铁牛放置在九处容易发生险情的重要堤段，分别是万城、中方城、上渔埠头、李家埠、中独阳、杨林矶、玉路口、黑窑厂和观音矶。毕沅还写了一篇《铁牛铭》铸于牛身，铭文写道："屹屹金城，既筑既楗。有牛冯马，巍然大件。"②毕沅所铸九尊铁牛今已不存，据称均被洪水冲入长江，沉入了泥沙之中。

清道光二十四年(1844年)七月，荆江再次发生大水，洪水冲溃了万城堤李家埠工段，冲开荆州府城西门闸板，大水灌进荆州古城。洪水消退后，清廷划拨官银4.45万两，湖北所属府县捐钱10万缗，堵住溃口，修复江堤。江堤修复后，当地的政府官员就铸造了铁牛，将其放置在李家埠，用以镇制水怪，消除水灾。铁牛背上有铭文："岁当乙巳，铸此铁牛。秉坤之德，克水之柔。分墟列宿，砥柱中流。威驯泽国，势戢阳侯。沮漳息浪，禾稼盈畴。金堤巩固，永镇千秋。"③据铭文记载，铁牛铸造的时间是乙巳年，即道光二十五年(1845年)，也就是荆江洪灾发生的次年。铭文表达了"金堤巩固，永镇千秋"的美好愿望，希望江水自此安澜，年年五谷丰登。

---

① （清）倪文蔚、（清）舒惠原著：《万城堤志·万城堤续志》，湖北教育出版社2002年版，第89~90页。

② （清）文蔚等修，（清）顾嘉蘅等纂，荆州市地方志办公室校勘：《荆州府志》，湖北人民出版社2006年版，第449页。

③ （清）文蔚等修，（清）顾嘉蘅等纂，荆州市地方志办公室校勘：《荆州府志》，湖北人民出版社2006年版，第450页。

李埠铁牛在"文革"期间被毁坏，1982年得以修复。该铁牛为蹲踞式造型，前肢站立踏地，后肢踞伏，翘颈昂首，雄视着沮漳河，眉宇间铸刻"王"字，增添了威武感。它是荆江大堤上现存历史最为久远的铁牛。

郝穴镇镇安寺铁牛是荆江大堤上保存最为完好的铁牛。清咸丰年间，荆州太守唐际盛主持加培万城堤工作。工程竣工后，唐际盛于咸丰九年（1859年）又铸造铁牛一尊，放置在郝穴镇镇安寺，因名"镇安寺铁牛"。其造型为前肢踏地、后肢踞伏；铁牛身体粗壮丰满，在其肩胛和臀背部都装饰有花纹，尾巴盘曲在右臀上；头中间有笔直的一角，头顶装饰有花冠，张嘴立耳，虎视江面，有一种威严肃杀感。铁牛背上题刻铭文，曰："嶙嶙峋峋，其德贞纯。吐和孕宝，守捍江滨。骇浪不作，怪族胥驯。繄！千秋万世兮，福我下民。"[4]

除上述所记铁牛外，见于文献记载的清代铁牛还有清道光年间铸乌龙洲铁牛和清光绪年间铸虎渡口铁牛。《沙市市志·大事记》记载，郝穴镇乌龙洲上有甘福兴炉坊于道光二十年（1840年）铸造的镇江铁牛，它长3米，高1.8米，重2吨余。① 据《公安县志·大事记》称，清光绪初年，荆州府铸造了一座独角铁牛，将其放置于虎渡口大堤之上，作为巩固堤防的象征。② 此外，许鹤沙在《东还纪程》还记载有岳阳铁牛，岳阳楼下的城门右侧有一座铁牛，铁牛作蹲踞状，向西望，嘴巴张得很大，似乎有吞下洞庭湖的意思。铁牛的铸造是根据五行克制的原理。③

虽然清朝多次铸造"铁牛"，但是"铁牛"没有阻挡住洪水，反而多次被洪水吞噬。现在看来，用"铁牛"治水其实是没有什么科学依据的，

---

① 沙市市地方志办编纂委员会：《沙市市志》，中国经济出版社1992年版，第29页。

② 公安县志编纂委员会：《公安县志》，汉语大词典出版社1990年版，第4页。

③ （清）陶澍、（清）万年淳修纂，何培金点校：《洞庭湖志》，岳麓书社2003年版，第202页。

但是铁牛镇水这一习俗反映了古人的一些文化观念,体现了深厚的民俗文化内涵。

2. 镇水铁牛的原型

古代为何要以铁牛镇水,这其中有多重的文化因素,既与古代的瑞兽崇拜有关,也与五行思想有关。

关于镇水铁牛的文化原型,在郝穴镇安寺铁牛铭文中已有揭示。《荆州万城堤志》记镇安寺铁牛铭文序云:"惟咸丰九年夏,荆州太守唐际盛修堤成,祷角端镇水于帮内。"①序文中的"帮内"二字有误,当作"郝穴",盖因"帮内"与"郝穴"字形相近而产生讹误。《荆江堤防志》记此铭文即作"郝穴"二字。在镇安寺铁牛铭文序中,出现了"角端"二字。"角端"为何物?与铁牛有何关系?这是两个值得深入探讨的问题。

角端是中国古代神话中的一种神兽。自汉朝始,历经南北朝、唐、宋,角端更被进一步神化,由之前的珍兽逐渐变成瑞兽,还被赋予了种种神奇的功能。《宋书·符瑞志》说,角端每日可以走一万八千里,又能通晓东夷、南蛮、北狄和西戎的语言,只要明君圣主在位,通晓世俗之外深远的事情,它就捧着书到来。这里不仅进一步将角端神化,还将角端说成是待"明君圣主"才现身的祥瑞之兽。这种将角端作为祥瑞之兽的说法,在元代达到了顶峰。如《元史》记载说,甲申年,太祖到达了东印度,驻扎在铁门关,有一只头上长角的野兽,形状像鹿但是却有着马的尾巴,全身绿色,会说人话,对侍卫说:"你的主人应该早点回去。"太祖向耶律楚材询问了这件事情,耶律楚材对太祖说:"这是祥瑞之兽,它的名字叫角端,能够说每个地方的话语,它爱惜生命而讨厌杀戮,这是上天降下符瑞来告诫陛下。"②元末熊梦祥在《析津志》一书中,

---

① (清)倪文蔚、(清)舒惠原著:《万城堤志·万城堤续志》,湖北教育出版社 2002 年版,第 270 页。

② (明)宋濂等:《元史》,中华书局 1976 年版,第 3456 页。

将角端列入"瑞兽之品"①，足可见角端的神圣地位。

关于角端的形象，古代文献的描述各异。有说像猪的，如《史记集解》引郭璞注曰："似猪，角在鼻上，堪作弓。"《说文解字》曰："角端，兽状似豕，角善为弓。"也有说似牛的，如《汉书音义》云："角端似牛，角可为弓。"也有说像貊的，如《昭明文选》记载："角端，似貊，角在鼻上，中作弓。"还有其他更为奇特的描述，如明代《英烈传》记云："四曰角端，色黑声清，龟甲龙足，光若鸦青。"《医暇卮言》记云："鹿角、牛耳、驼首、鬼目、蛇项、蜃腹、鱼鳞、虎掌、鹰爪，龙之状也。黑曰角端。"综合来看，角端可能如龙凤等神物一样，是由多种动物形体"打散组合"而成的，有着牛和猪等多种动物的形体特征。

角端的角与众不同，这也许是其以"角"为名的原因。晋郭璞说角端"角在鼻上"，则可见角端只有一角。元人熊梦祥《析津志》说角端为"绿毛而独角"，元代"角端旗"上所绘角端正作"独角"。《元史》卷七址九《舆服志仪仗》云："角端旗，赤质，赤火焰脚。"上面所绘野兽，形状像羊，但是却有着小尾巴，它的头上有一只角。清人陈衍《元诗纪事》描述角端"顶有一角"。清人褚人获在《坚瓠集》也记角端为"一角"。这都说明了角端仅有一只角，与"独角兽"相类。古人还将"角端"写成"甪端"。《字汇》解释"甪"曰："甪，兽名。"从字形上来看，甪字与角字为异体字，"甪"字是从"角"字减少笔画而来的。《康熙字典》载："甪，角字之伪。"将角写成"甪"，其实就是强调角端只有一只角，也是为了神化角端之角。古代有角端之角可以做弓的传说。文献中说"堪作弓""角善为弓"，都是说角端的角可以用来制作弓，这也是对角端的神化。

将文献所记角端与荆江镇水铁牛对比来看，荆江镇水铁牛其身似牛，其首似猪，头长一角，与文献中所记角端的形象一致。由此可见，荆江镇水铁牛的原型正是角端。

---

① （元）熊梦祥著，北京图书馆善本组辑：《析津志辑佚》，北京古籍出版社1983年版，第232页。

3. 镇水铁牛的文化解读

荆江流域为何以铁牛镇水，在乾隆皇帝给湖广总督毕沅的谕旨中，已有说明："盖因蛟龙畏铁，又牛属土，土能制水，是以铸铁肖形用示镇制。此次荆州被灾甚重，闻系蛟水为患。"①原来，以铁牛镇水，主要原因是古人相信蛟龙兴水，而蛟龙畏铁，以五行相克的原理来看，牛属土，能克水，故而铸铁牛镇服蛟龙。

从上古时代开始，我国就有以蛟龙为水神的信仰。《管子·形势解》云："蛟龙，水虫之神者也，乘于水，则神立，失于水，则神废。"②人们相信，水中蛟龙兴风致雨是发生洪灾的原因。光绪《荆州府志》卷五《地理志》记载，五月二十六有谚语：荆州的土地上多蛟患，每年夏天的时候，时常雷电交加，大雨滂沱，不一会儿水就有一丈多高，山、乡居、民畜、房宇都被淹没，随处漂流，漂流外至大江，内至长湖，风浪才得以平静。既然相信蛟龙为水患之源，人们就有理由认为，只要镇服了蛟龙，就可以使风消雨歇，洪水消退。在这一思想的影响下，人们想出了各种镇服蛟龙的方法。

古人相信蛟龙生性畏铁，所以就有了以铁制器具镇服蛟龙的厌胜法。南宋《舆地纪胜》记载，滨海有许多蛟龙，有着害怕铁的特性，于是用铁来镇压。③ 江苏盐城有铁柱冈，其上有铁柱，就是用来镇制蛟龙的。扬州徐园有两个铁镬，也是用来镇制蛟龙的。铁镬旁有碑记曰："相传蛟龙性恶铁，范大镬以压之。"还有用釜镬之类的铁器来镇制蛟龙的。明朱国祯《涌幢小品》卷四记载，有的人说蛟龙能够乘着风和雨去破坏堰，但是蛟龙有着厌恶铁的特质，于是就运来数千斤重的釜镬等铁

---

① （清）倪文蔚、（清）舒惠原著：《万城堤志·万城堤续志》，湖北教育出版社 2002 年版，第 27 页。
② 黎翔凤撰，梁运华整理：《管子校注》，中华书局 2004 年版，第 1169 页。
③ 黄芝岗：《中国的水神》，生活·读书·新知三联书店 2012 年版，第 161 页。

器，将其沉入水中。① 据《读史方舆纪要·荆山堰城》记载称，有人说江淮地区大多有蛟龙，能够乘风雨，破坏崖岸，蛟龙厌恶铁，于是冶炼两件铁器，大的叫作釜鬲，小的叫作䦆锄，重数千万斤，将其沉入堰所来镇压蛟龙。② 在明代，岳州府城西门外湖岸有铁兽，用于镇水。明胥文相《铁械辨》说："或以为厌胜，辟蛟龙之害。"③ 康熙《湖广通志》卷九记载："江陵县五色潭……亦谓龙潭，相传下有九牛三䦆禁遏水灾。"这里记载的是以铁䦆和铁牛来镇制水灾。

至于蛟龙为何畏铁，唐代封演在《封氏闻见记》中解释说："盖金铁味辛，辛能害目，蛟龙护其目，避之而去，故堰可成。"④ 认为铁是辛辣之物，能够伤害蛟龙的眼睛。另有以五行相克来解释蛟龙畏铁的，洪泽湖现存有康熙年间修建的镇水铁牛，铁牛的腹部刻有铭文曰："维金克木，蛟龙藏。"⑤ 铭文中说用铁镇蛟龙的原理是金克木，这是基于五行相克的原理。龙在四象中主东方，属木，而铁属金，根据五行相克的原理，金克木，故而蛟龙畏铁。

荆江镇水铁牛选用铁进行铸造，其原理正是所谓的"蛟龙畏铁"。乾隆皇帝在给湖广总督毕沅的谕旨中说"蛟龙畏铁"，下旨要求毕沅铸铁牛镇服荆江蛟龙，已经将铁牛镇水的原理说得十分明白了。毕沅《铁牛铭》中有"相尔欣犍，土德之精"，这里所说的"土德之精"，就是指牛。在李埠铁牛的牛背上铸刻的铭文中也有"秉坤之德，克水之柔"之

---

① （明）朱国祯撰，王根林校点：《历代笔记小说大观》，上海古籍出版社2012年版，第80页。

② （清）顾祖禹撰，贺次君、施和金点校：《读史方舆纪要》，中华书局2005年版，第997页。

③ （清）陶澍、（清）万年淳修纂，何培金点校：《洞庭湖志》，岳麓书社2003年版，第109页。

④ （唐）封演撰：《四库家藏·封氏闻见记》，山东画报出版社2004年版，第41页。

⑤ 江苏省地方志编纂委员会：《江苏省志84·文物志》，江苏古籍出版社1998年版，第380页。

语，"坤"为地，地为土，"秉坤之德"指的也是牛。这些铁牛铭文都意在说明，以牛镇水，依据的是五行理论。

二、息壤镇水习俗

在荆州一直流传着大禹用息壤治水的传说，当地的民众相信息壤的存在，其因为能够无穷生长并且可以湮灭洪水而得到祠祀。息壤的传说最早起源于《山海经·海内经》。

1. 息壤地理位置的演变

在唐代，江陵府南门有息壤。《舆地纪胜》称："《溟洪录》云：'江陵府南门有息壤焉。'"① 之后，人们在息壤所在之地还修建了息壤祠。

宋代息壤祠依然存在，但是息壤祠的名字发生了变化。宋人张世南说，江陵城里面有法济院，现今称它为地角寺，原来是息壤祠。② 而且位置也发生了变化，由江陵府南门变为江陵南门之外，雍门之内。李昉《太平广记》记载，在江陵的南门外，雍门内的东垣下有一所小瓦堂室，仅高数尺，规模虽小但是各部分都完备。向州人询问这是什么地方，州人回答说："这是息壤。"元代，据《东南纪闻》记载，息壤在江陵子城南门外。

明清时期，荆江沿岸地区洪水灾害严重，沿江的堤防经常被冲决。明嘉靖三十九年（1560年），江陵县江堤被"荡洗殆尽"。③ 因此，息壤又在沿江地区兴盛起来。明万历十年（1582年），江陵县新建造了南纪门，并在此修建了息壤祠，明雷思霈《荆州方舆书》中记载说："瘗以土，而祠其上。"④ 清代，人们认为息壤位于荆州南门外堤上。清代人把明代的息壤祠称作"古息壤地"。康熙二十四年（1685年）春，荆南正值

---

① （宋）王象之：《舆地纪胜》，中华书局1992年版，第2207页。
② （宋）张世南撰，张茂鹏点校：《游宦纪闻》，中华书局1981年版，第52页。
③ 万历《湖广总志》，齐鲁书社1996年版，第138页。
④ 康熙《荆州府志》，江苏古籍出版社2001年影印版，第525页。

大旱,当地百姓请求挖掘息壤。刚开始人们不相信息壤有致雨的功能,都过了三个月还是没有下一滴雨,不得已在荆州南门外堤上将息壤挖出。在南门外堤上,挖了没有几尺,就找到了息壤。从这里可以看出,至清代,息壤的位置已由江陵城内变为江陵城外堤。乾隆五十七年(1792年),知县杨玢在"古息壤地"修建了禹王宫,希望可以借助大禹和息壤的力量来保佑百姓,治理洪水,使百姓不受水患的威胁。① 光绪元年(1875年),荆州知府倪文蔚至息壤口大禹庙,见房屋三楹,庙中主要供奉的是大禹神像,庙宇负城临河,这里灵迹昭著,于是其下令测量土地,扩建息壤旧址,"长十余丈,广三丈许,高出河面,甃以巨石,俾与岸平;别为前殿三楹以为瞻拜之所,改正门南向息壤,缭以石阑,游者从旁门入"②。现荆州城的老南门外西侧城墙脚边还有息壤遗址。

2. 息壤神话的历史影子——抗洪

息壤最早出现在《山海经》里。《山海经》里记载了无数神话传说,而"鲧禹治水"就是其中的一则,在这则神话中出现了"息壤"。《时则》也有记载云:"(禹)以息壤堙洪水之州。"息壤也可以称为息土。《淮南子·地形篇》云:"禹乃以息土填洪水,以为名山。"郭璞注引《归藏·启筮》说:"滔滔洪水,无所止极。伯鲧乃以息石、息壤以填洪水。"③

神话的背后往往有历史的影子,这则神话其实反映了原始先民抗击洪水的思想。在这则神话中,鲧和大禹用息壤去治理洪水。关于息壤为什么可以治水,汉代高诱《淮南子·地形训》曰:"息土不耗减,掘之益多,故以填洪水",指出息土不会有消耗,越挖掘越多,因此有治水的

---

① 光绪《荆州府志》,江苏古籍出版社2001年影印版,第263页。
② (清)倪文蔚、(清)舒惠原著:《万城堤志·万城堤续志》,湖北教育出版社2002年版,第250页。
③ 范祥雍:《山海经笺疏补校》,上海古籍出版社2013年版,第402~403页。

功能;晋郭璞注《海内经》云:"息壤者言土自长息无限,故可以塞洪水也"①,认为息壤是一种可以自己无限生长的土,因此可以阻塞洪水。从高诱和郭璞对息壤的解读上可以看出,息壤并不是平常的土壤,它具有自我生长的神力,可以湮灭滔天的洪水。根据神话能够推测出,在鲧禹所处的时代,人们遭受了特大洪水,百姓深受水患的威胁,鲧才会在没有帝尧命令的情况下,去偷"长息无限"的息壤,想要借助此神物来平息洪水。其实这个神话除了反映出当时的自然状况,也反映出在先秦时期,早期先民已经拥有与洪水斗争的想法。这是人类直面洪水,积极与洪水作斗争的体现。

历史学家们一般认为,洪水神话是以历史上洪水的真实存在作为前提的,大洪水不是虚构,不是人们的想象,也不是某种事物的象征,它就是历史,是人类曾经经历过的灾难。② 那么息壤神话的产生并不是历史的偶然,而是历史的必然。江陵自古以来就是水乡泽国,当时神话的产生肯定与江陵遭遇了极其严重的洪水灾害有关,因此神话中才会说"洪水滔天",并且当时的人们肯定与洪水进行过斗争,所以在神话中才有鲧禹用息壤治水的行为。

在鲧禹治水的神话中,鲧因窃息壤被杀。鲧之所以有这个结局,有两个重要的原因:其一,他没有得到帝命而去偷息壤;其二,他散播与洪水抗争的思想,并以此鼓动人民。原始宗教认为"万物有灵",那么水也是有灵的。原始先民相信神灵的存在,一直对神灵怀有敬畏之心,对所谓神灵造成的灾害,一直采取被动的做法。因此早期先民对待洪水的态度,一直是不与其进行斗争,即不设堤防,这在许多典籍中都有相关的记载。例如《淮南子·人间训》:"古者沟防不修。"《汉书·沟洫志》:"古者……大川无防,小水得入,陂鄣卑下,以为污泽。"而鲧偷息壤治水,被认为是人类直接与神灵作斗争的表现,亵渎了神灵,同时

---

① 袁珂校注:《山海经校注》,巴蜀书社1996年版,第536页。
② 尹荣方:《洪水神话的文化阐释》,上海人民出版社2016年版,第37页。

也违反了不设"防"这一思想。在鲧之前，共工也与洪水进行过斗争，他主要采用筑堤法来抗洪，《国语·周语下》云："昔共工弃此道也，虞于湛乐，淫失其身，欲壅防百川，堕高堙庳。"从这一记载可以看出，共工想要用"堕高堙庳"的方法来堵塞洪水。其实修筑堤防的工作就是"堕高堙庳"的搬土过程，这里的堕高堙庳就是指把高出的石头和土搬下来，之后将其围成堤防，来堵塞洪水。

3. 息壤实质的演变——宗教巫术

在汉代，息壤传说还是延续先秦时期的说法，但是到了五代十国时期，息壤传说发生了巨大的变化。息壤不再是郭璞所说的"息壤者言土自长息无限"，而是《玉堂闲话》所称的"禹锼石造龙宫填于空中，以塞水眼"。宋李昉《太平广记》从其说。晋李石《续博物志》称息壤"状若屋宇陷土中，而犹见其脊"。宋《苏东坡全集》、明《五杂俎》、清《觚剩》、清《郎潜纪闻三笔》、清《香祖笔记》均从其说。而到了宋代，息壤形象转变为《吴船录》所谓的"得石楼如江陵城楼状"。元《东南纪闻》从其说。从这些文献记载中可以发现，息壤不再是能够不断生长、不断繁衍的土壤，而是转变成了宫室，到最后变成了跟江陵城形状一样的用石头做的楼。

息壤在先秦时期，出现在《山海经》，而《山海经》被公认是一本富于神话传说的地理书籍。息壤在神话传说中是一种可以湮灭洪水的神奇的土壤，这是神话的产物——人们早期对息壤的崇拜，主要是源于宗教信仰。可是到了晋代之后，息壤的实质不再是土壤，而变成了宫室，甚至是江陵城的样子，这是巫术的产物。巫术与宗教有着鲜明的区别：巫术主要是向自然祈求力量来帮助对方或者是压服对方的行为，而宗教只是一种纯粹的信仰。人们早期对息壤只是一种纯粹的信仰，从文献对其的记载就可以看出；而晋代之后的文献，对息壤的记载变成了宫室等，这已经超出了宗教的范围了。总体来说，息壤信仰的实质发生了转变，由单纯的宗教信仰转变成为巫术的产物。

关于将息壤建造成宫室，周亮在《书影》卷七中指出："《息壤记》载禹湮洪水至荆州，见有海眼，泛溢无恒，禹乃镌石造龙之宫室，寘于穴中，以塞水脉。则石规模亦此意也。此厌胜之法。"这里已经明确指出，之所以要建成宫室的样子，是为了镇压泉眼，其实就是采用了厌胜的方法。《辞海》对"厌胜"的解释为："古代一种巫术，谓能以诅咒制胜，压服人或物。"之后将息壤做成江陵城的模样，也是一样的道理。

晋代之后的文献中关于息壤的记载，由宫室又变成了江陵城。唐元和年间，裴宙任荆州牧，其掘地六尺得到了一块石头，石头的形状跟荆州城类似，石头的空径为六尺八寸，做工甚是精巧。但是裴宙命人把它扔在了藩篱间。当时正值春天，接连下了很多天雨，到了四月还没有停止，人人为之担忧。当时恰逢欧献乘在楚山居住，于是就派遣人员去向其征求对策，因为事情比较紧急，再重新凿石就来不及了，就命令陶范按照江陵城的样子，建造了一座尺寸为六尺八寸，跟江陵城楼堞和门域都没有差别的建筑，在江陵城南门外八十步的地方挖掘六尺深的地方将其埋起来，雨就停止了。

荆州之前作为楚国的都城，一直都受着巫术思想的影响。当地巫风盛行，加之当地一直有着"信巫鬼，重淫祀""率敬鬼，尤重祠祀之事"[①]的传统，因此巫术活动盛行。巫术从作用上来分，主要有三种：白巫术、黑巫术和预兆巫术。厌胜的实质就是白巫术，所谓白巫术又叫作"善意的巫术"，这种巫术主要是教人不应当怎样做，以避免不希望得到的结果，可以说是一种防御性的、消极的和无恶意的巫术。[②] 之所以采用这种厌胜的方法，就是希望可以借此起到防御洪水的作用，这种厌胜行为从本质上来讲是充满善意的。而在实行厌胜的行为中所采用的厌胜物，从巫术层面来讲，属于预兆巫术。预兆巫术介于黑巫术（即"恶意的巫术"）和白巫术（即"善意的巫术"）二者之间，其跟白巫术相

---

① （清）倪文蔚等修，顾嘉衡等纂：光绪《荆州府志》，湖北人民出版社2006年影印版，第117页。

② 梁钊韬：《中国古代巫术：宗教的起源和发展》，中山大学出版社1999年版，第29页。

类似，但是也有所区别。预兆巫术，是指未知原因而欲找寻出原因以为规避，或偶然之事物发生而预知结果的一种方法，也被称为消极的巫术。厌胜物主要是起到招吉攘凶的作用，在众多的文献记载中，都指出一旦将息壤从江陵城下挖出，就会造成江陵城暴雨不止，之后将其重新掩埋，暴雨才得以停止。《续博物志》《东坡诗序》都有相关记载，这些记载都指出息壤其实已经作为厌胜物出现了，人们在没有注意的情况下将其挖出，会造成江陵城接连暴雨，之后找到了暴雨产生的原因，重新将其掩埋来规避祸患。

这种将息壤作为厌胜物的预兆巫术，直到清代在荆州仍然使用。在《香祖笔记》卷三和《郎潜纪闻三笔》卷十三中指出，在清代康熙元年（1662年）就有州人因挖息壤而造成荆州城连下40多天的暴雨，江水泛溢，万城堤溃决，之后对息壤进行了掩埋。《觚剩》卷五《豫觚》又记载说，康熙乙丑春（1685年）荆州城发生旱灾，三个月还不下雨，迫不得已，当地人就在出荆州城南门外堤上挖出了息壤，之后荆州城连下40多天的暴雨，造成江水泛溢，万城堤溃决，之后又对息壤进行了掩埋。

第六章 水事丹青

万里长江，险在荆江。作为长江的一段，荆江段由于地势低洼，随上游江水裹挟而来的泥沙在此处大量沉积，导致荆江的河床明显高出两岸平原，成为"地上河"。这种极端的水文环境，导致荆江流域水患频仍。据有关史籍记载，从公元前185年至1911年的2096年间，长江中下游地区共发生较大洪水灾害200余次，平均约10年1次，① 这其中的相当一部分就发生在荆江，长江干流决口也多发生在此。面对洪水的威胁，早在东晋时期，治理荆州一代的桓温（312—373年）便已经开始留意在此处筑堤防水，此后的历代统治者，也都十分重视荆江段的防洪工程，留下了众多有关治理水灾和修筑堤防的皇堤圣旨。一代代任职于荆州的官员、活动于荆州附近的名人，为了纪念堤防的修筑活动，也修撰了不少与堤防有关的方志，并留下了碑刻文字；除了修筑堤防，古人还在不断思考是否有更好的方式从源头上抵御洪水的侵害，并写下了不少治水文论。以上文字，既是历代治理荆江水患经验的总结，也是激励荆江人民励精图治的宝贵精神财富，还是具有重大现实意义的历史文化资源。有鉴于此，本章将从皇堤圣旨、堤防方志、水利碑刻和治水方略等文献入手，解读古人有关荆江堤防的人文活动。

---

① 水利部长江水利委员会：《长江流域水旱灾害》，中国水利水电出版社2002年版，第49页。

第一节 皇堤圣旨

　　荆江因荆州而得名,有关荆江的各类人文活动,也几乎全围绕着荆州这座城市展开。荆州地处湖北省,属江汉平原腹地,由于其地理位置为"滇、黔、巴蜀往来所必经"①,历代统治者先后在这里建立治所以便管辖,荆州也因此长期成为区域内的经济和文化中心。就经济言之,自明代中后期开始,便有"湖广熟、天下足"的民谣,而湖广的腹地便是荆州所处的江汉平原。作为当时最重要的粮食生产基地之一,荆州的经济地位举足轻重。就文化而言,"荆渚昔为楚都,至江左更号重镇,唐世衣冠萃止,宋代学校最盛,庶几哉声明文武雄武材杰之国乎",② 一辈一辈的文化名人在荆州历史上层出不穷,惟楚有才,于斯为盛。

　　除了政治、经济、文化地位异常重要,荆州更是军事上的战略要冲。清人希元所修的志书中称:"荆州为古形胜之地,历代皆设重兵。"③康熙十二年(1673 年),平西王吴三桂坐镇云南,意图谋反,并占据了长江沿岸的重镇岳州(今岳阳)。清廷派八旗都统巴布尔率领三千骑兵急趋荆州,以遏其冲。康熙二十二年(1683 年)三藩之乱平定以后,清廷以荆州"势据上游……始完驻防之制"④。其具体做法是设驻防将军于荆州府,为清代十三将军府之一。驻防将军"凡在行省者,多与

---

① (清)希元:《荆州驻防八旗志序》,《荆州驻防八旗志》卷首,辽宁大学出版社 1990 年版,第 1 页。
② 乾隆《荆州府志》卷十七《风俗》,转引自徐凯希:《乾隆五十三年的荆州大水及善后》,《历史档案》2006 年第 3 期。
③ (清)希元:《荆州驻防八旗志序》,《荆州驻防八旗志》卷首,辽宁大学出版社 1990 年版,第 1 页。
④ (清)希元:《荆州驻防八旗志序》,《荆州驻防八旗志》卷首,辽宁大学出版社 1990 年版,第 1 页。

督抚同城,惟荆州独成一旅"①,可见清朝皇帝对荆州军事地位的看重。八旗官兵在荆州城内建筑界墙,将全城一分为二。将军府及八旗官兵驻于东城,称为"满城";府县衙门及汉民迁至西城,称为"汉城"。满城和汉城互相牵制又互相配合,从而确保荆州这块战略要地的长治久安。

然而就是这样一座关系到朝廷命脉的城市,却时常受到荆江洪水的威胁。所以清代统治者格外注重荆江地区的水利工程兴修,尤其是荆州城汛期的堤防修守,这从皇帝不断发布的圣旨中就可见一斑。

一、雍正帝帑银筑堤

有关荆江堤防工程修筑的圣谕颇多,至今可见全文的最早记录来自雍正五年(1727年)二月,姑引如下:"据傅敏奏称'荆州地方沿江堤岸例系民堤民修,今请用耗羡银两修筑,令监修官防护'等语。朕思耗羡银两亦系小民脂膏,凡地方应修工程于民生实有裨益者,即当动用帑金办理,不必取给于耗羡。但此处既系民堤,若修理之后即算钦堤,则凡遇随时补葺之处,小民不敢干涉,转致疏忽;且恐顽劣之民恃有朝廷岁修之力,不肯用心防护,以致溃决,害及田庐,而民受其累,此等处皆当预为筹及。荆州沿江堤岸着动用帑金,遴委贤员监督修理。修成之后仍算民堤,令百姓加意防护,随时补葺,俾得永受其益。其如何令地方官员稽察照看俾永远保固之处,着该督抚会议具奏,该部知道。钦此。"②

一道不过三百字的圣旨,却能看出雍正帝为荆江沿岸民众生计殚精竭虑的拳拳之心。起初荆江堤防主要由荆州民众筹款修建,但为了节省当地民力,雍正帝直接下令动用国库帑金修筑堤防。不唯如此,还考虑到了拨付帑金后可能造成的两点消极影响:一是从此"民堤"成为"皇

---

① (清)希元:《荆州驻防八旗志序》,《荆州驻防八旗志》卷首,辽宁大学出版社1990年版,第1页。
② 荆州市长江河道管理局:《荆江堤防志》,中国水利水电出版社2012年版,第696页。

堤",平民不敢参与其修葺工作,日后徒增管理上的不便;二是民众认为自此有了朝廷的帮助,便不会再像从前那样认真修建荆江大堤,导致江堤溃决,生民被创。为避免上述情况的发生,雍正帝设计了积极的预防方案。一方面让荆江大堤享有"皇堤"的尊荣,获得国家财政支持;另一方面仍将此堤归荆州府居民所有,便于民众加以防护。结合雍正帝的悉心筹划,不难看出清朝皇帝对荆江沿岸大堤修葺的重视以及对荆江沿岸民力的体谅。

从长远来看,雍正帝对荆江大堤这座"皇堤"的重视,绝非是一时头脑发热的冲动之举。在雍正五年堤防修葺完工之后,雍正还持续地关注这座大堤的情况。雍正六年(1728年)正月,在时任湖广总督迈柱(1670—1738年)上奏沿江百姓积极修筑荆江大堤的情况后,雍正帝随即予以嘉奖:"修筑江堤,百姓踊跃从事,可嘉宜沛。特恩赐帑银六万两,令迈柱酌量工程多寡分给,使小民均沾实惠,工程永远坚固,以副爱养楚民至意,钦此。"①可见在自己的治江举措得到民众的积极反馈后,雍正帝立即在精神和物质两个方面给予荆江民众嘉奖。从精神方面来说,是圣谕慰劳;从物质方面来说,是再度拨下帑金,以减轻民众修筑荆江大堤的物质负担。除了拨款兴修水利工程之外,雍正帝还特别重视监督修堤款项的实际使用情况,就在当年三月,也就是追加六万修堤帑金之后的两个月,雍正帝再发上谕:"朕已令动拨帑金六万两颁发楚省。如果俱经疏通,无可更为兴修之处,则亦已耳;若勉强捏造一事以迎合朕之恩旨,又属不可也。钦此。"②正是因为有了雍正皇帝在政策上的高度重视,物质上的积极支持,保证了荆江数十年的安澜,一直到乾隆二十年(1755年),荆江流域都没有再次发生水患。

---

① 荆州市长江河道管理局:《荆江堤防志》,中国水利水电出版社2012年版,第696页。
② 中国第一历史档案馆:《雍正朝汉文朱批奏折汇编》第11册,江苏古籍出版社1991年版,第890页。

二、乾隆帝治理水患

清乾隆一朝共有整整六十年，但是在乾隆二十年(1755年)到乾隆五十四年(1789年)，荆江城便遭受了多达六次水灾。① 在乾隆二十年三到五月间，"江水骤涨，下乡麦禾尽淹"②；乾隆四十四年(1779年)春，江水"逆流围城，下乡田禾俱淹"③的萧索景象再度出现。然而，乾隆年间的历次水灾的严重程度，无逾乾隆五十三年发生者。在那场大水过后，乾隆帝于七月四日至二十九日的二十六天时间内，连续发布十三道上谕，敦促相关官员到现场尽快处理荆州救灾及灾后赈济事宜，④ 尤其是在十一、十二日两天内，更是每日发下两诏询问荆州水情和难民安置情况。从这些奏疏当中，不仅可以看出洪水给荆州这座城市带来的创伤，还能得知皇帝对荆州这座城市的重视，以及清廷各级官员防汛、救灾的相关情形。

根据七月四日的圣旨，可以得知当时荆州的受灾情形："据图桑阿(时任荆州将军)、陈淮(时任湖北布政使)奏，六月二十日荆江夏汛泛涨……江水直逼城下，冲开西、北两门，满、汉两城文武衙署、兵民房屋以及仓库、监狱俱被淹没，兵、民多赴城上及屋顶、树上逃生，其奔走不及者多被淹毙。"⑤不难看出：在乾隆五十三年洪水的冲击下，荆州城遭受了极为罕见的水患。查水文资料记载可知：当年六月，长江进入

---

① 其他几次分别发生在乾隆二十六年(1761年)、三十年(1765年)、三十一年(1766年)、三十二年(1767年)、四十四年(1779年)、四十六年(1781年)、五十三年(1788年)。

② 荆州市长江河道管理局：《荆江堤防志》，中国水利水电出版社2012年版，第808页。

③ 荆州市长江河道管理局：《荆江堤防志》，中国水利水电出版社2012年版，第809页。

④ 这十三道诏书，见于(清)倪文蔚、舒惠原著：《万城堤志·万城堤续志》，湖北教育出版社2002年版，第10~23页。

⑤ 中国第一历史档案馆：《乾隆朝上谕档》(第十三册)，乾隆五十三年七月四日，广西师范大学出版社2008年版，第384页。

夏季汛期后，长江流域大部分地区降雨丰沛，岷江、沱江、涪江等河流水位暴涨，汇入川江后，洪峰向长江中游的荆州逼趋。六月十九日开始，荆江两岸也连降暴雨，导致水位不断上涨，当时荆江河段的枝城洪峰流量约 86 万立方米每秒，① 远超当时荆江河道的泄洪上限。此时，湖北布政使陈淮正在长阳查勘水灾情形，听闻荆江水情后，立即启程奔赴荆州，并于次日抵达，随即率同属下官员加筑抢修各堤塍，并将荆州各城门关闭，以防大水灌城。然因水势过猛，江堤出现了多处溃口，据陈淮上呈给乾隆帝的奏疏可知："沿江堤工漫费至二十余处，各宽十余丈至数十丈不等。"②当日傍晚时分，江陵万城堤段溃口，洪水直逼城下，从荆州西门（安澜门）、北门（远安门）冲入城中，导致荆州府城阖城沦为泽国。百姓纷纷寻找高处避难，而避难不及者则被淹死，连在陈淮身边办事的沔阳州同知娄业曜也不能幸免。

当年严重的灾情引起了最高统治者的高度重视。在接到来自荆州的告急文书后，乾隆皇帝立即从多个方面着手应对洪灾。

一是派遣大员亲自到水灾现场组织救灾。首先是命令仍在荆州的陈淮"亲身督察，俟办有头绪方可回省"。③ 其次，命湖广总督舒常、湖北巡抚姜晟（1730—1810 年）"速赴该处详细查办"④，对这些地方大员的敕谕都是："一面奏闻，一面动给，俾资接济，不可讳饰，致兵、民稍有失所。"⑤

除了派遣湖北本地大员亲赴荆州一线，乾隆帝还因为"一切抚恤事

---

① 长江水利史略编写组：《长江水利史略》，水利电力出版社 1979 年版，第 129 页。
② 中国第一历史档案馆：《乾隆朝上谕档》（第十三册），乾隆五十三年七月十八日，广西师范大学出版社 2008 年版，第 419 页。
③ 中国第一历史档案馆：《乾隆朝上谕档》（第十三册），乾隆五十三年七月初四日，广西师范大学出版社 2008 年版，第 385 页。
④ 中国第一历史档案馆：《乾隆朝上谕档》（第十三册），乾隆五十三年七月初五日，广西师范大学出版社 2008 年版，第 387 页。
⑤ 中国第一历史档案馆：《乾隆朝上谕档》（第十三册），乾隆五十三年七月初五日，广西师范大学出版社 2008 年版，第 387 页。

宜所关甚巨，恐舒常、姜晟等见识未能周到"，而派遣行政经验丰富、"自能善体朕意"的大学士阿桂(1717—1797年)以及"谙习估计工程"的工部侍郎德成同赴荆州，商议城防工程的改建事宜。为了防止两位大员互相掣肘，乾隆帝还格外明确了二人的分工："所有酌量改建城垣一事，竟着交与阿桂会同舒常详悉定议，德成毋庸挽置一词；其估计城垣及驻防官兵房屋一切工程则专交德成核实确估，以专责成。"同时，因为乾隆帝夏日并不在紫禁城内而居于承德避暑山庄，为此还特地吩咐二人"接奉谕旨即迅速起程前往，不必前赴行在请训。其详悉俟朕细思，续有指示办理之处，即行由驿陆续寄至"。敦促二人迅速启程赴荆，以免耽误救灾。①

二是核实死亡及受灾人数。舒常统计并上报死伤人数称："据藩司委员会同地方官查明城厢内外，淹毙大小男妇民人共一千三百六十三名，城厢内外被水乏食贫民共两万余户。"②乾隆帝对舒常奏报的死亡人数深感怀疑，他毫不隐讳地指出"外省官员于灾伤向有讳饰，兹报出者已有一千三百余名之多，则其讳匿不报者必尚不止此数，想来不下万余"③。乾隆五十九年(1794年)，崔龙见、魏耀等人重修《江陵县志》时回忆："兵民淹毙者万余，号泣之声晓夜不辍。"④如此看来，乾隆帝对受灾死亡人数的怀疑并不失其合理性。既然舒常对死亡人数有所讳饰，那么受灾人数的统计很可能确实存在一定程度的偏差，毕竟舒常本人在奏折中也坦言："目下四乡犹属一片汪洋……虽现委员分路确查，但恐

---

① 本段内各处引文，见中国第一历史档案馆：《乾隆朝上谕档》(第十三册)，乾隆五十三年七月十一日，广西师范大学出版社2008年版，第402页。
② 中国第一历史档案馆馆藏乾隆朝朱批奏折：《舒常奏为荆州被水抚恤情形事》，乾隆五十三年七月初十日，档案号03-0323-0309。
③ 中国第一历史档案馆：《乾隆朝上谕档》(第十三册)，乾隆五十三年七月十八日，广西师范大学出版社2008年版，第424页。
④ (清)黄义遵等：乾隆《江陵县志》卷八《建置·江防》，清乾隆五十九年刻本。

水未全涸，一时不能得其实数。"①

三是进行针对性的救援。摸清死亡和受灾人数的目的，有针对性地开展赈济工作，而赈济之要又莫过于首先保障灾民的粮食供给。荆州府城粮仓存米大部分被洪水冲走，所有在城墙等高处搭棚居住的灾民嗷嗷待哺，亟待接济。有鉴于此，政府一方面付给荆州城内居民一月口粮，助其暂渡难关，另一方面派官员"酌带钱米饼饵分往各乡，沿途查看，遇有堤埂等处乏食露宿灾民，酌量散给，暂为接济"②。但是相较于普通灾民的生计而言，政府官员似乎对驻扎在荆州城内的绿营兵丁的口粮问题更为重视。在大水灌城之时，陈淮首先考虑到的就是"酌动府仓南米，散给抚恤其驻防、绿营兵丁俱照例借给一月口粮"③。

考虑到受灾人数众多的现实情况，除了及时对城乡居民和城内驻军进行口粮的补给，还应该对死去的灾民进行安葬，对房屋被冲坏的灾民予以抚恤，这势必用到大量资金。乾隆帝对此的考虑非常周密："其被灾人口尤应亟行抚恤，需项浩繁，该省藩库所存银两必不敷用，着于户部库内动拨银二百万两，并派户部司员二人，每人管解银一百万两，径送荆州应用；并着沿途各该督抚速备人夫车驮。"④为了保证户部银两及时到达荆州灾区，乾隆帝还特地将沿途的运输工作落实到人："直省着派梁肯堂，河南着派景安，湖北着派李天培，并各派出道府营员一体护送，以期迅速解到。"⑤通过这些具体筹划，不难看出乾隆爱民的拳拳之

---

① 中国第一历史档案馆馆藏乾隆朝朱批奏折：《舒常奏为荆州被水抚恤情形事》，乾隆五十三年七月初十日，档案号03-0323-0309。
② 中国第一历史档案馆馆藏乾隆朝朱批奏折：《舒常奏为荆州被水抚恤情形事》，乾隆五十三年七月初十日，档案号03-0323-0309。
③ 中国第一历史档案馆：《乾隆朝上谕档》（第十三册），乾隆五十三年七月四日，广西师范大学出版社2008年版，第384页。
④ 中国第一历史档案馆：《乾隆朝上谕档》（第十三册），乾隆五十三年七月十一日，广西师范大学出版社2008年版，第401页。
⑤ 中国第一历史档案馆：《乾隆朝上谕档》（第十三册），乾隆五十三年七月十一日，广西师范大学出版社2008年版，第401页。

心。考虑到荆州被淹兵民情状可悯，担心先前拨付的费用不够，乾隆帝特地谕示："除官员衙署可以分年借廉修补外，其余共需用银若干之处，并着该督等即通盘约计大概，先行具奏。若钱粮不敷，又可速拨。该督等务当亲加履勘，切实估计，不得一任属员借端浮冒，预为侵冒地步也。"①

四是追究灾情严重的人为责任。乾隆帝敏锐地注意到，早在乾隆四十四年和四十六年，荆州城就已经两次遭遇洪水。为防止洪水再度为害，已分别拨银7万两和4万两，用以加固堤防。如果加固工程坚实，便不至于使荆州城屡被水冲。然而，荆江大堤屡修屡决，其原因显然不仅止于天灾，也在于"督抚等既不慎重拣派妥员办理，而承办之员又以此项工程系动用民力，并不认真修筑"②。因此，皇帝传谕湖广总督舒常："即将所决堤工系何年、何人承修，因何工程不固，以致溃决之处查明，据实参奏。"③如果确系"承办之员并不认真妥办，佐饔者尝草率从事，甚或侵渔入已"④，一经查实，"分别严参，治罪着赔"⑤。为了防止官官相护导致奸贪漏网，乾隆皇帝还特别强调："以十年为限，所有现决之堤工，如在十年以内兴修者，承修之员俱当从重治罪，仍着落赔补；其监修之该管道、府及藩司、督抚等，亦着一并查参，分别议罪着赔。"⑥通过以上的细心筹划，不难看出皇帝整肃吏治的坚定决心。

五是积极进行灾后重建工作。首先是建议重新对府城进行选址。乾

---

① 中国第一历史档案馆：《乾隆朝上谕档》(第十三册)，乾隆五十三年七月七日，广西师范大学出版社2008年版，第391页。

② (清)希元：《荆州驻防八旗志》，辽宁大学出版社1990年版，第39页。

③ 中国第一历史档案馆：《乾隆朝上谕档》(第十三册)，乾隆五十三年七月四日，广西师范大学出版社2008年版，第385页。

④ 中国第一历史档案馆：《乾隆朝上谕档》(第十三册)，乾隆五十三年七月十一日，广西师范大学出版社2008年版，第402页。

⑤ 中国第一历史档案馆：《乾隆朝上谕档》(第十三册)，乾隆五十三年七月十二日，广西师范大学出版社2008年版，第404页。

⑥ 中国第一历史档案馆：《乾隆朝上谕档》(第十三册)，乾隆五十三年七月十八日，广西师范大学出版社2008年版，第420页。

隆帝注意到"城内水深一丈余尺,虽渐次消落,而城垣经此一番淹浸,基址必至松动闪矬"的现实问题,指出"城垣既屡被水浸,自因江水顶冲之故;而城内水至丈余,其地势亦必低下可知"。考虑到荆州自古以来即属重镇,但在十年内三度被洪水淹浸,殊失长治久安之道。因此指出可以将城垣衙署酌移至临江稍远的高阜处所,或可收一劳永逸之效。考虑到一旦府城衙署迁移,相应的仓廒、监狱等配套设施也须搬移,为节省民力,还特地吩咐可酌情减小规模。并专差阿桂、德成及舒常等朝廷大员一并筹划迁徙事宜。其次是在改建过程中尽可能尊重人民习俗。对于安土重迁而不愿搬离旧宅附近的民众,则并不强求其改徙,而是听其自便。此外,还考虑到"荆州为关圣帝君镇守之地,该处必有庙宇崇奉,今城内水深丈余,恐庙貌亦不免浸损"的特殊情况,格外强调一旦进行重建,必须要将"原有庙宇重行修整,俾轮奂一新,以壮观瞻而崇虔祀"①。

结合乾隆帝在七月间的十几封有关荆江堤防的圣旨,以及对荆州水灾的几项处理举措来看,皇帝对这条河流以及沿河人民的殷切关怀不难想见。不唯在救治水灾时发布急如星火的圣谕,即使是在洪水消退后的九月初至次年十一月初九,乾隆帝还陆续发上谕十一道,处置荆江大水的后续问题。

在当年的九月初,皇帝即开始处理应为荆州水灾承担责任的直接责任人和有关官员。经过大学士阿桂上报,应当为这场水灾承担直接责任者为"本地萧姓民人",其于雍正年间至乾隆二十七年(1762年)陆续契买洲地种植芦苇,导致芦苇即环窖金洲而出,阻遏江流,窖金洲涨沙逐年渐长,侵占江面,以致郡城屡有溃决。因此,乾隆帝饬令阿桂等将萧姓家产查抄,并交予刑部,按律治罪。但皇帝同时也注意到:"该督抚等经四十四、四十六年两次被水之后,仍不留心查察,置若罔闻,直同

---

① 本段内引文,见中国第一历史档案馆:《乾隆朝上谕档》(第十三册),乾隆五十三年七月十一日,广西师范大学出版社2008年版,第403页。

聋聩，所司何事？"①因此，大规模地整肃了湖北地方官员。原任湖广总督特成额原已查抄家产，现将其革除职务，逮捕问罪；现任湖广总督舒常革去翎顶，仍留工所效力赎罪；原任湖北巡抚李封（1723—1796年）革去官职，留工效力赎罪；现任湖北巡抚姜晟亦革去官职，但念其平日办理刑名尚为熟悉，加恩署理刑部侍郎；对于水灾发生后第一时刻到达荆州救灾的湖北布政使陈淮，"免其革去顶戴，从宽改为革职留任八年，无过方准开复"②。在九月二十二日对种植芦苇导致水灾的萧姓民人进行审讯后，又将与其有利益关系的都司萧梦鼎革职。③ 至此，对涉事官员的处分暂时告一段落。

而在处分官员以外，如何在日后继续避免水灾的发生，也是乾隆帝考虑的重要问题，从圣谕之中不难看出皇帝对预防水灾的费心程度。先是在乾隆五十三年十一月的圣谕内，敦促新任湖广总督毕沅（1730—1797年）利用冬季水位较浅的时机抓紧修筑堤塍，"得尺则尺"④；当年年末再度敦促督臣抢修堤防，"得尺得寸，日起有功……明年三月内一律完竣方为妥善"⑤。不仅注重堤防的修筑，还强调要利用信仰的力量："思向来沿河险要之区，多有铸造铁牛安镇水滨者，盖因蛟龙畏铁，又牛属土，土能制水，是以铸铁肖形，用示镇制。"⑥于是指令在万城铸造

---

① （清）希元原注，林久贵点注：《荆州驻防志》，湖北教育出版社2002年版，第55页。
② 对水灾涉事官员的区分，详见中国第一历史档案馆：《乾隆朝上谕档》（第十三册），乾隆五十三年九月一、二日，广西师范大学出版社2008年版，第526页。
③ 中国第一历史档案馆：《乾隆朝上谕档》（第十三册），乾隆五十三年九月二十二日，广西师范大学出版社2008年版，第585页。
④ 中国第一历史档案馆：《乾隆朝上谕档》（第十三册），乾隆五十三年十一月十二日，广西师范大学出版社2008年版，第674页。
⑤ 荆州市长江河道管理局：《荆江堤防志》，中国水利水电出版社2012年版，第698页。
⑥ 中国第一历史档案馆：《乾隆朝上谕档》（第十三册），乾隆五十三年十一月九日，广西师范大学出版社2008年版，第670页。

铁牛，用以防水。至次年三月末，一方面下诏表彰治水已初显成效之毕沅，又令仍在荆州督工的陈淮将"实在出力者，分别等第咨（吏）部议叙"①。几天之后，也就是四月初，考虑到去年大水之所以如此严重，原因之一便是居民在堤上建屋，这既不利于堤塍的养护，又不利于进一步的加高培厚，因此下旨要求地方立碑严禁居民在堤上盖屋。② 结合这一连串的皇堤圣旨，不难发现乾隆帝对荆江堤防的关注做到了善始克终。

在乾隆皇帝卓有成效地修筑荆江大堤之后，荆江的防洪情况大量好转，因此专门针对荆江的皇堤圣旨在清代中后期并不多见。除道光帝在位的三十年内因两次小规模洪水（分别发生于道光二十二及二十四年）爆发而下发有若干道相关圣旨之外，嘉庆、咸丰、同治年间相关的圣旨仅各有一道，而且主要内容是寻常的汛期防洪指令及堤防相关的人事变动，因此于兹不再详细罗列。

在清朝之前，极少见到有关荆江的皇堤圣旨；而纵观整个清朝，无论是统一全国不及百年的雍正年间，还是统治已经风雨飘摇的同治年间，荆江这条河流都曾被最高统治者所重视。这不仅体现了乾隆皇帝忧国爱民的情怀，也说明荆江这条河流和荆州这座城市在历史上的地位日趋重要，以至于为最高统治者格外关注。

第二节　堤防方志

皇堤圣旨倾注了中国古代社会最高统治者对荆江的关注，然而在荆州这片热土上任职的官员以及生活的士人，同样希望将他们有关荆江的记忆诉诸笔端，示予后人。堤防方志毫无疑问也是荆江水利文献的重要

---

① 中国第一历史档案馆：《乾隆朝上谕档》（第十三册），乾隆五十四年三月二十八日，广西师范大学出版社2008年版，第813页。

② 中国第一历史档案馆：《乾隆朝上谕档》（第十三册），乾隆五十四年四月初七日，广西师范大学出版社2008年版，第819页。

组成部分。尽管荆州修撰地方志的历史悠久,并已经形成深厚的文化传统,但是自东晋桓温(312—373年)开始修筑荆江大堤以来,一直没有专门的堤防志书来记载这座大堤的历史沿革和人文掌故。直到清末至民国的数十年间,相关的堤防方志才如雨后春笋般出现,先后有《荆州万城堤志》《荆州万城堤图说》《荆州万城堤续志》《荆州万城堤后续志》《万城堤防辑要》和《荆江堤志》这六部重要的志书面世。在此简述各志书的作者、主要内容及编修体例,以供后之学者考焉。

一、《荆州万城堤志》

《荆州万城堤志》是有关荆江大堤的第一部系统方志,由清代后期荆州知府倪文蔚(1823—1890年)主持编撰。倪文蔚,字茂甫,号豹岑,安徽望江雷池乡人,咸丰二年(1852年)进士,同治十一年(1872年)任荆州知府。倪文蔚主政期间,荆州遭遇特大洪水,尤其是万城堤一代,每遇江水盛涨,滩岸便崩坍严重。面对险情,倪文蔚积极采取措施,于陡岸铺砌坦坡,下列巨桩,上垒大石,层层收筑,自是倾塌之患大为减轻。考虑到江堤附近城镇居民甚多,商贾大多就堤列肆,堤街房屋鳞次栉比,迁之则扰民,不迁又无法加固堤防,于是只得于堤上各铺户门前安设石桩,临时上闸板以防漫溢。《新修沙市驳岸碑记》记:"闸板分储民房,每逢异涨则上,水落则下。"[①]此外,还严禁挽筑私垸,设水尺验水,栽植杨柳林抵御风浪。倪文蔚离任后,继任者在倪文蔚所修堤段的基础上加修了七里庙至拖船埠驳岸,后人为纪念倪文蔚的治江功绩,将这段驳岸称为"倪公堤"。这段长达200里的万城大堤,后来作为下游数十州县之屏障,长期发挥着防洪作用。

在修筑堤防的过程中,倪氏深感筑堤维艰,因之在公务之余,检索有关文献、档案,并增补当时所见之事,开始修撰《荆州万城堤志》。

---

① (清)倪文蔚、舒惠原著:《万城堤志·万城堤续志》,湖北教育出版社2002年版,第476页。

历经四稿,于同治十三年(1874年)冬写成。全书共12卷,下分36目,约21万字。卷首《谕旨》收录自雍正五年(1727年)至同治九年(1870年)清廷皇帝有关万城江堤工程的圣旨48道,尤详于乾隆五十三年(1788年)和道光二十二年(1842年)至二十四年洪水相关情况的记载。卷一以《图说》的形式,直观呈现出荆江大堤的基本情况;卷二《水道》记载了汇入长江诸支流的主要情形;卷三《建置》对荆江大堤的诸多著名堤段进行了介绍;卷四《岁修》对荆江大堤定期修复工程量进行了估算,并介绍了工程验收的方法;卷五《防护》记载大堤的日常管理和汛期守护制度;卷六《经费》主要介绍修堤工费的来源;卷七《官守》条列与大堤有关的各级官员职守及历任官员情况;卷八《私堤》记载大堤之外垸堤的相关情形;卷九《艺文》收入有关碑记和诗歌;卷十《杂志》收录有关河道疏浚诸议论;卷末《志余》列举荆江南岸各处堤防情况。

相较于传统的地方志而言,本志特点不仅在于以堤为志,而且加入了诸多有关治水的议论。但是这些议论,大多来自元代色目人瞻思(沙克什,1278—1351年)所著之《河防通议》、清代胡祖翩所修之《荆楚修疏指要》和俞昌烈所撰之《楚北水利堤防纪要》。尽管胡、俞二书主要论述江、汉两堤而未提及万城大堤,但因长江中游的修堤防水之法大体相同,所以此书采录二书以备参考的做法并不为过。总体而言,该志资料收录比较完备,对了解清代荆江大堤状况极有帮助。

《荆州万城堤志》(后简称《堤志》)于光绪二年(1876年)刊行,并由晚清名臣李鸿章(1823—1901年)作序。因为得到了朝中要员的肯定,此志几乎成为任职荆州官员的必备读物。光绪中期,荆宜施道周懋琦(1836—1896年)更盛赞《堤志》称:"于江水之源流,石矶之建置,岁修之估验,方价之低昂,经费之销算,官汛之责成,以及奏牍文移,疏筑器具,莫不犁然备具,遂为大堤不可缺少之书。"①

---

① 荆江大堤志编纂委员会:《荆江大堤志》,河海大学出版社1989年版,第309页。

二、《荆州万城堤图说》

倪文蔚的继任者徐家干，字稚荪，清末义宁（今江西修水）人，于光绪十二年（1886年）就任荆州知府。上任伊始便留心荆江水务，亲赴荆江沿岸察看要害河段，并记录不同堤段的受灾情况。在阅毕倪文蔚所作《荆州万城堤志》后，认为卷一《图说》部分因为限于篇幅而调整实际的图形形状，导致"略而不详"，因此在光绪十三年荆江大堤加固工程竣工时，"仿贾鲁验状为图之意，重加测绘，计里开方，分段而为之说"①。他重新绘制了万城大堤各关键堤段的概览图册，并命名为《荆州万城堤图说》。徐氏舆图所绘的河段范围上起马山，下至拖茅埠，全长100多公里。在绘制地图的过程中，"按工部营造尺，每方一寸计地一里，以黑线之广，为堤基之广；以虚线与黑线间之空，为堤之高。……悉依堤志坐向纡直，各肖其形"②。

《荆州万城堤图说》（后简称《图说》）以图为主，按照一定比例，对万城大堤逐段绘图，并配以说明性文字，这大大丰富了万城大堤的史料记载，方便了世人对万城大堤的直观认识和了解，为后人进行堤防建设提供了图文史料借鉴。新编《图说》不仅立体感强，而且详细记录了各工段里数，各段堤名以及堤段长度、内外渊塘、民垸、胜迹，古穴口所处位置和开塞情况，石矶的兴废等与荆江水利文化密切相关的内容，非常全面地给读者展示了荆江大堤沿岸的人文和自然风貌。主编者徐家干对此书颇为自得，认为览此《图说》，"即不身至其（荆江）地，其修防概况亦可了了于胸"③。

---

① 荆江大堤志编纂委员会：《荆江大堤志》，河海大学出版社1989年版，第309页。

② 荆江大堤志编纂委员会：《荆江大堤志》，河海大学出版社1989年版，第310页。

③ 荆江大堤志编纂委员会：《荆江大堤志》，河海大学出版社1989年版，第310页。

三、《荆州万城堤续志》

《荆州万城堤续志》是徐家干之后的荆州知府舒惠对《荆州万城堤志》的续修、补充之作。舒惠(生卒年不详),字畅亭,长白(今吉林省长白县)人。自清光绪十三年(1887年)起,任荆州知府十余年。任上重视荆江堤防建设,曾主持捐资修建沙市及郝穴驳岸,对当时巩固荆江大堤贡献突出。

舒惠恪尽职守,认为为政之要在于为民生着想,不能回避困难。光绪十七年(1891年)冬,修筑沙市二郎门至九杆桅堤段,加固堤基,填土加高后砌石筑坡,当地百姓对舒惠赞许有加,并主动立碑江岸,称为"舒公堤"。接着又加固康家桥至九杆桅堤段。光绪十八年(1892年)至次年春,又修建郝穴上新垱堤外石岸。在堤防修筑加固过程中,动员地方捐助工费,在任期间,舒惠十分重视万城堤的修缮与管理,每到汛期,他与当地各级官员齐心协力,亲自督守于堤管所,处理防洪相关事宜。舒惠大修荆江堤防之事,张之洞闻之啧啧称赞。光绪二十年(1894年),张之洞专门上奏荐举舒惠奏称"舒惠老练熟悉,办事实心,堪以委令代防"①。

舒惠在荆州任内,不仅注重堤防建设,而且重视编修堤志,除补刻再版倪文蔚编纂的《荆州万城堤志》外,于光绪二十年(1894年)以相同体例、分类及编辑方法主持编纂了《荆州万城堤续志》(后简称《续志》)。他个人觉得倪文蔚先前所修的《荆州万城堤志》"篇首只载总图,形势之曲折犹略"②,遂修《续志》,意在与《万城堤志》前后衔接并弥补其不足之处。

此《续志》共 12 卷,约 4.6 万字。共分图说、水道、建置、岁修、

---

① 中国水利水电科学研究院水利史研究室:《再续行水金鉴·长江卷2》,湖北人民出版社2004年版,第724页。
② 荆江大堤志编纂委员会:《荆江大堤志》,河海大学出版社1989年版,第310页。

防护、经费、官守、私堤、艺文、杂志十门,含大堤、工局、土工、石工、备患、支销、责成、成案、碑记等二十四目。卷末有志余。《续志》体例仿照倪氏之《堤志》,内容也基本上是接续前志而写,将1876—1894年这18年的有关资料分类编排,记载大堤建置始末、岁修所需费用、经费摊征办法等;艺文门收徐家干《增修杨林洲石矶记》等四篇,具有一定水利史料价值。

《续志》相较于《堤志》《图说》而言,最大的特点在于舆图的绘制,有杨林洲、黑窑厂二矶图,观音矶图,万城大堤全图,沙市新旧石驳岸图等七幅详细的舆图,并附有对舆图的解说。其中的《万城大堤全图》绘制得尤为翔实,该图由舒惠聘请画家黄汉卿用"计里开方"法绘成,每方(1.5厘米)合实地一里(576米),比例尺为1∶38400。图中对堤防曲折形势、石矶、渊潭、月堤及铁牛位置,堤外围垸或沙洲所在均详细绘出,并标明地名。全图由马山起至拖茅埠止,可谓清朝最为详尽准确的万城堤图。

四、《荆州万城堤后续志》

该方志由舒惠的继任者荆州知府余肇康(1854—1930年)主持编撰。余肇康,字尧衢,号敏斋,湖南长沙人,光绪十二年(1886年)进士。光绪二十二年(1896年)冬,余肇康于荆州知府任内修筑堆金台及上新垱堤工程,欲有所记。但当时舒惠所编《续志》刚刚付梓不久,不宜再编新志,因此余肇康将任内主持的两次堤工有关碑记、公牍连缀编刻为一卷,命名《荆州万城堤后续志》,约2500字。虽有单行本传世,但后之修志者认为其篇幅过短,且又无完整体例,故将其附编于《续志》之末。

五、《万城堤防辑要》

《万城堤防辑要》由万城堤工总理徐国彬(1866—1946年)主持编纂,于民国五年(1916年)写成并刊行,这本书主要搜集、整理了与万城大堤相关的文献材料。徐国彬，字文陔，湖北黄陂县人，清末增贡生。清光绪三十年至宣统三年(1904—1911年)任北路铁路学堂校监兼教授。民国元年(1912年)任荆州万城堤工总局总理。民国七年(1918年)荆州万城堤工总局更名荆江堤工局，徐国彬任局长，任职至民国十二年(1923年)，兼任全国河务会议会员、扬子江水道讨论委员会委员等职。

徐国彬任万城堤工总局总理之初，关于万城堤的文件及规章遗失大半，修堤护堤人员稀缺、经费缺乏，还面临堤基渗漏不断的困境。徐经过数月徒步勘察江堤，提出培修计划，向盐商代收修防公益捐以扩大荆江堤防经费来源，渗漏严重堤段也得到了应有的整修和填筑。他还从有利堤防建设出发，制定《江陵万城大堤章程》《万城大堤善后办法条陈》《改良征存土费详文》及《堤警简章》等各种条例章程。在荆江堤工任内，他剖析了荆江段洲滩不断增长的原因："同光时代川民垦土，沙砾冲流……南北两岸几于无段无洲，无洲无垸。私筑之垸堤既多，太堤之危险愈甚。"①他积极修筑堤防护岸工程，分别对沙市二郎门、七里庙段修筑条石驳岸，用碎石抛护镇脚。从此荆江险情大为缓解，于是刻石碑于江边以为纪念。

他在任职期间，不仅主持督修荆江堤工局局廨，还贯彻以疏导为主的治江策略，同时也因地制宜地积极修筑堤防。他根据治理荆州堤防的经验写成了《万城堤防辑要》一书。全书约6万字，分上、下两卷，共12目。上卷主要记叙大堤修防、勘测、禁挽私垸及条陈的有关内容；下卷主要收录了大堤章程、堤警简章、奖励成案、改编堤工局局员办法和有关议论、诗歌、杂记、碑文，以及万城堤工总局各员名单及职衔。该书有一定资料价值，可资后人研究荆江大堤时借鉴。

六、《荆江堤志》

1937年，徐国瑞(1881—1946年)于荆江堤工局长任上编成《荆江

---

① 徐国彬：《万城堤防辑要》(上卷)，见《勘测全案》1916年印本，第1页。

堤志》一书。徐国瑞，字兰田，湖北应山县人，1923—1937年任荆江堤工局局长，1937—1943年改称江汉工程局第八工务所主任。他与徐国彬因治江业务而结下深厚友谊，时人称之为"荆江二徐"。

徐国瑞在出任荆江堤工局长之初就实地估勘全堤。1926年夏，监利车湾堤段溃决，加之狂风肆威助虐，荆堤危情甚烈，孟家垸等堤崩岸，他"驻工二十余日，奔走四十余里，不惮声嘶力竭，不分晴雨昼夜，督率水警堤局及就近团防员役民夫……乃于极危险时，极危险地，仰天号泣，对众宣誓，表示以身殉堤，冀邀上苍垂怜，兼电禀呈省长，以示决绝。观者感泣，奋勇争先恐后"①，崩势乃止。

1929年7月8日，日本日清公司"信阳丸"轮将沙市上巡司巷口下首江岸大石驳岸撞坏，时值江水上涨，民众激愤不已。他积极向日驻沙市领事馆提出交涉，并妥为抢护。最终，日方为此赔偿损失。至1931年，又逢罕见之大水灾害，同年7月22日至9月19日，大堤发生重大险情100余处，万城、李埠、沙市、马家寨、郝穴等堤段相继告急。徐率民夫千余人，前往重点险段组织抢护，日蒸夜露、废寝忘食，历数十日，终于化险为夷。国民政府中央以其"劳绩卓著"，于1934年安排由时任中华民国代理主席林森(1868—1943年)题赠"绩卓安澜"的匾额。

徐国瑞为人尚称廉洁，唯以信佛为旨，1935年汛期，满江大水，他却在沙市大湾堤上搭台"祭江"，祈祷江神保佑，并以整筐的食物抛入江中，以飨"江蛟"，求水速退。由于抢救不力，导致荆江大堤得胜台、横店子堤溃20余处，酿成巨灾，他亦因此受"降二级改叙"处分。

徐国瑞出任荆江堤工局局长期间，编成《荆江堤志》一书。他在该书卷首的自序中称："瑞因防川策略屡有变更，案积如山，猝不易检，虑旧案之或失，且欲供修防之研究，爰有修《荆江堤志》之意。"②可见

---

① 荆州市长江河道管理局：《荆江堤防志》，中国水利水电出版社2012年版，第784页。

② 荆州市长江河道管理局：《荆江堤防志》，中国水利水电出版社2012年版，第713页。

其编撰《荆江堤志》的初衷在于记载荆江防洪策略的变迁，用作之后修堤和防洪的参考。因此，徐国瑞在出任荆江堤工局局长之初，即步行周视全堤，估勘工程。然而因其担任局长公务繁忙，无暇参与书籍编纂，因此聘请曹仲儒任编辑主任来具体负责编纂方面的工作，而自己则主要用行政上的便利予以支持及统筹。

1937年《荆江堤志》编成并刊印出版。全书共四卷，分为13纲、25目，20余万字。徐氏认为该书"宏纲细目，井井有条，而质实切近，绝无高远难行之空论，尤足备当时之采择，资后来之考镜"①。可见他对这本《堤志》的编撰效果颇为满意。

卷一包括"法令""图说""水道""工程"四纲。"法令"收录中华民国政府令7道，湖北省府令12道；图说中的荆江大堤平面图及纵断面图，均通过精确测量，再采用新法绘制，并将沿堤各地名称及高程都插入图中；"水道"主要介绍荆江河段受水和分泄水系，以及筹款疏江的情况和计划；"工程"设估验、土工、石工三目，凡较为详细地记叙了土工、石工岁修工程量的估算，工程质量验收和有关章程等。

卷二有"防汛""经费""职官"三纲。"防汛"记载汛前准备工作和汛期防守抢险及水情传递办法；"经费"记载工费的来源、管理、使用和核销等；"职官"记载堤工局组织章则及公职人员奖惩情况。

卷三分为"建置局廨""禁挽私垸""杂案"三纲。"建置局廨"记载堤工总局、分局的建造和修葺情况；"禁挽私垸"记载堤外有碍行洪垸堤及分流水系的堵筑纠纷；"杂案"则收录与大堤有关的呈文。

卷四分为"条呈汇录""艺文""附纪"三纲。"条呈汇录"包括大堤善后、险工整治及疏江、修堤计划等条文。"艺文"收录了有关议论、堤记、碑文、诗歌、杂著、题词三十余篇；"附记"记叙南岸各县堤防修筑情形，并附《修筑大堤堆金台工程记》一文。

---

① 荆州市长江河道管理局：《荆江堤防志》，中国水利水电出版社2012年版，第784页。

综观全书，可称内容丰富，体例完整，对于研究民国时期荆江大堤的相关情况有极其重要的参考价值。

总的来看，以上六部有关荆江堤防的方志体现了在荆州任职的历任官员对荆江这条河流所倾注的心血和热忱。无论清朝抑或民国，几乎每位在荆州任职的地方主官或是河道主管官员，都会格外重视这条河流并希望留下文字，这种薪火相传的堤志修撰传统一直延续至今，不仅为我们了解荆江留下了宝贵的历史资料，而且成为荆江流域人们宝贵的精神财富和文化资源。

除了上述专门的堤防方志，部分地方志当中的堤防、江防内容，也或直接或间接地记载了与荆江有关的地方情况，可以作为堤防专志之外的补充。例如乾隆三十年（1765年）撰成的《天门县志》，在卷六《水利考》里也记载了大量与水文相关的内容；又如同治五年（1866年）刊印的《枝江县志》，在卷三《地理》部分便下设"堤防"一目，备载该县水工矶、垸、堤、坝三十余，堰档六十八的基本情况，是枝江县颇有价值的水利资料；再如同治十一年修成的《监利县志》，在卷三《江防志》中重点记录了监利县的江防修筑以及治堤方略，为我们了解荆江下游的水文情况也提供了便利。然而这些方志并非专论堤防者，因此不加赘述。

第三节　水 利 碑 刻

水利碑刻是荆江文化的重要组成部分，给后世留下了宝贵的文化遗产。碑刻所记录的内容，有的颂扬历朝士民兴修水利、保障民生的丰功伟绩，有的揭示洪水灾害给地方带来的苦难，还有的描述了河道变迁的历史、荆江沿岸的水利生态环境等内容。通过这些水利碑记，不仅可以了解古代荆江两岸士民对这条河流的特殊感情，还可以从中读出过去荆江水利的基本情况。试就其中具有较高文献价值的碑刻举要如下。

一、《重开古穴碑记》

元朝人林元《重开古穴碑记》是现存有关荆江两岸"九穴十三口"最早的记录,具有十分重要的水文资料价值。根据该《碑记》的记载,古代荆江南北有"九穴十三口"用来疏导荆江的水流,民众因之得以安居乐业。然而因为南宋王朝固守长江以南地区抵抗蒙元军队,为了保障军费的开支,作为鱼米之乡的荆江沿岸不得不围江造田。这种急功近利的做法实则遗患无穷,因为疏导洪水的穴口堵塞,南宋政府只好于每年十月至次年三月增筑堤防,每年五月至八月防洪,人民终岁劳顿,难以安心耕种;而且时间一长,原来堵塞的地方,又因水流冲刷而全部恢复了江湖的故貌。总的来看,南宋堵穴屯田的做法,实则以邻为壑,有百害而无一利。

因此在元朝建立之后,便重视对江陵路下属三县(江陵、监利、石首)古穴口的疏通。元成宗大德七年(1304年),忠翊校尉沙图穆苏任石首县令,上任伊始,便目睹了洪水泛滥给荆江沿岸居民造成的危害。作为外来官员,沙图穆苏并不熟悉荆江的水情水貌,因此向当地的耆儒、乡绅等人广泛征集意见,与议诸人皆认为开穴为便。在得到了上级部门的肯定性批复后,沙图穆苏即时率众疏通六穴:"江陵则郝穴,监利则赤剥,石首则杨林、宋穴、调弦、小岳。"[①]在古穴疏通后的次年,即取得了立竿见影的效果,原先被洪水淹没的土地成为滩涂,并很快可供耕种。沿岸居民立碑来纪念这场盛事,并请林元为之作记。

二、《玉沙范氏洪济桥碑记》

在元代林元为"重开古穴碑"撰写碑文后的近500年间,相关的水利碑刻文字较少见于史册。究其原因,一方面是因为古穴的疏通减轻了

---

① 荆州市长江河道管理局:《荆江堤防志》,中国水利水电出版社2012年版,第720页。

荆州、沙市附近河道的洪水压力，但更重要的原因还是在于相关文献的缺失。清朝中期以来，荆江河道经过自元至清近5个世纪的水流冲刷和泥沙堆积，有关荆江水利的碑刻又逐渐增多。

清嘉庆七年(1802年)在监利西门外，新树起一座"洪济桥碑"。根据碑文所记，尽管元代疏通古穴以后荆、沙防洪压力减小，然而在监利北部一带水域由于自古以来就是长江和汉水的汇合之处，因此每逢夏秋汛期都会受到洪水的侵害，导致国赋收入不敷，人民生活艰难。明朝监利士绅范扶宇为此专程赴北京请求皇帝赈济，在得到朝廷资助后，于万历八年(1580年)九月十八日筑成庞公渡及洪济桥。得益于该桥的建立，监利地区从泽国变成沃野。1802年重修洪济桥时，当地人专门立碑颂扬祖先兴修水利的功绩。

三、《江陵县郝穴范家堤建闸碑》

位于江陵郝穴的"范家堤建闸碑"是为了纪念荆江大堤范家堤段修建排水闸所立的水利工程碑。该碑立于清嘉庆二十二年(1818年)，碑身高2.5米，宽0.8米，厚0.16米，碑首饰有二龙戏珠图案。碑文由时任江陵知县，河北闻喜人李若峰撰写，详细记述了清政府在范家堤建闸的始末缘由。

早在清嘉庆十二年(1807年)，名臣汪志伊(1743—1818年)任湖广总督后不久，便留意建造监利福田寺、新堤茅江口两处闸门用来调节荆江水流，并取得了不错的效果。但嘉庆二十一年(1816年)因大洪水导致双圣堤溃口，给当地人民的生命和财产都造成了巨大的损失。在洪水消退后，湖北、荆州、江陵三级官员都十分重视对江洪的防范，经过实地考察，决定在范家堤上修建排水涵闸，汛期时洪水可经由涵闸排入长江。

尽管闸门固若金汤，然而不幸的是：因长江河床变化和大堤的增高，范家堤闸逐渐失去了排洪的功能。目前仅存石碑一座，让我们可以回想当时建碑的情形。范家堤建闸碑也成为荆江在历史长河中不断变化的一个重要见证者。

四、《荆南观察祖公挽筑黄潭堤碑记》

该碑记主要是对荆州府同知陈廷策(字元敷)于康熙年间修建黄潭堤的举动进行歌颂。黄潭堤在荆州南部的江陵县东三十里处,是沿江北岸而建的一道古堤。荆州有关黄潭堤的记载,最早可以追溯到南宋绍兴二十八年(1158年)。修建黄潭堤的原因在于其地理位置的特殊性。黄潭堤位于江陵上游,如果该堤决口,则"则监利、潜江、沔阳、荆门,绵亘千余里,稽天巨浸,波及邻封,不仅一郡一邑也"①。尽管黄潭堤如此重要,但自古以来因为江水经年累月的冲刷,修而复废,加之康熙二十年(1681年)七月堤崩,次年六月再次溃口,导致附近田地被淹。

江陵士民把这次水灾归咎于上天不仁,而陈廷策则认为水灾原因在于没有提前做好防御措施,因此慨然以修筑堤防为己任。"颁设规程,揣基址,量厚薄,分丈尺,视远迩,行台土、个土之法,分工列号,给印票以杜欺罔,必赏罚以别勤怠"②,用规章制度来确保公平和提高修堤的效率。历时四个多月,修筑长达一千五百余丈之堤,百姓得以安居乐业。因此立碑书志来纪念此举,故有是文。

五、《来福寺碑记》

该碑记由但明伦撰写于清道光二十年(1832年),生动记述了当年六月荆江大堤一次水险和抢险的过程。根据碑记文字可知,当年六月二十日中午,荆江大堤出现险情。先是堤坍丈许,下有大小达二三寸的漏孔。在水流连续激烈的冲击下,大堤相继颓圮者二十余丈,江水几乎与堤面持平。当时的地方官员率领民众紧急加高堤防,连续奋战两个昼夜

---

① (清)倪文蔚、(清)舒惠原著:《万城堤志·万城堤续志》,湖北教育出版社2002年版,第246页。
② (清)倪文蔚、(清)舒惠原著:《万城堤志·万城堤续志》,湖北教育出版社2002年版,第246页。

才让大堤高出水面。然而，由于荆江堤防线实在太长，漏孔此塞彼涌，大堤此筑彼陷，再加上连日大雨，堤防连连告急。当时人都认为万城堤数十年来没有出现过这种险况。幸而官民众志成城，最终抵御住了洪水灾害。在救灾结束后，参与堤防者都认为能够成功渡过此次难关的原因在于神灵庇佑，于是都去寺庙供奉以答谢神灵。而但明伦则认为"不知诚不积，则感不孚；诚不至，则应不捷"①，神灵只帮助有诚之人，诚是战胜洪水的关键。于是在道光二十年十二月写下此文以记之。

六、《凝忠寺重修记》

凝忠寺原名灵济寺，位于今松滋涴市镇采穴南，匾额为"灵钟禅林"。道光二十四年（1844年），灵济寺所在的采穴境内发生严重水灾，堤防大多漫溃，尤其是黄木岭一带溃散最为严重；加之水灾从夏末持续至仲冬，历时几近五月之久，更让堤防工事雪上加霜。

时任县令陆锡璞（广东龙川县人）在救灾期间，住在灵钟寺附近，方便监督建堤工程；而松滋士民也在陆锡璞的感召下奋力抵抗洪水。住在高处的乡民筹集钱财、食物，保障后勤；住在低处的乡民亲负畚捐，奋战在抗洪一线。可见为了修筑堤防，松滋士民不分彼此，一同携手捍卫家园，因此在短短十个月内就修成了大堤。该修堤工程共组织运舟八百余只，推车五六百辆，动员肩荷者逾万人，耗费银钱8万余贯，而在仓促之际，所有的人力、物力支出几乎全由松滋当地人承担，不难想象他们的辛勤付出。

由于洪水淹没了原来的寺庙，因此在新堤建成时，陆锡璞认为有必要选择高地重建寺庙，感谢神明对防洪工程修建的庇护。于是，陆氏率众重修灵济寺来答谢神灵赐福，助松滋人渡过水患。但陆锡璞认为"灵济"之名缺乏现实意义，因此在重修之际，也将寺宇更名为"凝忠寺"。

---

① 荆州市长江河道管理局：《荆江堤防志》，中国水利水电出版社2012年版，第722页。

在道光二十五年八月为重修的寺庙所撰写的碑记中，陆锡璞指出："凝忠者何？聚众人之忠、爱，成众人之忠、爱也。"①可见，陆锡璞认为寺庙所凝之"忠"，实际上是松滋市民奋力筑堤抵御水患、勤于王事之忠；而所凝之"爱"，则为松滋士民携手抵御洪水的孝悌之爱。因此借寺名对松滋人进行表彰与感念。篆刻《凝忠寺重修记》的石碑，现仍嵌于采穴江堤之哨棚左壁中。

七、《汪公堤告成碑记》

自乾隆年间大水过后，荆江流域有数十年时间未再发生大规模洪水灾害。因此，无论中央还是地方政府，都未继续将工作重心放在治理荆江上。这就导致虽然经常有修筑堤防议案的提出，但实际上却没有相关工程开工。咸丰十年（1860年）五月，江水猛涨，当时的松滋知县汪维城未雨绸缪，利用江堤岁修的剩余银两立即加固江堤，因此在主洪峰来临之时，松滋没有遭受严重损失。这充分说明了提早进行防洪准备的必要性。

因此，在当年十月洪峰过后，汪维城立即着手修缮松滋堤段，选任当地较有名望的乡绅来总管工程，调配财物和人手，并遴选监修二十余人，把总计四百余丈的工程分为二十二段来修筑。历时七个月，用费四万余缗，最终修成大堤。其后，濠口堤段因雨水过多而不断下坠，因之不断加土夯实，大堤反而越来越坚固。大堤修成后，松滋县民为了表达对汪侯修堤之举的感谢，将该堤命名为"汪公堤"，并立碑来歌颂汪县令的功绩。

汪维城之所以受到民众的尊敬爱戴，有如下几个主要原因：一是在修堤过程中，按照居民实际的经济情况，尽可能平均地进行修堤款的征收；同时尽可能地节省工程中的无关消耗，把防洪款都用在刀刃上，因

---

① 荆州市长江河道管理局：《荆江堤防志》，中国水利水电出版社2012年版，第722页。

此没有给普通民众造成很大的负担。二是在救灾过程中亲力亲为，率先垂范，不仅没有滥用民力，相反还十分爱护民众。三是即时筹备，尽管修筑堤防的伟人很多，但是像汪知县这样有先见之明，能够未雨绸缪地修筑堤防的官员少之又少。四是可以通过汪公堤修建前后情况的对比来说明大堤造福大众的实际意义，大堤修建之前，虽立有堤甲法①，但是大堤仍然屡塞屡决，仅在道光十年（1830年）至二十九年（1849年）的二十年里便已经决堤九次。而汪维城到来以后，修筑大堤、保障民生，决堤的情况鲜有发生，因此受到了民众的尊敬和爱戴，于是在咸丰十八年（1868年）八月树立此碑，用以纪念。

八、《江汉两堤永不协筑碑记》

清代张可前撰写的《江汉两堤永不协筑碑记》记述了荆州、安陆两府围绕着修筑堤防而产生的争议。张可前，字箸汉，江陵人，顺治进士。在张氏上任之前，荆州、安陆协修长江和汉水的堤防，但因修堤工费产生了纷争，因而时常延误修筑公事，大堤屡筑屡溃。

张可前在碑记中详细记载了江汉两堤协铸之时引起的民间纠纷和民怨沸腾的历史事实，并向上级申请两地各自筑堤御洪，以杜推诿。经过中央政府批准，荆州和安陆两地按照各地州县的惯例，各自负责本地防汛工程的修建，永远禁止协同修堤。在此之后，荆州、安陆两地官民各负其责，反而使得堤工加固，百姓得利。因此，张可前特地立碑为记，回忆过去协筑大堤的源流及消极影响，并给其后长江、汉水两岸的居民以警示。

---

① 该法于嘉靖四十四年（1566年）由时任荆州知府赵贤订立，规定每一千丈堤设立一"堤老"，每五百丈设一"堤长"，每一百丈设一"堤甲"和十名堤夫，共计江陵北岸设堤长66人，松滋、公安、石首南岸设堤长77人，监利东西岸设堤长80人。这些专人的职责是"夏秋守御，冬春修补，岁以为常"，全职保护大堤，警戒水患。

九、《荆州万城堤铭》

清光绪五年（1879年）由倪文蔚撰写碑铭，其后立碑，位于荆江大堤起点万城处。该堤铭碑至今仍树立于荆州城西北约三十公里的枣林岗"荆亭阁"中，保存完好。堤铭主要说明了荆江大堤的历史由来、全堤长度和现实功能，其碑记云："维荆有堤，自桓宣武。盘折蜿蜒，二百里许。培厚增高，绸缪桑土。障川东之，永固吾圉。"通过碑记文字，不难看出荆江大堤的初建始于东晋桓温时期。荆江大堤长200余里，经过不断的培厚增高，发挥了保障两岸居民免受洪水侵扰的重要作用。

十、《新修沙市驳岸碑记》

此碑记由舒惠撰文。舒惠，字畅亭，吉林长白人，光绪十三年（1887年）就任荆州知府，任职期间非常重视荆江堤防建设，曾主持捐资修建沙市及郝穴驳岸，对当时巩固荆江大堤有过重大贡献。这篇碑记就是为纪念沙市驳岸修成所写的，在碑记中，舒惠详细记录了新修沙市驳岸的过程及其意义。

作为沿江重镇的沙市，直到北宋熙宁八年（1075年）荆州太守郑獬（1022—1072年）任职时才开始有堤防的修建；到七百多年后的清朝乾隆时期，江底淤垫日高，堤防愈形吃紧。过往历朝断断续续修筑的大堤堤身都过于单薄，因此很有必要继续筑厚培高以巩固堤防。

舒惠考虑到，之前的观察使孙公督修驳岸时，主要利用条石、混凝土建筑护坡，倪文蔚也主要是设闸板、安石桩，但这些措施都只是权宜之计，无法从根本上保证堤防的安全。光绪年间，晚清名臣、湖广总督张之洞（1837—1909年）非常重视荆江大堤的安危，并于光绪十六年（1890年）亲自到万城勘工，次年又委派观察使赵公加高二郎门至九杆桅这五百余丈的堤防。

尽管江堤已加高三尺，但舒惠仍担心堤外驳岸之保障未全，于是新修了沙市驳岸，"筑三合土戗，培厚堤身也……石岸四层，层各五尺"①，希望借此保护沙市这个重要口岸。该项工程始于光绪十七年（1891年）十一月，至次年五月完工，历时七个月之久；长二百丈，面宽丈许，共花费三万二千余缗。

沙市驳岸修成后，舒惠又在江边合适之处购置房屋，派员驻扎负责日常维护，从此，沙市堤防得以巩固。舒惠在堤防修成后写成这篇碑记，用来纪念这永利民生的水利工程。

十一、《接修沙市驳岸碑记》

尽管舒惠于1892年修成了沙市驳岸，但到次年冬天再次亲身察看取土之处时，却发现不仅泥沙淤积如故，而且江滩面积增大且十分坚硬。河水不断冲击北岸，从九杆桅到洋码头长达二百多丈的江堤逐渐坍塌。舒惠提议接修沙市驳岸以御水患，但却遭到僚友的质疑：如若修驳岸便可抵御洪水，为何前人没有想到这个办法？

但舒惠认为，如不加修驳岸，则南岸愈长而北岸愈坍，必须要提前修筑以防患于未然。因此于1893年12月开始接修驳岸，仍沿用之前修筑驳岸的方法，"相度滩势，刨成坦坡，仍分四层台面。下脚用毛碎石砌一层，内灌灰浆；其余每层，用青石板陂陀斜铺，用灰石抿缝，台面用宽厚门坎石结面，共计收高二丈二尺"②。至1894年4月完工，共耗资两万余缗。为纪念工程之巨和施工之难，舒惠撰写《接修沙市驳岸碑记》以记之。

值得一提的是，新修的驳岸上，沿岸安设路灯十六盏，这是当时极其少见的便民措施，也体现了荆江沿岸近代化的发展历程。

---

① 荆州市长江河道管理局：《荆江堤防志》，中国水利水电出版社2012年版，第724页。
② 荆州市长江河道管理局：《荆江堤防志》，中国水利水电出版社2012年版，第725页。

十二、《万城堤上新垱工程记碑》

这是为纪念荆江万城大堤新垱堤段修复整治工程所立的水利工程碑，方形碑座，碑首浮雕有二龙戏珠图案。碑高 2.6 米，宽 0.87 米，厚 0.28 米。据碑文记载，清光绪二十一年（1895 年）冬，万城堤上新垱堤段发生矬裂，时任荆州知府余肇康亲往视察。后查明：导致江堤矬裂的原因在于长江南岸沙洲日渐增高，逼迫江水向北激流，冲刷江北堤身，再加上江面往来的轮船掀起巨浪，撼动堤身，导致堤身下矬裂断，情势危急。

为防止水灾再次发生，余肇康随即组织民工对江堤采取整固措施，先抛乱石，用以保护大堤根基，并以杂合石灰沙泥的"三合土"巩固堤身，使堤身坚结如铁。还从大堤底部用石块向上斜铺三层护坡，减少洪水对江堤的冲刷。又因在新垱堤段镇江寺附近江中有淤沙突出于江面，影响行洪，在此建石矶一座，以使江水南行。至光绪二十二年，堤防最终建好。为了纪念施工过程的艰难和感念修堤民众的付出，余肇康特修此碑，并撰文予以纪念。

该碑原立于新垱堤上，20 世纪 70 年代移至原江陵县长江修防总段郝穴分段院内保存。1978 年移至荆江大堤铁牛矶处，设座基树立于江岸，以便于观瞻。

以上水利碑刻，在目前传世文献中都有明确记载；当然，也有更多的碑刻随着陵谷变迁，不仅湮没在荆江的河道里，更消逝在历史的长河中。全面解读这些碑刻，有记载某一段堤防维修始末的，有记载历史上水利纷争的，有记载荆江两岸古代穴口变化的，有记载闸坝兴建的。无论其记载的侧重点在哪个方面，毫无疑问的是：碑刻中的各种内容，都是荆江大堤文化的不可缺少的部分，对研究荆江大堤的历史发展有着不可替代的意义。

第四节　治水方略

前三节中"皇堤圣旨""堤防方志"以及"水利碑刻"的作者要么是当朝天子，要么是主政一方的大员，大多"居庙堂之高"，其文论多显现出忧国忧民的情怀。那么对于一些"处江湖之远"的普通官员乃至士人而言，其治水方略的关注点主要在哪些方面？是否有可借鉴之处？这是本节将要探寻的内容。

号称"开眼看世界第一人"的晚清启蒙思想家魏源（1794—1857年）在谈到荆江这条河流时说："荆州，其川（长）江、汉（水），据西南，建瓴之势，自古不闻为患。而近灾岁告，其堤防几与（黄）河、淮（河）并亟。"①结合之前的水利碑刻来看，荆江流域似乎并非在清朝才有水患发生；但若从清朝中期开始皇堤圣旨的不断传谕和堤防方志的不断修撰来看，魏源所提出的"近灾岁告"也确有其合理性。那么为什么自清朝开始，荆江流域的水灾频仍，殆至清朝中后期，水患情况越发严重呢？魏源对此的看法是："盖大江出峡，至江陵始游泆横恣。而下游洞庭夏涨，又挟九江之水，奔腾出口，以横截大江之去。又东则汉口截之，又黄河则彭蠡口截之，每相敌相汇，则回逆旁溢，而洲渚莫盛于荆，是为江患。……汉水则发源汉中，挟兴安、郧阳、万山溪涧之水以东，又受德安、安陆之水于郧口，皆山潦横暴，每夏秋汛，与江争涨，则分派入江陵之长湖，下达潜、监、沔阳之沌口港，纵横数百里弥望，是为汉患。"②可见，荆江流域复杂的水文情况和地理条件，是荆江水患频发的重要原因。面对水患，许多有经济之志的士人都在努力寻求解决方案，

---

① 魏源全集编辑委员会：《魏源全集》第12册，《古微堂内外集》卷六《湖北堤防议》，岳麓书社2004年版，第368页。
② 魏源全集编辑委员会：《魏源全集》第12册，《古微堂内外集》卷六《湖北堤防议》，岳麓书社2004年版，第368页。

并主要提出了如下几种对策:

一、"弃南保北"论

所谓"弃南保北",是指将荆江洪水向南部洞庭湖区泄洪,以确保荆江北岸的荆州府城和粮食主产区江汉平原的安全。从地理角度而言,这颇为因地制宜;从政治和经济的角度考量,也不失为稳妥之举。因此,在道光后期,随着荆江大堤北岸水患的日趋严重,"弃南保北"的论调也得到了不少人的支持。其中的代表人物,是湖广总督周天爵(1775—1853年)和江陵知县姜国祺。二人虽然总体思路相似,但具体的操作手段又有一些分歧。

周天爵,字敬修,山东东阿人。在湖广总督任上时,他对荆江水患的防治,提出"兴利必兼防患、施工贵有成谋",主张施行通盘筹划的一劳永逸之计。为此,他专门向皇帝进呈《查看江汉情形酌拟办法疏》,就荆江防洪问题提出自己的想法。周天爵指出,荆江的形势与汉水迥异,因此照搬汉水两岸那种完全依赖堤工来捍御洪水的做法并不可取;如果一定要在荆江沿岸筑堤防洪,也应该把国家有限的水利经费支出集中用于荆江北岸的堤工修筑,而南岸则主要用作分洪的区域,仅修造一道新堤来调节江水流向。这也是清代"弃南保北"论调的渊薮。

与湖广总督周天爵"南岸筑堤调洪"的想法不同,或是出于保护镇守地方的需要,担任江陵知县的姜国祺则主张放弃人为调控,任由洪水向南泄流。姜氏指出,保住了荆江大堤,也就保住了荆州、江陵、监利等地方,因此主张疏浚南岸已堵塞的大堤溃口以保证河道畅达,促使从上游而来的洪水尽快向洞庭湖流去。尽管这样很可能会导致公安、石首和华容的良田减产乃至绝收,但姜国祺从算"经济账"的角度指出:舍掉这块地区三四百里有名无实的税收,实际上可以帮助国家免去修筑堤坝的巨额费用。①

---

① 中国水利水电科学研究院水利史研究室:《再续行水金鉴·长江卷2》,湖北人民出版社2004年版,第329~330页。

诚然，考虑到荆江的实际情况，"弃南保北"的方案在荆江流域遭受大水侵袭时留下了南岸较宽的泄洪区，可以有效保护府城和产量区免遭水害，因此在当时有不少人支持。例如道光后期的御史朱逵吉（嘉庆十九年即1814年进士）就认为充分发挥洞庭湖的蓄洪功能是减轻荆江洪水压力、维护两岸安全的最佳保障："洞庭增长一寸，即可减江水四、五尺。江水势减，则江陵、公安、石首、监利、华容等县俱可安枕。"①其后担任湖广总督的晚清名臣张之洞也反对恢复南岸江堤，其理由是"工费过巨，断非数十万金所能办，纵使办成，盛涨亦难深恃"②。而清朝后期整个中国都陷入深刻的民族危机之中，中央政府也难以拨款兴修水利，因此在相当长的一段时间内，"弃南保北"的方案成为治理荆江水患的主要对策。

但究其实质而言，"弃南保北"的做法带有强烈的地方保护主义色彩，损害了荆江南岸数县居民的利益，无异于以邻为壑。而且，荆江南、北两岸都属于江汉平原的范围，物产丰富，生活在此处的居民大多会因为难舍祖业而不愿迁移，这就与当时的主流政策发生了激烈矛盾。在水患严重之时，甚至有官员采取强硬措施来实施"弃南保北"政策，如荆江驻防将军在洪水高涨不退之际，拟挖开荆江南岸堤防用来消减水势，遭到南岸居民的消极应对后，竟至用大炮轰堤。③ 洪水的侵袭让大量荆江南岸的居民流离失所、家财散尽，引发了南岸居民的不满，也加剧了南、北两岸居民的矛盾。在此情况下，主张"南北分流"论者日益增多。

二、"南北分流"论

与"弃南保北"论不同，"南北分流"论主张引导荆江洪水向南、北

---

① 湖北省水利志编纂委员会：《湖北水利志》，中国水利水电出版社2000年版，第593页。

② （清）倪文蔚、（清）舒惠原著：《万城堤志·万城堤续志》，湖北教育出版社2002年版，第489页。

③ 段毓云：《南县志备忘录》卷二，民国二十六年（1937年）刻本。

分流，以减少荆江干流的汛期流量并削弱洪峰，从而实现两岸兼顾的目的。之所以会在"弃南保北"论甚嚣尘上之时出现一个全新论调，原因在于南岸居民强烈抵制先前的政策。光绪二年(1874年)的水患为"南北分流"论提供了契机：因为之前长期倡导"弃南保北"，当年北岸遭受严重水患时，南岸坚决不愿放弃仅存的残堤，导致两岸居民"各招匪徒、互相烧杀"①。在这种情况下，有人提出荆江南北两岸都是皇帝子民，不应以邻为壑。在这种背景下，部分有识之士开始反思"弃南保北"治水方略的合理性，并趁机提出"南北分流"论。

他们的立论理由主要有四。第一，与荆江北岸一样，南岸附近的10个州县同样也是交纳赋税的重地，而且如非遭遇水灾，纳税并不一定比江北诸州县为少。而且荆江南岸在之前千余年的数十个朝代都有修堤的举动，"凡有堤者，莫不以堤为命，如云可弃，则应弃之堤，又何仅江南一垸耶"。南岸居民认为，既然要废弃堤防，就不应该仅仅只注意南岸，这样必失公平；况且南岸本身就并非汪洋泽国，而是一片粮田，岂能将原来的农耕区域化而为海，以吸纳江水？第二，南岸居民所提出的"南堤即弃，无益于北岸"也有一定的道理。道光二十二年(1842年)大水时，南岸萧石嘴已溃，若按"弃南保北"论，北岸应当无水患之虞。然而实际情况却是仅仅过了三天，北岸的鱼埠头便"大溃"，北岸岳家嘴"复溃"。道光二十四年(1844年)洪水复发，南岸龙王庙先溃，北岸李家埠继而溃决。② 所以，并非舍弃南岸就能保证江北堤防稳如磐石，两岸安全并无直接联系。第三，舍弃南岸堤防节省的工程花费未必能够抵消救济南岸民众的支出。一旦放弃南岸堤防，则南岸原来的居民居无定所，成为流民，需要政府更多的赈济。例如某年汛期，仅虎渡一

---

① 中国水利水电科学研究院水利史研究室：《再续行水金鉴·长江卷2》，湖北人民出版社2004年版，第579页。
② 中国水利水电科学研究院水利史研究室：《再续行水金鉴·长江卷1》，湖北人民出版社2004年版，第287页。

带便"不论人口多寡,每户给钱四十五文,共发钱千五百串"①。如果每遇汛期都照此救济,政府势必无法承担这样庞大的开支,因此绝非长久之计。第四,"弃南保北"的理论基础在于洞庭湖的蓄洪能力有长期保障。但事实上,由于荆江的水流源源不断地向洞庭湖倾注,以及洞庭湖区的围湖垦田活动日渐增多,造成了洞庭湖湖面萎缩、湖水容积缩小,因此调蓄洪水的能力日减,破坏了荆江下游的生态平衡。

有关"南北分流"论,王柏心和黄海仪的观点最具代表性。王柏心(1799—1873年),字子寿,号螺洲,湖北监利人,著有《浚虎渡口导江流入洞庭议》《导江续议(上、下)》,简称《导江三议》。② 在相关论说中,王氏结合对荆江与洞庭湖的关系以及湘、鄂两省水患的研究,提出"南北分流、以南为主"的主张,认为固然应当坚持往洞庭导水,但也不能偏废荆江北岸的分流功能。黄海仪著《荆江洞庭利害考》,提出:"江南诸口宜塞,推虎渡禹迹仍旧;江北诸口宜塞,惟郝穴一处当浚。"③主张疏浚江北郝穴之堰塞,让洪水不至于专门往洞庭湖倾泻。

因为"南北分流论"实际上是一种以相对和平与公平的方式来处理南北岸泄洪问题的主张,因此王、黄二人论调的支持者也有不少。例如光绪中叶,南湖厅杨荫亭上书请求恢复南岸江堤,咨议局议员汤鲁璠(湖南善化人,号稚庵)也主张"可于三邑(松滋、公安、石首)修复南岸江堤。一遇盛涨,鄂人以全力守北堤,湘要以全力守南堤,自无水患"④。

从宏观来看,"弃南保北"与"南北分流"的不同点在于:"弃南保北"重北轻南,主张荆江北岸的安全是以南岸居民为代价来保障的;而

---

① 《南岸绅民驳弃溃堤议》,转引自(清)倪文蔚、(清)舒惠原著:《万城堤志·万城堤续志》,湖北教育出版社2002年版,第321页。

② 有关《导江三议》的全文,可参见荆州市长江河道管理局:《荆江堤防志》,中国水利水电出版社2012年版,第703~707页。

③ 荆州市长江河道管理局:《荆江堤防志》,中国水利水电出版社2012年版,第708页。

④ 段毓云:《南县志备忘录》卷二,民国二十六年(1937年)刻本。

"南北分流"强调两岸居民的战线"统一性",没有绝对的牺牲。两者的共同点在于都是引导荆江干流洪水向两岸分流,从而解决超额洪水的出路问题,但该主张并未真正看到问题的实质。要想从根本上解决荆江的水患问题,还需要另谋良策。

三、疏浚荆江论

疏浚荆江的论调早已有之。早在明末清初之际,中国极具代表性的启蒙思想家顾炎武(1613—1682年)在《天下郡国利病书》中即已提出所谓"经纬论",旨在通过疏通荆江干流和支流来缓解荆江水患,然而因为朝代的鼎革和顾氏思想不受主流话语体系的认可,其言论并未掀起太多波澜。殆至鸦片战争以后,随着中国被迫开始向世界打开国门以及"西学东渐"的学风兴起,西方国家的治水经验传入中国,这为荆江的治理提供了新的思路。

魏源长期关注荆江水文问题,并对湖南、湖北地区的河流、湖泊情况进行了多年的调查和勘探,写成《湖北堤防议》和《湖广水利论》,希望探索解决湖广水灾的可取途径。在《湖北堤防议》中,魏源提出治理江患首先必须查明江患的原因,否则即便"专从事于地方曲遏",也不过是徒劳无益。因此他主张从实际水文情况出发,"弃少救多",兼顾上、下游和南、北岸民众的利益。魏源指出:"患在天者……惟有相其决口之成川者,因而留之,加浚深广,以复支河泄水之旧;患在人者……惟乘下游圩垸之溃甚者,因而禁之,永不修复,以存陂泽潴水之旧。"[1]不难看出,魏源一方面强调利用天时,对已经溃决不堪的圩垸,索性永不修复,任其发挥储水功能,如此则民不加费;另一方面强调善用人力,对于已经因为天灾而决口成川的水道,要加快进行疏浚清理,最大程度地发挥其泄洪功能,如此则收因势利导之效。

在《湖广水利论》中,魏源在《湖北堤防议》的基础上进一步分析长

---

[1] 中华书店出版社编辑部:《魏源集·上》,中华书局1976年版,第392页。

江数十年来"告灾不辍"的具体原因,认为长江上游无限制地垦荒造田造成了严重的水土流失,而长江中下游和滨湖地区由于无计划的围垦也严重影响到河道泄洪和湖泊蓄洪。因此应当从全局出发,遵循"两害相形,则取其轻;两利相形,则取其重"的指导原则,实施如下具体方案:一是"掘水障""导水性",即疏通泄洪时的一切阻碍,从而保证荆江段水流的顺畅。尽管这种做法看起来浪费了之前已经付出的人力,但从长远来看却有利于减轻荆江堤防的负担,实则能够"毁一垸以保众垸,治一县以保众县"①。二是选择恰当的官员来治理河道。魏源提出"欲兴水利,先除水弊",如果让"玩视水利之官"和"垄断罔利之豪右"②来整治水患,是断然无法取得显著成效的,这充分表露出魏源"治水之要,惟在得人"的观念。

除魏源之外,洋务运动的代表人物郑观应也对荆江治理问题给予了足够的关注。郑观应认为江水泛滥是由于淤塞,若不疏通淤塞,则难以防范水患的再次发生,如仍旧采用中国的传统方法,既劳民力,且费工银,效果不佳。因此建议"宜仿西法用机器船挖起淤泥"③,才可称一劳永逸之计。

尤其是在清朝后期,荆江下游的流量显著减少,淤塞日益严重,造成南岸高、北岸低的失衡局面。因此在宣统年间,湖南咨议局议员陈炳焕(1860—1920年)主张湖南、湖北两省联合购置刷沙挖泥的机器,分三段疏浚荆江。以荆河口至调关为第一段,以挑兴口至郝穴为第二段,以观音寺至枝江为第三段,他认为,如三段并举,"则荆江上下当无沙壅渊亘之患"④。

---

① 中华书店出版社编辑部:《魏源集·上》,中华书局1976年版,第390页。
② 魏源全集编辑委员会:《魏源全集》第12册,《古微堂内外集》卷六《湖广水利论》,岳麓社2004年版,第367页。
③ 郑观应:《郑观应集》,上海人民出版社1982年版,第143页。
④ (清)湖南咨议局:《湖南咨议局己酉(1909)议事录》,清光绪刻本,第29页。

总的来看，荆江河道的泄洪能力，在汛期承载不了上游猛增的洪水量，加之已设有的堤防所能防护的区域有限，这就共同造成了荆江洪灾频发，防洪护堤任务艰巨。尽管清朝后期，朝野上下每每论及荆江治水，大多提出疏浚荆江河道的主张，但这种牵涉两岸数十州县的大事，无论从政策层面还是从经济条件而言，都绝非湖北、湖南两省能够共同承担并解决的，唯有依靠政府的统一协调，才能于事有补。然而由于政治、经济等多方面的原因，风雨飘摇的晚清政府在治水实践中很难有太多的作为。只有在强有力的中央政府的领导下，才能彻底解决荆江问题，这也是经过之后的历史充分检验而得出的重要结论。

第七章 安澜功臣

"善治国者必先治水","水兴则邦盛,邦盛则民安,民安则天下太平"。兴水利、除水害,克服人水矛盾,关系到民生大计和国之盛衰。荆江流域水利开发与利用历史悠久,除造福两湖人民外,水患灾害也频繁发生,荆江治理也成为历代统治者必须重视的民生工程。在荆江水资源的管理、水灾治理和防御中,涌现出了一大批卓越的治水功臣,他们坚持宣导川谷、筑堤安澜的治水方略,他们的功绩在荆楚大地上传颂不绝,彪炳史册。

第一节 宣导川谷

《禹贡》一书最早提到把荆江地区作为分区治水的重点,引江济汉,使长江和汉江在雨季分流入彭蠡之泽,规划设计有效治理云梦泽,变水害为水利。《禹贡》时代后不乏荆江治水实践者,从春秋战国时期孙叔敖"宣导川谷"而筑"云梦通渠",到唐宋时期张咸、刘甲"分江流筑大堰"而修"三海八柜",形成了荆江与浩瀚的云梦及泽薮浑然一体,到江汉湖泊成群,江湖相互依存、相互制约的局面。

一、孙叔敖筑"云梦通渠"

孙叔敖(约前630—前593年),名敖,字孙叔,一字艾猎,楚国郢都(今湖北荆州纪南城)人,一生广筑堤陂,兴建农业水利工程。追溯孙叔敖在荆楚大地上治水用水的历史,《史记·河渠书》记载了其担任楚国令尹(官职名,相对于宰相)期间,提倡"宣导川谷,陂障源泉,灌溉沃泽,堤防湖浦以为池沼"。这种疏通河道、修筑水库池塘的治水措施收效甚好,改善了楚国的农业生产条件,极大地增强了楚国的国力,为楚庄王的辉煌霸业奠定了坚实的物质基础。孙叔敖在辅佐楚庄王期间,政绩卓著,"治楚三年,而楚国霸"(《韩诗外传》卷二)。

周定王八年(前599年,楚庄王十四年),孙叔敖"于楚,西方则通渠汉水、云梦之野,东方则通邗沟江淮之间……此渠皆可行舟,有余则用溉浸,百姓飨其利"(《史记·河渠书》),这条被孙叔敖开凿设计的"西渠",史称"云梦通渠",也称"楚渠",即在荆江流域内开凿运河,贯通江汉,便于缩短航程和进行农业灌溉,是一项富国利民的水利工程。

关于云梦通渠的线路,《史记·循吏列传》裴骃集解引《皇览》也记,"孙叔敖激沮水作云梦大泽之池也",利用楚国境内的沮水作"大泽",泽水南通大江,东北线利用杨水水道连接通汉江。对此,著名历史地理学家谭其骧先生考证认为:"西方一渠当为扬水,是沟通长江和汉水的一条人工运河。工程的关键是在郢都附近,拦截沮水与漳水作大泽,泽水南通大江,东北循扬水达汉水,所经过的地方正是当时所谓云梦,约当现在长江沙市一带到汉水沙洋一带。这条运河是在公元前六世纪初楚相孙叔敖主持下,广大劳动人民开凿的。"①谭先生明确指出,云梦大渠地理路线,使得长江和汉水联通,连接长江的河口即沮漳河注入长江的河口,连接汉水的河口就在潜江泽口附近,这样缩短了楚国都城郢都(湖北荆州区境内)与沙洋(湖北沙洋县)、竟陵(湖北天门市境内)的航程。

---

① 谭其骧:《黄河与运河的变迁》,《地理知识》1955年第9期。转引自长江流域规划办公室《长江水利史略》编写组:《长江水利史略》,水利电力出版社1979年版,第34页。

有学者指出，这项工程是我国历史上迄今所知在长江流域开凿的第一条人工运河，比吴国在公元前 486 年开挖沟通长江和淮河的邗沟（后人认为是京杭大运河的一段）早一百余年。

二、杜预修"杨口运河"

杜预（222—285 年），字元凯，魏晋时期京兆杜陵（今陕西西安）人，司马懿之婿，西晋时期著名的政治家、军事家和经学家，一生军事、政绩突出，多谋略，号称"杜武库"。还在《左传》注解方面贡献巨大，有《春秋经传集解》与《春秋释例》二书传世。镇守荆州时兴修了"杨口运河"水利工程。

西晋咸宁四年（278 年），晋武帝司马炎任命杜预出任西晋镇南大将军，都督荆州诸军事，率军灭吴。西晋统一后，杜预大力提倡并实施兴修水利，广开漕渠，积极开发运河水道治理水患，积极恢复和发展生产，百姓深得其利，称杜预为"杜父"。《晋书》卷三十四《杜预传》记载："旧水道唯沔汉达江陵千数百里，北无通路。又巴丘湖（今洞庭湖），沅湘之会，表里山川，实为险固，荆蛮之所恃也。（杜）预乃开杨口，起夏水（汉水）达巴陵（今湖南岳阳市）千余里，内泻长江之险，外通零桂之漕。"①这条水道史称"杨口运河"。所谓"杨口"，就是杨水汇入汉水的交汇口（今潜江市西北），杨水发源于江陵城西北，沿着城北东流，过竟陵（今潜江西北）至杨口入夏水。关于古扬水，又作杨水、阳水，《江陵志馀》记载："水经注云：龙陂水（今龙会桥河），迳郢城南，东北流，曰扬水，沮漳水自西来会，流入沔，行六百里，一曰扬夏水，汉书注作阳水，今出郢城北入海子湖。"著名历史地理学学者史念海先生还认为扬水与大江之间有一条人工水道，中间还有堤岸相隔，可引江水补给扬水水源，起到调蓄的作用，有了这样新的水道，就保证了

---

① （唐）房玄龄等：《晋书》，中华书局 1999 年版，第 673 页。

扬口运河漕运的畅通。① 诚然，这一水利工程修建之初是为漕运和军事政治控制所用，但也对当时的农业灌溉起到了一定作用。

荆州（湖北荆州市荆州区）虽然濒临长江，但是与汉江不能直接通航。杜预开凿出杨口运河之后，荆州（西晋时称为南荆）就进一步成为水运枢纽，北向可以通过汉水连接襄阳郡，直通京都洛阳等地，南向可以通过水路到达巴陵县（今岳阳市），东向可以通过长江或汉水直通夏口（今武汉市江汉区），西向可以通达巴郡、蜀郡等地。一直到南宋时期，杨口运河仍然是重要的水运交通线，便于湖南全境和洞庭湖区粮食北上调运。

三、张咸筑"北海"

张咸（生卒年不详），三国时期吴国名将，曾任江陵都督。《吴书·陆抗传》记载："初，江陵平衍，道路通利，抗敕江陵督张咸作大堰遏水，渐渍平中，以绝寇叛。"②东吴凤凰元年（272年），张咸在地势平坦的江陵修筑大坝拦截江水，水所到之处逐渐淹没中间地势低洼地带，所形成的大堰地处江陵城东北海子湖、长湖一带，因位置在纪南城北面，水面广阔如大海，后人称之为"北海"，为"三海"形成之始。筑"北海"的主要目的是"遏沮漳之水"，以水为军事屏障防御来自北面的晋军进攻和阻挡西陵督步阐叛军逃跑。《读史方舆纪要》也记载了张咸筑"北海"之事："江陵以水为险。孙吴时引诸湖及沮、漳水浸江陵以北地，以拒魏兵，号为北海……孙皓时，陆抗以江陵之北道路平易，敕江陵督张咸作大堰遏水，渐渍平土以绝寇。"③以水设防，军事用途明显。

唐代初期，江陵一带战事平息，"北海"军事作用消失，渍水洼地逐渐干涸，被垦成肥沃的良田。南宋中期，地理总志书《舆地纪胜》卷

---

① 史念海：《中国的运河》，陕西人民出版社1988年版，第125页。
② （晋）陈寿：《三国志》，崇文书局2009年版，第604页。
③ （清）顾祖禹：《读史方舆纪要》第四册，中华书局1957年版，第3338页。

六十四《荆湖北路》也记载，五代兵兴，后周显德二年（955年），高保融"自西山分江流，方五七里，筑堤而居，谓之'北海'"①，这是关于"北海"被重开的记载。北宋时，宋太祖赵匡胤出兵南征荆南（治所在江陵）高氏政权，又传旨决"北海"水，以便军队顺利通过而不受阻隔。

四、刘甲筑"三海"

刘甲（1142—1214年），字师文，南宋嘉定府龙游（今四川乐山）人。嘉泰二年至开禧元年（1202—1205年）任江陵知府、湖北安抚史等职，宋宁宗嘉定七年（1214年）死于任上，后被追谥"清惠"。在任江陵期间，在城北筑"三海"。

"三海"又称"海子"，发展经历了近千年的历史，以晋张咸筑"北海"为始，今纪南城东边的长湖水系中的部分水系即为宋时"三海"旧迹。为防止金兵、蒙古军南下，刘甲在任江陵知府、湖北安抚史期间开辟了"三海"。《宋史·刘甲传》载："甲谓，荆州为吴、蜀脊，高保融分江流，潴之以为北海，太祖常令决去之，盖保江陵之要害也。"②"三海"围堰形成后，荆州城北一带水系发生了很大变化，运河水道大部分被大水淹没而变成了广阔的湖泊水面。《舆地纪胜》卷六十四《江陵府上》记述，三海形成后，当金兵南下进犯荆门境内时，得知南边江陵有"三海"阻隔，而不敢贸然南侵。

五、孟珙贯通"三海"

孟珙（1195—1246年），字璞玉，自号无庵居士，南宋绛州（今山西新绛）人，后徙随州枣阳（今属湖北），著名军事家，出身将门，曾祖孟安、祖父孟林都为岳飞部将。南宋嘉定十年（1217年），孟珙随父孟宗政于襄阳、枣阳一带抗金，后在宋蒙战争中率领宋军全力抵抗蒙古铁

---

① （宋）王象之编著，赵一生点校：《舆地纪胜》第五册，浙江古籍出版社2012年版，第1656页。

② （元）脱脱等：《宋史》，中华书局2000年版，第9518页。

骑。淳祐四年至六年(1244—1246年),孟珙知江陵府,驻江陵期间,大力发展屯田水利,贯通"三海"。

孟珙奉命镇守荆州,初上任时,登上城楼察看了江陵城军事防御体系,主张开通江陵城北的河湖水系,重建固守江陵的屏障。《宋史·孟珙传》记:"珙至江陵,登城叹曰:'江陵所恃三海,不知沮洳有变为桑田者,敌一鸣鞭,即至城外。盖自城以东,古岭先锋直至三汊,无所限隔。'"①

孟珙对"荆州三海"实施大规模的修筑,引沮漳水通"三海",沿东北往南入汉江,使"三海"合而为一,"三百里间渺然巨浸"。《宋史·孟珙传》记:"修复内隘十有一,而别作十隘于外,沮、漳之水自城西入江,则障而东之,俾绕城北入于汉,而三海遂通为一,随其高下,为柜蓄泄,三百里间,渺然巨浸,土木之工百七十万。民不知役。"②孟珙贯通"三海"的工程虽耗资巨大,但没有使百姓困于劳役,这样能蓄水、能排泄的水利对当地农业生产不无作用。

六、吴猎修"八柜"

吴猎(1142—1213年),字德夫,号畏斋。南宋潭州醴陵(今湖南株洲醴陵)人。曾受学于张栻、朱熹。淳熙年间,曾任岳麓书院堂长,为湖湘学派代表人物之一。开禧二年(1206年)任江陵知府,主管荆湖北路安抚司事,加强防务。驻扎荆州期间,修筑了中国历史上特殊的军事水利工程——"八柜",即八个"水柜"。

"水柜"一词是古代水利工程方面的特定名称,有蓄水济航、军事防御、引水灌溉等功能。《宋史》中记载有关水利工程的"八匮"通"八柜"(《说文》解释:"匮,匣也。"本义是指大型的藏物器具),后人又称"九隔"。八柜作为南宋时期大型的军事水工工程,后在宋金对峙的荆

---

① (元)脱脱等:《宋史》,中华书局2000年版,第9716页。
② (元)脱脱等:《宋史》,中华书局2000年版,第9716页。

襄保卫战中产生了实际的效果。

据《宋史·吴猎传》卷三九七载，吴猎"尝分高沙、东桨之流，由此堤外历南纪、楚望诸门，东汇沙市为'南海'"。到孟珙时将沮漳水全部截入"三海"，东北通汉江，延绵数百里。吴猎在复修"三海"的同时，"筑金鸾、内湖、通济、保安四匮，达于'上海'，而注之'中海'；拱辰、长林、药山、枣林四匮，达于'下海'"①。后人称"三海八柜"。

"八柜"是"三海"的补充，"前四柜"补充"上中海"，"后四柜"补充"下海"，"八柜"的位置应在"三海"边缘或其内的高阜处，作为储水以备不足。到元代以后，大部分湖滩干涸，已变成了良田。

第二节　筑堤束水

《荆州万城堤志·序》提道"大堤肇始于晋，盛于宋，详于明。"荆江大堤修筑历史分为以下阶段：第一，春秋战国至东晋——分段垸堤形成；第二，东晋至宋朝——江堤兴起与稳步发展；第三，宋至明末清初——荆江大堤连体形成；第四，明末清初至今——大堤加固与完善。修筑江堤从东晋永和年间"金堤"始，至明末清初北岸的荆江大堤连成一线，在合堤并垸、培修加固过程中涌现出了一批水利功臣。

一、陈遵始筑金堤

陈遵（生卒年不详），字孟公，杜陵（今陕西西安）人。始筑"金堤"，也被后人认为是荆江大堤第一堤——金堤的奠基人。

追溯荆江大堤修筑历史，清光绪五年（1879年），荆州知府倪文蔚作《荆州万城堤铭》明确指出了荆江大堤肇始于金堤："唯荆有堤，自桓宣武（即桓温，其谥号'宣武'），盘折蜿蜒，二百里许，培土增高，绸

---

① （元）脱脱等：《宋史》，中华书局2000年版，第9514页。

缪桑土。障川东之，永固吾圉。"①可见在东晋永和元年至兴宁二年（345—346年），为保护江陵城免受水浸，时任荆州刺史桓温即令陈遵在江陵城西、沮漳河东之间的灵溪东侧沿城走向修筑了堤防，史称"金堤"，线路即为自江陵城西南，东向延伸至城南，护城地位显著。

北魏地理学家郦道元在《水经·江水注》中也记载了金堤的起点以及陈遵筑堤的具体方法："江陵城地东南倾，故缘以金堤，自灵溪始，桓温令陈遵造。遵善于方功，使人打鼓，远听之，知地势高下，依傍创筑，略无差矣。"②陈遵令人在远处打鼓，根据鼓的回声运行速度判断地势高低，这样一位善于勘测的水工专家在东晋时期就能运用声学的物理知识筑堤。

金堤修成后，防风护堤的防浪林也蔚然成荫，《艺文类聚》卷八十九《木部下·杨柳》引盛弘之在《荆州记》记述道："缘城堤边，悉植细柳，绿条散风，清阴交陌。"③

二、萧憺修堤安民

萧憺（479—522年），字僧达，南朝梁兰陵（今江苏武进）人，梁武帝萧衍之弟。天监元年（502年），为荆州刺史，封始兴郡王，又被称为"始兴忠武王"。普通三年（522年）卒，谥号"忠武"。

萧憺在任荆州期间，勤政爱民，"励精为治，广辟屯田"④。梁武帝天监六年（507年），"州（荆州）大水，江溢堤坏"，面对江堤被冲毁、江水暴溢的困境，时任荆州刺史萧憺"亲率府将吏，冒雨赋丈尺（指高

---

① 《江陵堤防志》编写组：《江陵堤防志》，江陵县志编纂委员会1984年版，第161页。
② （北魏）郦道元撰，陈桥驿点校：《水经注》，上海古籍出版社1990年版，第653页。
③ （唐）欧阳询：《艺文类聚》，中华书局1965年版，第1531页。
④ （南朝梁）萧纲著，肖占鹏、董志广校注：《梁简文帝集校注》，南开大学出版社2015年版，第1227页。

度)筑治之"①。亲自率领府中文臣武将,确定高度后分段修堵堤坝,拦截洪水。当时疾风骤雨,江水汹涌,随行人员万分惊恐,纷纷规劝他躲避,萧憺说:"王尊(西汉末年东郡太守)尚且要用身体填塞河堤溃口,我怎能贪生怕死呢?"于是杀白马祭祀江神,不久洪水退去,大堤屹立。

同年,在南岸郢州的百姓饱受洪灾困扰,百余家见洪水肆虐,惊慌逃跑,或登上屋顶,或爬到树上,萧憺见状招募四方之士救灾,救一个人赏一万钱,有几十名商人应募去救,百姓因此才免遭灾难。而后又分派人巡行各郡灾情,遭洪水致死的发给棺材,被冲淹田地的发给粮食和种子予以慰藉。洪灾退却后,庄稼长势喜人,官吏百姓皆归功于萧憺,他谦让不受。这种救民于危难、有德于地方百姓的行为,被荆州百姓专门作歌谣传唱:"始兴王,民之爹。赴人急,如水火。何时复来哺乳我?"②

三、段文昌始筑沙市堤

段文昌(773—835年),字墨卿,又字景初,祖籍唐代齐州临淄邹平(今山东邹平),客居荆州(今湖北荆州)。唐太和四年至六年(830—832年),出任荆南节度使,主持修筑了唐代沙市堤。

光绪《荆州府志》卷二十八《寺观志》记:"菩提寺,在(江陵)城东五里,唐建,依古大堤。堤为节度使段文昌所修,又曰段堤寺。"③沙市堤西接晋代金堤,东沿迎禧街、解放路、中山路、胜利街与章华寺古堤相连,民众称段文昌所筑之堤为"段堤",并在堤旁建有段堤寺,今名"菩提寺"。民国《湖北通志》(民国十年刊本)卷十九《舆地志》"古迹五"也记:"菩提寺,在县东五里,唐建,依古大堤。堤为节度使段文昌所

---

① (唐)姚思廉:《梁书》,吉林人民出版社2005年版,第208页。
② (唐)姚思廉:《梁书》,吉林人民出版社2005年版,第208页。
③ (清)倪文蔚、(清)蒋铭勋修,(清)顾嘉蘅、(清)李廷鉽纂:光绪《荆州府志》,江苏古籍出版社2001年版,第297页。

修，又曰段堤寺。荆寺虽广，而此刹较称净僻。今圮。"①

南宋著名词人张孝祥写有《题断堤寺》诗共三首，描绘了堤上有游人、近旁有古寺的场景。关于"断堤寺"是否为"段堤寺"，武汉大学历史学院杨果教授在《唐、五代至北宋江陵长江堤防考》一文中指出："宋人所谓'断堤寺'，有可能就是唐代的'段堤寺'，断堤有可能就是段文昌所修段堤，唐末至南宋以后'段'讹为'断'，音同而字异。"②

段文昌在修堤上得到了荆南百姓的拥戴，民间流传着对其赞许的谚语："旱不苦，祷而雨；雨不愁，公出游。"此谚语称，段文昌在荆南任上时，当地如若久旱，百姓一经祈祷便会下雨，如若久雨，遇到他出游便会天晴，这虽未免有些夸张，但从侧面表现出其"治水"效果明显。

四、高季兴修寸金堤

高季兴（858—928年），本名季昌，字贻孙，陕州硖石（今河南三门峡）人。五代后梁时出任荆南节度使，庄宗时，受封南平王。高季兴在荆任职期间，主持修筑了江陵"寸金堤"，也同时在监利县南修有堤堰以防水患，为此，五代十国之一的荆南国富盛一方。

《读史方舆纪要》卷七十八《湖广四·荆州府·江陵县》"寸金堤"条记载，修筑寸金堤是为了抵御长江洪水："在府城龙山门外。五代时，高氏将倪可福筑，以捍蜀江激水，谓其坚厚，寸寸如金，因名。"③顾炎武认为，筑寸金堤是为了阻挡蜀军进攻，其《天下郡国利病书》卷七十三《荆州府·江陵县》称："五代时蜀孟昶将伐高氏，欲作战舰巨筏，冲荆南城，梁将军倪福可筑是堤，激水以捍之。"④

---

① 张仲炘、杨承禧等：《湖北通志》，台湾京华书局1967年版，第529页。
② 杨果：《唐、五代至北宋江陵长江堤防考》，《中国历史地理论丛》1999年第2期。
③ （清）顾祖禹：《读史方舆纪要》，中华书局2005年版，第5317页。
④ （清）顾炎武撰，华东师范大学古籍研究所整理，黄珅、严佐之、刘永翔主编：《顾炎武全集·天下郡国利病书》，上海古籍出版社2011年版，第2771页。

关于寸金堤的位置，据《江陵县志》载，"寸金堤自西门外石斗门起，历荆南寺、龙山寺，东至双凤桥、赶马台、青石板、江渎观、红门路与滨江大堤接，绵亘二十余里"①。根据位置推断，一般认为，金堤乃绕江陵城而筑，为荆江始堤，金堤乃寸金堤的前身，二者有相承关系。

五、郑獬修缮沙市长堤

郑獬(1022—1072年)，字毅夫(一作义夫)，北宋安州安陆(今湖北安陆)人。曾任荆南知府，知荆南府时修筑了沙市长堤，位于寸金堤南。

北宋时，沙市地势低下，处于水陆要冲之地，为防止堤溃水泄，北宋熙宁间(1068—1077年)，时任荆南知府的郑獬筑长堤防水。据《宋史·河渠志七》载："江陵去城十余里有沙市镇，据水陆之冲。熙宁中，郑獬作守，始筑长堤捍水。缘地本沙渚，当蜀江(即长江)下流，每遇涨潦，沙水相荡，摧圮动辄数十丈。见有民屋，岌岌危惧，乞下江陵府同驻副都统制司发卒修筑。"②郑獬所修缮大堤路线大致为：起于沙市赶马台与寸金堤接，东南经迎禧街、解放路、中山路、民主街，接柳林堤。

关心水利的郑獬，还作诗对襄阳境内"木渠"的灌溉成效大加赞许："木渠远自西山来，下溉万顷民间田。谁谓一石泥数斗，直是万顷黄金钱……安得木渠通万里，坐令四海成丰年。"(《木渠诗》)木渠为后汉汉南郡太守王宠所开，引水自宜城西山古鄢水，是襄宜(襄阳和宜城)平原上著名的灌溉渠道，南宋时期时任郡守多次维修加固，促进了荆楚大地农田水利事业的发展。

---

① 《江陵县志》，转引自(清)倪文蔚、(清)舒惠原著：《万城堤志·万城堤续志》，湖北教育出版社2002年版，第85页。

② (元)脱脱等：《宋史》，中华书局2000年版，第1624页。

六、张孝祥修复寸金堤

张孝祥(1132—1169年),字安国,别号于湖居士,南宋历阳乌江(今安徽省和县)人。南宋著名词人,有《于湖居士文集》《于湖词》传世。出任荆湖北路安抚使期间,积极筑堤防洪。

《宋史》卷三八九《张孝祥传》记:"复待制,徙知荆南、荆湖北路安抚使。筑寸金堤,自是荆州无水患。"①人们常据此认为张孝祥修寸金堤为江陵筑堤之始。但据张孝祥的《金堤记》记载:"蜀之水既出峡,奔放横溃,荆州为城,当水之冲。有堤起于万寿山之麓,环城西南,谓之金堤……既成,某进府之耆老,问堤之所以坏。曰:'异时岁修堤,则太守亲临之,庳者益之,穴者塞之,岁有增而无损也,堤是以能久……'"②可见,张孝祥修复堤防之前,江陵已有御江护域的堤防。另外,张孝祥修堤并非如《宋史》等书所说是江陵寸金堤之始,而是对旧堤的修复。只是对于旧堤中决坏"为深渊,不可复筑"的堤段,选新址另筑,与旧堤剩余部分相接。旧金堤至迟在某"耆老"记事之前已有,亦即乾道四年(1168年)之前六七十年即已存在。

七、储洊修江襄大堤

储洊(生卒年不详),字平甫,明代直隶泰州(今江苏泰州)人,历任台州知府、兵部侍郎、沔阳知州,著有《野野集》《江河伏流编》等。

储洊在沔阳知州任期时,重视水利兴修,修堤抵御洪灾。正德十一年(1516年),长江和汉水的支流襄河(潜水,沔阳州境内)决口,洪水肆虐,这是江汉平原自明朝以来发生的第一次重大洪灾,破坏程度深。次年,水灾复来,江陵、监利、沔阳等九州县洪灾深重,连续两年的水灾,"长波巨浪,烟火断绝,哀号相闻,湛溺死者,动以千数"(清光绪

---

① (元)脱脱等:《宋史》,中华书局2000年版,第9415页。
② (宋)张孝祥著,徐鹏校点:《于湖居士文集》,上海古籍出版社1980年版,第141页。

《沔阳州志》）。关于这次洪灾的严重程度，嘉靖五年（1526年），沔阳知州储洵在《沔阳修堤疏》中也提道"自正德十一年，大水泛滥南北，江襄大堤冲崩，湖河淤浅，水道闭塞，垸塍倒塌，田地荒芜。即今十年来，水患无岁无之。"①储洵经过八九年的思考与实地调查，念民众疾苦，上疏朝廷请求借支"司库官银"，用赈贷蠲租办法，修筑洪湖江汉堤防，朝廷准其奏请。

嘉靖三年（1524年），储洵上疏要求借支司库官银和增加粮税银，以工代赈，修筑江堤。次年，储洵去职后，其规划由按察副史刘士元具体实施，长江堤防自"龙渊、牛埠、竹林、西流、平放、水洪、茅埠、玉沙滨江者为堤，统万有余丈"②。这些区域均在长江和东荆河之间，临江堤防和临襄堤防得以大规模修筑。

储洵提出灾后动用司库官银，以工代赈修复堤防的办法，沿袭数百年之久。

八、赵贤首创堤甲法

赵贤（1534—1606年），字良弼，明代汝州直隶州汝阳（河南汝南）人。曾官至户部主事，累迁右佥都御史，巡抚湖广，终南京吏部尚书。赵贤一生吏治作兴，万历初年，张居正吏治整饬时，赵贤被誉为巡抚之冠。赵贤不仅在官场上权重望崇，而且治水有术，嘉靖四十四年（1565年）出任荆州知府时，治理水患，救灾安民，还首创荆江堤防专人管理的制度和办法——"堤甲法"。

嘉靖三十九年至四十六年（1560—1567年），荆江大水，堤决数处，虎渡、黄潭等堤频年溃决，房舍倒塌，稻谷淹没，瘟疫横行，灾异深重。他以工代赈，组织灾民大修两岸堤防，筑堤御水，先后重修六县（江陵、监利、枝江、松滋、公安、石首）堤防。

---

① 孙旬：《皇明疏钞》，台湾学生书局1986年版，第5013页。
② （清）顾炎武撰，黄坤校点：《天下郡国利病书》，上海古籍出版社2012年版，第2812页。

赵贤除在堤防建设方面大力作为，还主持建立了"堤甲法"①，规定每一千丈堤设立一"堤老"，每五百丈设一"堤长"，每一百丈设一"堤甲"和十名堤夫。由此，江陵北岸设堤长66人，松滋、公安、石首南岸设堤长70余人，监利东西岸设堤长80余人。这些专职管理堤防人员的职责是"夏秋守御，冬春修补，岁以为常"②。堤甲法这一防汛组织网络的建立，对保护大堤的安全作用突出，意义重大。

九、史自上筑史公垸

史自上（生卒年不详），明代浙江余姚人，曾任沔阳知州等职。出任沔阳知州期间，堵塞新堤茅江口，并沿长江筑堤垸。

万历九年（1581年），史自上"问民疾苦，咸曰沔为水国，最患者茅埠江口，更三十年不治，东南（指的是洪湖水域）其鱼矣"，史公主持堵塞茅江口，茅江口东侧修筑堤垸，民赞其德，当地百姓以石碑勒文铭记史公筑堤事迹，所筑堤垸取名"史公垸"。

万历年间，他曾筹集银两和烟草礼聘陈文烛编撰《沔阳州志》，这也被传为其叩问贤士的佳话，且他还为此志书作序赞许道："陈先生增定此《志》，于童太史（童承叙，也撰有《沔阳志》）书未易只字，简而文质而不俚，逊先达而俟来哲，其意深矣。"

十、毕沅筑仙人堤

毕沅（1730—1797年），字缥蘅，号秋帆，又号灵岩山人，江苏镇洋（今江苏太仓）人。乾隆五十一年（1786年），授予湖广总督，其间多治理荆江堤防，多建勋绩。还撰修了《续资治通鉴》二百二十卷，著有《灵岩山人文集》及《荆州水灾》（诗歌十首）。

---

① （清）顾炎武撰，黄坤校点：《天下郡国利病书》，上海古籍出版社2012年版，第2819页。
② 张仲炘、杨承禧等：《湖北通志》（民国十年重刊本），台湾京华书局1967年版，第971页。

乾隆五十三年(1788年)，长江大水，万城堤万城至御路口段溃决二十余处，江水从城西安澜门(江陵城西边城门原叫龙山门，1789年得以重修，以后就改成了安澜门。"安澜"一词原为稳固水波，河流无波澜之意)经东南公安门灌城，酿成巨灾。灾情传到朝廷，乾隆皇帝十分震惊，急下谕旨救灾，时任湖广总督毕沅遵旨奋力执行，钦差大臣阿桂也奔赴荆州督导赈济灾民，修葺堤工、城垣。毕沅并于同年十二月铸造镇水铁牛九具，分别在万城、李家埠、杨林矶、御路口、黑窑厂、观音矶等9处险要堤段安放，以镇洪水。

乾隆五十五年(1790年)，毕沅督率河夫"筑潜江仙人旧堤一千二百八十余丈"。在修筑过程中，廷臣阿桂和疆臣毕沅先后随折上奏过《现拟筹办窖金洲建筑石坝挑溜刷沙护堤各情形图》《荆江州堤岸图》《湖北荆州长江挑溜南趋情形图》等多幅江工舆图。

1788年的严重水灾既是"天灾"，也是"人祸"。江水中的沙洲窖金洲随江流而变化不定，并未对万城堤造成直接威胁。直至当地萧姓人家贿赂官府，购得此洲作为私地，广种芦苇牟取暴利后，沙洲继而迅速长成大洲，以至逼主流北趋。大灾过后，朝廷拨巨款处理善后工作，其中一项重要的内容就是动员当地百姓自行砍伐芦苇，将窖金洲重新造活，以改善那里的江水疏通渠道。

在这次大水后，清政府吸取教训，为杜绝承修堤防的贪污舞弊现象，制定了承修堤防"保固期"及大堤岁修章程。如当年七月十八日降旨："嗣后修堤规定限保固十年，如在限内冲溃，即严行参处，以示惩儆。"①

十一、汪志伊疏河建闸

汪志伊(生年不详，卒于1818年)，字莘农，号稼门，又尝自号实

---

① (清)希元原注，林久贵点注：《荆州驻防志》，湖北教育出版社2002年版，第47页。

夫，安徽桐城人。曾出任湖广总督，注重水利，治理江湖盗贼。传世文卷有《西湖诗》《荒政辑要》《稼门文钞》等。

嘉庆十一年（1806年）八月晋工部尚书，十月授湖广总督。在任期间，多次亲自勘察荆江一代湖泊水系，并在多处修渠、筑堤、建闸。其中监利福田寺、新堤茅江口二闸的修建受到百姓赞许颇多，二闸建成，派人严加管理，内泄积涝，外防江水倒灌，较好地解决了当地积涝问题。此项兴工，规模较大，包括修堤开渠，耗资白银十余万两，组织动员十余州县数万民工参加。另外，其间还设兵卒治理洞庭湖区域内的湖盗，保一方安宁，当地一度进入"安枕不苦盗"的时期。①

十二、丁风梧誓死护堤

丁风梧（生卒年不详），处州（今浙江丽水县）人。曾任郝穴汛主簿，因平素爱民如子，民众尊称为"丁阿公"。

嘉庆十八年（1813年），荆江郝穴段江水暴涨，险情迭出，官民大多避逃，丁风梧却站立在堤段决口最险处，誓以与堤共存亡，从日中到深夜，在水里指挥抢救，江水没过膝盖，寸步不移。百姓深受感动，于是奋力填筑堤坝，终于化险为夷。

丁风梧去世后，当地群众为纪念他的功德，将其木雕像置于郝穴许仙观，并修丁公祠，加以祭祀。每逢大水，还将其雕像立于险处，以激励民众抗洪斗志。后在万城堤郝穴防汛险时，常常出现这样一个奇特的景象：每当哪里险情紧急，就有人抬出一个木雕的人像，立于险处，于是，抢险的民夫们就会振奋大叫："丁阿公来了！"往往这时抗洪的民夫们会出现群情激昂、奋不顾身的精神状貌。

十三、林则徐安澜度汛

林则徐（1785—1850年），字元抚，号少穆、石麟，福建侯官（今福

---

① 丁守和等：《中国历代奏议大典》，哈尔滨出版社1994年版，第322页。

建福州市)人。曾任湖北布政使、两江总督、湖广总督、钦差大臣等职，因"虎门销烟"而闻名于世。在任期间，不仅吏治业绩突出，也重视兴修水利，并著有《畿辅水利议》，既总结了前人开发畿辅水利的论断和方式方法，也含有自己治理洪灾的独到见解。

在湖广治水期间，"江汉数千里长堤，安澜普庆，并支河里堤亦无一处漫口，实为数十年来未有之事"①。成效卓越，赢得"娄水涵清"与"颂治白茆"的赞誉。

道光十年(1830年)六月，林则徐任湖北布政使时，荆江大水，他积极修筑堤防，同时制定《公安、监利二县修筑堤工章程十条》，作为修堤防洪的必遵守则。道光十六年(1836年)，出任湖广总督，向皇帝上书奏折分析道，湖广工作重点是"边防武备，卤务堤工事体，尤为繁要"②，可见治水在林则徐思想中的重要性。

为有效抵御江汉地区的洪水，林则徐重视制定防汛章程，提出"修防兼备"、以防为主的方针，"与其补救于事后，莫若筹备于未然"的治理策略，另外，制定并严格执行报汛制度，倡导募捐，筹集修防经费等。还亲临襄江(汉江的支流)、荆江各堤，参与现场指挥。

十四、唐际盛铸镇安寺铁牛

唐际盛(生于1802年，卒年不详)，原名启玉，字荫云，湖南善化县(今湖南长沙)人。咸丰七年(1857年)，任荆州知府。后又授湖北按察使。同治初年，署湖北布政使。

到任荆州知府第二年，亲自督修堤防，一连三载有余。他在汛期抢险时，还慷慨捐出私银，率领兵民力挽狂澜，因而得到了朝廷"岁庆安澜"的表彰。

---

① 林则徐全集编辑委员会：《林则徐全集(奏折卷)》，海峡文艺出版社2002年版，第101页。

② 中山大学历史系中国近代现代史教研组：《林则徐集奏稿》，中华书局1965年版，第623页。

咸丰九年(1859年)，唐际盛在江陵郝穴镇安寺湾的荆江大堤上铸"镇水铁牛"一尊，至今保存完好，依然昂首屹立于江堤外坡，张嘴竖耳，前立后蹲，日夜守护着长江。牛背上铸有这样的文字："维咸丰九年夏，荆州太守唐际盛堤成，铸角端镇水于郝穴，而系以铭曰：'嶙嶙峋峋，其德其纯，吐和孕宝，守捍江滨，骇浪不作，怪族胥驯。噫！千秋万代兮，福我下民。'"①

咸丰十一年(1861年)，朝廷根据其治荆政绩，赏二品顶戴，以示奖励。

第三节　抗洪救灾

"群龙无首难治水，引路要靠带头人。"在荆江大堤培修加固和分洪过程中，一批又一批抗洪模范不断涌现，他们用青春甚至全部生命陆续完成了下荆江裁弯工程和河势控制工程等重点水利基础设施。

一、"荆江通"张家振

张家振(1909—1976年)，天门县人。中华人民共和国成立后历任荆江分洪区工程管理处处长、荆州长江修防处副处长等职，参与主持了荆江分洪区续建工程，参与了1954年荆江分洪区的首次运用，1955年主持分洪后的堵口复堤工程和分洪区排水干渠的扩挖工程。张家振在护堤防洪上坚持一切从实际出发，深入大堤工地现场，作出细致调查研究，被誉为"荆江通"。

在任荆州长江修防处副处长时，分管工程，对大堤堤身渗漏、堤基管涌、堤岸崩坍、白蚁整治等工作极力重视。1959年，张家振组织成

---

① 政协江陵县文史工作组：《历史文化名城：江陵》，1983年内部资料，第39页。

立灭蚁专业队，系统研究蚁患防治问题，探索出了一套查、找、挖、熏、灌相结合的防治办法，效果明显。1978年，荣获全国科技大会奖。1962年汛期，大堤管涌险情严重，他汲取外地筑减压井方法，并在廖子河、李家埠等堤段内脚修建减压井80余口，有效地降低了渗水压力，控制了险情。1964年石首调关河湾卢家湾发生崩岸，张家振在实地查勘后，用块石守点抢护，防洪取得实效。

二、"碎石先锋"辛志英

辛志英(1933—)，女，湖北松滋米积台镇人。1952年，辛志英年19岁，参加荆江分洪南闸工程立功，被评为"特等劳动模范"。她在荆江分洪修建进洪闸和泄洪闸的工程中，发明了"碎石新法"，极大地提高了工作效率。

关于"碎石新法"，辛志英在《我与水利的不解之缘》一文中写道："我索性爬了起来，带着一把铁锤离开了工棚，走到一堆石头前，乘着月色，独自一人在那里捶了起来。捶一阵，又拿起石块端详一阵，月光下我忽然发现石头上有细密的纹路，我试着顺纹路捶了下去，石头应声而碎……顺着纹理捶比原来的工效要高多了，捶起来也轻松省力得多，心里一阵高兴。从认纹路我又想到了石块飞溅的问题。我又试着用谷草编成草辫，箍着石块捶，石屑也就不再飞溅了。我喜不自胜，便按着这个法儿反复试验起来，直到听见附近农家的鸡叫声。"[1]

后来成立的碎石组，93名妇女被誉为"水利英雄"，其中辛志英组织碎石组，进行科学分工，制定工作制度，将打碎石的速度从单干时每人每天打0.2~0.3立方米，提高到每人每天平均打1.39立方米，保证了紧急任务的顺利完成，荣获特等劳动模范称号。[2]

---

[1] 湖北省政协文史资料委员会：《湖北文史》第二辑，2005年，第208页。

[2] 柳勉之：《新中国的妇女在前进》，生活·读书·新知三联书店1953年版，第20页。

三、"抗洪模范县长"饶民太

饶民太（1909—1979 年），湖北安陆人。中华人民共和国成立后，历任湖北松滋县县长、县委书记，荆州地委常委，荆州专员公署副专员等职，多次提出荆江流域内洪水治理方案并加以实施。领导参加了修筑虎渡河拦河堵坝工程、1954 年长江特大洪水和 1964 年汉江特大洪水防洪任务、丹江口水库围堰截流方案研究、漳河大型水库工程等。

任松滋县县长兼县委书记期间，他领导松滋人民进行土地改革，修堤治水，发展生产。1952 年，他率领 4 万民工参加荆江分洪工程的建设，承担修筑松滋虎渡河拦河堵坝的重要任务。当筑坝工程进行到合龙时刻，情况突发，因洪水汹涌，水势迅猛，运石不能靠近，沉船抛石堵口多次失败。他立即改行"八字抛枕法"堵口方案，提出在柳料内裹块石，外用铅丝捆扎，把柳枕捆成八字形，在两岸成八字形同时对抛柳枕的堵口实行合龙，最终胜利完成了堵口合龙任务。

1956 年，他带领干部、技术人员，经过反复研讨，制定了以七大排灌水系为骨干的荆州地区水利发展规划。1958 年领导兴建漳河大型水库工程，任总指挥部指挥长，克服重重困难，最后顺利落成。

四、"水利战线劳模"侯泽荣

侯泽荣（1919—1993 年），四川南充人。1949 年 8 月至 1950 年 10 月，任湖北省农业厅水利局沔阳区修防处监利、石首办事处助理工程师。1950 年 10 月至 1951 年 12 月，在长江中游工程沔阳区修防处第四工务所，任助理工程师及副工程师。1951 年 12 月至 1952 年 12 月，在中游工程局荆州区长江修防处第一工程队，任二级副工程师。1955 年 6 月至 1955 年 10 月，在长江委荆江修防管理处，任四级八等工程师。1956 年 1 月，任湖北省中游工程局荆州区长江修防处四等乙级工程师。1958 年春至 1962 年夏，参加汉江丹江口水库、漳河总部观音寺大坝等工程建设，任第七民兵师参谋长、工务科长等职。

1962年秋回荆州地区长江修防处工作，任七级工程师。他主持廖子河等重要险段堤基整治工程，采用导渗减压技术对堤防固基。他主持荆江大堤颜家台闸、浣里隔堤涵闸的设计、施工，保证了工程质量，并参与了北河水库的建设。1968年，荆江大堤盐卡段因石油爆破孔未封堵严实，造成重大管涌险情，当时江水直涌，水头巨大，侯泽荣果断采取抛大块石填压水势的策略，然后采取正反导滤控制，方化险为夷。侯泽荣长期战斗在治理荆江的一线，多次被评为水利战线劳模、五好技术干部、先进工作者。

五、"堤防老卫士"张佑清

张佑清（1922—2006年），武汉市人，高级工程师。在监利长江河道管理部门工作40余年，先后担任监利县革命委员会委员、县人大常委会副主任、县政协副主席、县水利学会理事以及省人民代表大会代表，多次被评为省、地、县劳动模范和先进工作者。

1968年冬，观音洲崩岸段实施退挽工程。他主张采取在老堤上下锁口、取用近土加快施工进度的方法，按期完成退挽工程。1972年荆江大堤加固工程中，张佑清提出利用吸扬船进行吹填加固的方法。1980年和1987年，《湖北日报》重要版面分别登载《江河湖库之役——记荆州地区抗洪斗争》和《堤防老卫士——张佑清》，详细报道他在处理荆江大堤半路堤泵站4个管涌洞险情和新洲围堤北沟子闸内引河管涌险情的先进事迹。张佑清还积累了大量有关堤防、水利的资料。他先后撰写了《堤防抢险知识手册》《堤防水利建筑施工教材》《荆江大堤长江干堤资料汇编》《监利县江堤简志》《下荆江河道整治刍议》等专著及论文。

六、"中流砥柱"李向群

李向群（1978—1998年），海南琼山人。1996年参军入伍，为原广州军区某集团军"塔山守备英雄团"战士。1998年8月5日，他随部队赴湖北荆江段抗洪抢险，在公安县南平镇堤段的抗洪保卫战中，带病坚持抢险，先后四次晕倒在大堤上，终因劳累过度，抢救无效，于1998年8月22日牺牲，年仅20岁。这是"九八"抗洪中涌现出的众多英模中的一位杰出代表，时任国家主席江泽民授予李向群"新时期英雄战士"荣誉称号，并亲笔题词："努力培养和造就更多李向群式的英雄战士。"

1998年夏季入汛以来，气候异常，全国南北多条河流出现超历史纪录的特大洪峰，长江全流域也遭遇洪水的严重威胁，亿万军民殊死抵抗，与洪水展开了一场战争。灾情就是命令，正在海南探亲的李向群得知长江的洪汛后，毅然提前归队。当年8月5日，李向群跟随部队赶赴湖北荆江流域灾区，奔上大堤抢险。先后在荆江干堤马浩段、弥市大坪口幸福闸排险，扛沙袋，双肩多次被编织袋蹭破了皮，渗出了鲜血，多次成为全营扛包最多的官兵。

1998年8月16日，长江第六次洪峰到达沙市荆江段，水位高达45.22米，创历史最高纪录。当天下午，李向群和战友们火速赶到南平大堤投入抢险。这时，部分堤段江水已漫过大堤，多处出现内滑坡，情况紧急，李向群带头跳入水中和战士们手拉手筑起两道人墙护堤。8月17日上午，劳累的李向群身患感冒。8月19日，高烧不退的李向群坚持同战友们一道奔向出现8个管涌的群天兴堤段，带病坚持战斗，扛沙袋抢险中脸色发青，高烧不止，李向群被强行三次送进了卫生室，但他躺不住，一听有险情的预告就不顾一切地往堤上跑。8月21日，南平大堤其中一段堤基塌陷，内滑坡长达70余米，肆虐的洪水不断冲击着江堤，随时都有崩溃的危险，还在带病坚持的李向群被指导员强行推回卫生室，但李向群还是多次"出逃"去大堤和战友们一起装填沙土，搬运沙包。后来直到一个跟头栽倒在大堤上，鼻孔渗出鲜血。一位在堤上送水的老大娘唐书秀，将李向群抱在怀里，急忙褪下手镯给他刮痧。李向群苏醒过来。他喝了两碗水，休息了几分钟，不顾大家的劝阻，又扛起了沙包。扛到20多包沙袋时，疲劳过度的李向群一头扑倒在大堤上，口吐鲜血。当天下午，李向群被紧急送到武汉抢救。他因为极度劳累，导致心力衰竭，肺部大面积出血，经多方抢救无效，于8月22日10点

10分英勇牺牲。

抗洪英烈李向群的事迹感动了中国,有人撰写诗歌道:"肯把青春赌浪涛,赢来身价比天高。向群后者知多少,从此江流莫怒号。"

后　记

2017年3月16日，湖北省炎黄文化研究会在长江大学召开了长江文化研究课题调研座谈会。在这次座谈会上，我提出应将荆江文化单列课题展开专题研究，得到了与会领导和专家的一致赞同。

同年6月，湖北省炎黄文化研究会将"荆江文化研究"列入该会重点资助研究项目，由长江大学楚文化研究院承担，由我忝任项目负责人。接受任务后，在长江大学科学技术发展研究院和文学院的支持下，楚文化研究院迅速组建项目团队展开研究工作。

2018年7月13日，荆江文化研究课题组一行八人对荆江水文化开展了实地调研和考察。课题组沿荆江大堤一线考察了荆江大堤的起点枣林岗、荆州万城堤铭石碑、李埠铁牛、引江济汉工程、观音矶、荆江亭等著名荆江水工程和水文化遗存。课题组还前往公安县考察了荆江分洪工程，前往石首市考察了荆江调关矶头以及石首麋鹿国家级自然保护区，在湖南省岳阳市考察了洞庭湖周边的水文化工程与景点。这次考察收获巨大，课题组成员获得了不少第一手研究资料，对荆江水文化在长江文明中的重要地位也有了更为深刻的认识。

经过一年多的紧张工作，四易其稿，《荆江水文化》一书终于于2019年3月杀青。全书共分七章，其中"绪论"和第一章"荆江生态"由许宏雷撰写，第二章"人水共生"由孙继撰写，第三章"治水伟业"由彭文璟撰写，第四章"大江情思"由卢川撰写，第五章"水神信仰"由员姗撰写，第六章"水事丹青"由余劲东撰写(其中第二节"堤防方志"由余劲东和向会斌合写），第七章"安澜功臣"由向会斌撰写。

　　由于时间较紧，水平有限，本书难免存在不足之处，敬祈指正。

徐文武

2019 年 3 月 25 日